ATIVISMO, GARANTISMO E COOPERAÇÃO EM CRISE

COLEÇÃO FÓRUM
Prof.
Edson Prata

AMANDA LOBÃO TORRES

Adolfo Alvarado Velloso
Prefácio

ATIVISMO, GARANTISMO E COOPERAÇÃO EM CRISE

3

Belo Horizonte
FÓRUM
CONHECIMENTO JURÍDICO
2020

Coordenadores
Eduardo José da Fonseca Costa
Fernando Rossi
Lúcio Delfino

Conselho Editorial
Carlos Henrique Soares
Georges Abboud
Glauco Gumerato Ramos
Lenio Luiz Streck
Ronaldo Brêtas de Carvalho Dias

© 2020 Editora Fórum Ltda.

É proibida a reprodução total ou parcial desta obra, por qualquer meio eletrônico, inclusive por processos xerográficos, sem autorização expressa do Editor.

Conselho Editorial

Adilson Abreu Dallari	Floriano de Azevedo Marques Neto
Alécia Paolucci Nogueira Bicalho	Gustavo Justino de Oliveira
Alexandre Coutinho Pagliarini	Inês Virgínia Prado Soares
André Ramos Tavares	Jorge Ulisses Jacoby Fernandes
Carlos Ayres Britto	Juarez Freitas
Carlos Mário da Silva Velloso	Luciano Ferraz
Cármen Lúcia Antunes Rocha	Lúcio Delfino
Cesar Augusto Guimarães Pereira	Marcia Carla Pereira Ribeiro
Clovis Beznos	Márcio Cammarosano
Cristiana Fortini	Marcos Ehrhardt Jr.
Dinorá Adelaide Musetti Grotti	Maria Sylvia Zanella Di Pietro
Diogo de Figueiredo Moreira Neto (*in memoriam*)	Ney José de Freitas
Egon Bockmann Moreira	Oswaldo Othon de Pontes Saraiva Filho
Emerson Gabardo	Paulo Modesto
Fabrício Motta	Romeu Felipe Bacellar Filho
Fernando Rossi	Sérgio Guerra
Flávio Henrique Unes Pereira	Walber de Moura Agra

CONHECIMENTO JURÍDICO

Luís Cláudio Rodrigues Ferreira
Presidente e Editor

Coordenação editorial: Leonardo Eustáquio Siqueira Araújo
Aline Sobreira de Oliveira

Av. Afonso Pena, 2770 – 15º andar – Savassi – CEP 30130-012
Belo Horizonte – Minas Gerais – Tel.: (31) 2121.4900 / 2121.4949
www.editoraforum.com.br – editoraforum@editoraforum.com.br

Técnica. Empenho. Zelo. Esses foram alguns dos cuidados aplicados na edição desta obra. No entanto, podem ocorrer erros de impressão, digitação ou mesmo restar alguma dúvida conceitual. Caso se constate algo assim, solicitamos a gentileza de nos comunicar através do *e-mail* editorial@editoraforum.com.br para que possamos esclarecer, no que couber. A sua contribuição é muito importante para mantermos a excelência editorial. A Editora Fórum agradece a sua contribuição.

Dados Internacionais de Catalogação na Publicação (CIP) de acordo com a AACR2

T689a	Torres, Amanda Lobão
	Ativismo, garantismo e cooperação em crise / Amanda Lobão Torres.– Belo Horizonte : Fórum, 2020.
	198p.; 14,5cm x 21,5cm
	Coleção Fórum Professor Edson Prata, v. 3
	ISBN: 978-85-450-0225-3
	1. Direito Processual Civil. 2. Teoria do Direito. I. Título.
	CDD 341.46
	CDU 347.9

Elaborado por Daniela Lopes Duarte - CRB-6/3500

Informação bibliográfica deste livro, conforme a NBR 6023:2018 da Associação Brasileira de Normas Técnicas (ABNT):

TORRES, Amanda Lobão. *Ativismo, garantismo e cooperação em crise*. Belo Horizonte: Fórum, 2020. 198p. (Coleção Fórum Professor Edson Prata, v. 3). ISBN 978-85-450-0225-3.

Coleção Fórum Professor Edson Prata

Lei, doutrina e jurisprudência têm reproduzido irrefletidamente no Brasil que o processo civil é mero "instrumento da jurisdição".

Ora, limitá-lo à sua faceta instrumental implica torná-lo verdadeiro *regnum iudicis*.

Mais: imprime à ciência processual civil uma visão autógena, metodologicamente pobre, que se legitima de dentro para fora.

Não se olvide, entretanto, que a CF-1988 reserva o processo ao rol de direitos e garantias fundamentais (sem distinção — aliás — entre *civil* e *penal*).

Afinal, onde há poder [= jurisdição], deve haver a respectiva garantia [= processo].

Nesse sentido, processo é *garantia* do cidadão contra os desvios e excessos no exercício da função jurisdicional.

Esse é o *missing link* do processo civil com a arquitetura político-institucional subjacente à Constituição.

Colocando-se o processo no centro gravitacional, não a jurisdição, equilibra-se a relação entre juiz e partes: o juiz manejando seu poder; autor e réu, suas garantias.

São elas que possibilitam um controle objetivo-racional do poder, confinando-o a balizas democrático-republicanas.

É preciso frisar: o processo civil serve precipuamente às partes, não ao Estado.

Essas premissas são vitais para uma compreensão do CPC-2015, o qual ainda descura de algumas garantias, alçando o juiz a perigosa condição messiânica.

Daí o relevante papel da *Coleção Fórum Professor Edson Prata*: em boa hora municiar a comunidade forense de marcos teóricos contra os ardis autoritários do sistema positivo de direito processual civil brasileiro vigente.

Eduardo José da Fonseca Costa
Fernando Rossi
Lúcio Delfino
Coordenadores

Edson Gonçalves Prata

Foi advogado, graduando-se pela primeira turma da recém-implantada Faculdade de Direito do Triângulo Mineiro. Aposentado pelo Banco do Brasil, entidade na qual ingressou em primeiro lugar no concurso público em nível nacional a que se submeteu. Professor de Direito Processual Civil da graduação por mais de duas décadas na Faculdade de Direito do Triângulo Mineiro e da pós-graduação na Universidade Federal de Uberlândia. Professor do curso de Comunicação Social da extinta Faculdades Integradas Santo Tomás de Aquino e, posteriormente, da Faculdades Integradas de Uberaba. Fundador do Jornal da Manhã. Fundador da Editora Vitória, especializada em obras jurídicas. Fundador da Sociedade Rural do Triângulo Mineiro, entidade da qual se originou a Associação Brasileira dos Criadores de Zebu. Autor de diversos ensaios científicos e obras jurídicas. Escritor contista. Fundador da Academia de Letras do Triângulo Mineiro. Participante de palestras, seminários e congressos como palestrante e debatedor. Foi fundador e presidente do Instituto dos Advogados de Minas Gerais da seção de Uberaba.

Este livro é dedicado a minha mãe e à sociedade brasileira, que, cansada da corrupção sistêmica do nosso País, é refém de pensamentos antidemocráticos. Dedico-lhes na esperança de que um dia tomemos definitivamente as rédeas de nosso Estado Democrático de Direito.

AGRADECIMENTOS

Minha eterna gratidão:

Aos dois príncipes de minha vida, Miguel e Marcus, que me fizeram perceber que o melhor da vida está na simplicidade do cotidiano.

Aos meus irmãos e aos problemas que juntos enfrentamos, ambos engenheiros da verdadeira fraternidade que hoje possuímos.

Ao meu cunhado e minha sogra, que me escolheram como componentes de sua família e me auxiliaram, sem qualquer obrigação, com meu Miguelzinho, nos momentos em que tive que me afastar.

Aos que se foram, aos que ficaram, e aos que foram ficando com a bênção de Deus.

Ao CNPQ e à FUNDASP, pelo imenso suporte aos meus estudos, bem como a Adolfo Alvarado Velloso e à Universidade Nacional de Rosário, pelo engrandecimento intelectual proporcionado pela Maestria argentina.

Ao meu orientador, William Santos Ferreira, pela instrução e oportunidade, bem como ao João Batista Lopes e Eduardo José da Fonseca Costa, pelo aconselhamento acadêmico e jurídico.

A família Campos Machado, que acreditou na minha competência e me deu as primeiras oportunidades na competitiva advocacia paulistana. Em especial à Larissa Campos Machado, pelos carinhosos sanduíches nas difíceis noites dedicadas a esta obra no primeiro escritório que compartilhamos.

A Jordana Bispo e Carol Viegas, amigas sinceras e apoios imprescindíveis da minha vida.

Os positivistas têm uma solução simples: o mundo deve ser dividido em o que podemos dizer de forma clara e o resto, sobre o que é melhor passar em silêncio. Mas pode alguém conceber uma filosofia mais inútil, visto que o que podemos dizer claramente equivale a quase nada? Se nos omitirmos sobre tudo que não é claro, nós provavelmente ficaríamos com tautologias completamente desinteressantes e banais.
(Werner Heisenberg)

SUMÁRIO

PREFÁCIO
Adolfo Alvarado Velloso 17

APRESENTAÇÃO
Eduardo José da Fonseca Costa 19

INTRODUÇÃO 23

CAPÍTULO 1
O GARANTISMO: DO INÍCIO DO VOCÁBULO AO PROCESSO CIVIL..... 27
1.1 As primeiras aparições da expressão e os três significados de Luigi Ferrajoli 27
1.2 Garantismo de Luigi Ferrajoli 30
 - Garantismo como modelo normativo de direito 31
 - O Garantismo como uma teoria do direito (e crítica do direito): o direito ilegítimo 35
 - Garantismo como filosofia do Direito e crítica da política 40
1.3 O sistema garantista: axiomas materiais e processuais 42
1.4 Verdade no garantismo ferrajoliano 51
1.5 As margens da discricionariedade judicial e a tese juspositivista da separação entre direito e moral 65
1.6 O garantismo processual civil: teoria geral 75
1.7 Garantismo e ativismo 85

CAPÍTULO 2
ATIVISMO JUDICIAL 87
2.1 Por que falar sobre isto? 87
2.2 O caráter patológico do "ativismo judicial" num Estado Democrático de Direito 90
2.3 Judicialização da política e ativismo judicial 94
2.4 Ativismo *versus* garantismo e a prova oficiosa 95

CAPÍTULO 3
A COOPERAÇÃO PROCESSUAL E O NOVO CÓDIGO DE PROCESSO CIVIL BRASILEIRO 107
3.1 Do processo liberal ao processo social 107
3.2 Apresentando a cooperação/colaboração 111
3.2.1 A colaboração em Daniel Mitidiero 111
3.2.2 O que é isto? – A cooperação processual com Lenio Streck e Lúcio Delfino 114
3.2.3 A doutrina cooperatista de Lúcio Grassi 116

3.2.4 O princípio da cooperação na análise de Fredie Didier Jr. e os influxos do Direito Processual Civil Português 117
3.2.5 A cooperação em seu perfil coparticipativo e o contraditório como garantia de influência e de não surpresa: as contribuições de Dierle Nunes e a Escola Mineira de processo 121
3.3 Nossas conclusões sobre dito modelo cooperativo 126

CAPÍTULO 4
REFLEXÕES HERMENÊUTICAS 133
4.1 Da hermenêutica jurídica clássica à filosófica 133
4.2 Neoconstitucionalismo e Pós-Positivismo: distinguindo-os 138
4.3 O paradigma pós-positivista 140
4.4 A teoria das fontes do direito e a distinção entre princípios gerais do direito e princípios constitucionais 150
4.5 Reflexões hermenêuticas sobre princípios 156
4.6 "Questão de fato" x "questão de direito". 159
4.7 Verdade e Hermenêutica 161
4.8 O processo civil no Estado Democrático de Direito: a materialidade da Constituição. 167

CONCLUSÃO 173

À GUISA DE POSFÁCIO
Glauco Gumerato Ramos 185

REFERÊNCIAS 193

PREFÁCIO

Conocí personalmente a Amanda Lobão Torres en el mes de octubre de 2014, en ocasión de participar ambos en el XIII° Congreso Nacional de *Derecho Procesal Garantista* que se realiza bianualmentre en la bella y cuasi mística ciudad de Azul, República Argentina. Mostrando acabadamente que ya por entonces sobresalía en su tierra brasileña como importante procesalista, tuvo en dicho Congreso activa participación cuestionando con argumentos sólidos los dogmas liberales allí aceptados unánimemente, a partir de su posición proactivista que ve en el proceso un lugar de colaboración cooperativa entre las partes contendientes en denodada búsqueda de una Verdad que permita la plena realización del valor Justicia.

Se sorprendió allí por el tenor de las exposiciones que discutían sus argumentos activistas y por las tesis que sostenían que la *Verdad* es un valor ajeno a la existencia misma del Derecho así como que la *Justicia* es un valor de extrema relatividad que, como tal, no puede ser fundamento objetivo de un sistema serio de enjuiciamiento judicial.

Creo que eso la motivó suficientemente para ingresar al año siguiente de 2015 a la Cohorte 21° de la Carrera de Posgrado de *Maestría en Derecho Procesal* que dirijo desde hace veinte años en la Facultad de Derecho de la Universidad Nacional de Rosario, Argentina, y a la cual se incorporan anualmente alumnos de todos los países de América latina, desde el Río Grande, en México, hasta la Tierra del Fuego, en la Argentina.

Se graduó en este mes de noviembre de 2016 y ya es candidata a obtener su título académico de *Magistra en Derecho Procesal*, sosteniendo ahora –y con verdadero fervor y ahinco– las tesis garantistas que tanto criticó en Azul.

Con tales ideas ya incorporadas a su pensamiento procesal, produjo este año su tesis de Maestría que defendió en la Universidad Católica de São Paulo ante un Jurado que integré como docente extranjero junto con los excelentes y muy conocidos procesalistas JOÃO BATISTA LOPES y WILLIAM SANTOS FERREIRA, quien también fue su orientador.

La tesis que hoy se presenta en esta obra se intitula *Garantismo, Activismo y Cooperación* en crisis y constituye el estudio más serio y completo escrito sobre el tema en el espectro jurídico brasileño, fue defendida oralmente en forma brillante en este mismo año. Tanto así que obtuvo la máxima calificación con felicitaciones del Jurado y expresa recomendación de publicación.

El lector que ingrese al texto profundo de esta obra hallará una explicación detenida y completa del contenido de dos filosofías antagónicas que, como tales, no pueden convivir. Y de ello se ha dado cabal cuenta AMANDA LOBÃO TORRES, que se ha convertido a partir de ahora en la autora de lectura y referencia obligada para todo quien quiera conocer en el Brasil cómo debe funcionar el proceso a la luz de la Constitución Política del país.

Dada la extrema juventud de la autora, y luego de leer su obra y de escucharla defender oralmente sus ideas, auguro para ella un venturoso y envidiable porvenir académico.

Adolfo Alvarado Velloso
Rosario, Argentina, 21 de noviembre de 2016.

APRESENTAÇÃO

Conheci Amanda Lobão Torres no *XIII Congresso Nacional de Derecho Procesal Garantista*, ocorrido nos dias 23 e 24 de outubro de 2014, na Cidade de Azul, na Província de Buenos Aires. De pronto, impressionou-me a sua abertura intelectual: embora defensora do ativismo judicial, estava ali – revelou-me – para compreender *a fundo* os postulados do garantismo processual. Ao invés de preservar-se confortavelmente na linha de pensamento sob a qual se forjou como processualista, decidiu enveredar-se pelo desconhecido e submeter a teste as suas convicções. Quis assistir a um dos mais importantes eventos do calendário garantista, conhecer os grandes nomes do pensamento "inimigo" e acompanhar-lhes cada etapa do raciocínio dogmático. Com isso, ganhou o carinho de todos. Afinal, todos ali um dia tiveram a mesma abertura e trilharam o mesmo caminho que agora seria o de Amanda: descoser, fio a fio, a carapaça do publicismo processual. Convidada pelo Prof. Adolfo Alvarado Velloso a cursar a prestigiada *Maestría en Derecho Procesal* da *Universidad Nacional de Rosario*, passou a tomar contato com Gustavo Calvinho, Robert Marcial González, Jorge Pascuarelli, Andrea Meroi, Ariel Álvarez Gardiol, Ana Clara Manassero e tantos outros amigos. E, tendo contato com eles, viu-se diante da "angústia de *Neo*": ingerir o comprimido azul ou vermelho?

Amanda escolheu o vermelho e brindou-nos com este livro.

Equivoca-se quem entreveja no garantismo processual uma proposição ou uma desconstrução hipercomplexa. O mundo que *Morpheus* nos põe à vista é o próprio mundo que está aí. Esteve ele sempre à nossa frente. Logo, não se trata de "aprender o insuspeito", mas de *reaprender o óbvio*. É necessário "olhar com os olhos" a Constituição de 1988 e verificar, p. ex., que: *i*) nela, o processo é tratado simplesmente como *processo*, sem adjetivar-se de "penal" ou "civil"; *ii*) o processo, penal ou civil, é uma "*instituição garantística* a serviço dos jurisdicionados", não um "instrumento a serviço do Poder jurisdicional", porquanto tratado no título sobre os *direitos e garantias fundamentais* [CF-1988, Título III], não nos títulos sobre a *organização do Estado* [CF-1988, Títulos III *et seqs.*]; *iii*) essa "consubstancialidade garantística" entre os processos penal e civil é a única plataforma viável para lançar-se uma "teoria geral do processo"; *iv*) o postulado da eficiência orienta a função *administrativo-judiciária* [CF-1988, art. 37, *caput*], não a função jurisdicional propriamente dita (o que demonstra a inconstitucionalidade do termo "eficiência" constante do artigo 8º do CPC-2015); *v*) não é cabível flexibilização procedimental *per officium iudicis*, já que o juiz não pode mutilar *in causa sua* garantia oponível a seus próprios excessos e desvios (o que mostra que o artigo 190 do CPC-2015 deve ser interpretado literalmente, sendo a aludida flexibilização tão só possível mediante negócio processual celebrado entre as partes). Enfim, é preciso revalorizar uma "hermenêutica topológica", que compreenda as instituições – como o *processo* – a partir dos *loci* que ocupam no espaço textual-constitucional. Daí já se vê que o garantismo processual está longe de resumir-se – como fazem alguns de seus detratores mais desinformados – a um mero "adversarialismo redivivo".

Ora, se o processo serve aos jurisdicionados, sua única função é *organizar o debate* entre elas sob a regência do direito positivo. Tão somente a *lex* [= Constituição Federal + leis processuais aprovadas em assembleia por representantes eleitos democraticamente pelo povo] – jamais o juiz – pode instituir as condições do debate. Não existem no processo "fins" a atingirem-se ou "interesses" a promoverem-se. As partes não lhe estão incondicionalmente jungidas para nele travarem um evanescente "relacionamento cooperativamente proveitoso" ou qualquer outra modalidade de satisfação substantiva mútua imposta por *razões-de-Estado*, como se fossem "parceiras", "colegas", "companheiras" ou "cúmplices". Enfim, elas não despendem energia, tempo e habilidades para transformar o processo num local de confraria, corporação, partido, liga ou aliança. Decididamente, não há no processo qualquer propósito adicional ou alternativo aos propósitos das próprias partes. Falta-lhe a nota de instrumentalidade, pois. Tampouco é o processo um ambiente de escrúpulos morais inflexíveis, com "certos e errados absolutos", que transformam o juiz num ditador moralista (cujas decisões – pautadas numa "consciência moral iluminada" – sempre descambam para o autoritarismo e para uma indeterminação casuística variável à luz das circunstâncias). Na verdade, o processo – longe de ser um controverso e nebuloso conjunto de "regras de retidão rígidas" ou de "injunções instrumentais planejadas" – é apenas um desentusiasmado conjunto de normas gerais e abstratas previamente conhecidas pelos jurisdicionados, que fixam as condições adverbiais do debate entre as partes; aqui, cabe ao juiz – sem qualquer prerrogativa soberana de escolhas arbitrárias ou discricionárias – zelar neutralmente pela observância e pela realização destas condições nas diferentes ocorrências contingentes. Como se nota, não há aí quaisquer considerações sobre *veritas, jus* e *injus* (que são personagens centrais viróticos, assim como o *Agente Smith*, dentro da *simulação interativa neural*, que se tornaram a doutrina e a jurisprudência majoritárias).

Mas porque rechaça tudo disso, o ativismo judicial interfere no equilíbrio estável do trinômio ação-jurisdição-processo. Faz emergir a *jurisdição* (que é *poder*) e submergir o *processo* (que é *garantia*). Rompe a colinearidade democratizante entre os três termos. Dissemina o pecado antirrepublicano do "Juiz-Messias". Portanto, não basta ao garantismo restringir-se a resgatar a dignidade do processo: tem de ir além e redesenhar a jurisdição em traços mais comedidos. E disto não se esquivou Amanda. Seu livro busca remover a "força externa do autoritarismo", fazendo com que a *garantia* retome sua valia constitucional original e volte, em consequência, a estar no mesmo nível de flutuação do *poder*. Para tanto, a jurisdição é realinhada ao seu eixo vertical de equilíbrio: a *imparcialidade*.

Ela – a imparcialidade – é a nota distintiva da função jurisdicional (que a diferencia das funções administrativa e "jurislativa") e também um requisito ao seu desempenho válido (ou seja, o que se chama de "pressuposto processual"). Desta forma, manejando a imparcialidade judicial em seus aspectos *subjetivo-psicológico* [= imparcialidade propriamente dita = não se interessar pela causa nem tomar partido por quem quer que seja] e *objetivo-funcional* [= imparcialidade = não atuar como parte, mantendo-se equidistante], Amanda defende o *insofismável*: a melhor forma de resguardar-se a imparCialidade é a imparTialidade; neutralidade funcional é condição primeira para neutralidade anímica. Ou, de acordo com a dicção da *psicologia comportamental cognitiva*: o magistrado será menos suscetível a atalhos mentais inconscientes – e, portanto, a julgamentos distorcidos – se comportar-se como um "convidado de pedra". Com isso se põem em xeque, p. ex., os *poderes instrutórios* (que podem induzir o juiz a supervalorizar a prova por ele ordenada; que sempre beneficiam a parte que não se desincumbiu a contento do seu ônus probatório; que podem ser exercitados dolosamente em auxílio à parte apadrinhada pelo juiz), a *identidade física* (que obriga o juiz, contaminado com a prova oral por ele próprio colhida, a julgar sob impressões irracionais – impassíveis de controle objetivo – causadas por gestos, tons de voz e expressões faciais) e a ideia esdrúxula de parcialidade positiva (que não resiste a dois minutos de lógica aristotélica: "parcialidade positiva em favor do autor" significa "parcialidade negativa em desfavor do réu", embora o réu tenha direito a um juiz imparcial). Nas entrelinhas, Amanda deixa escapar que a imparcialidade não é propriamente uma "virtude", um "ponto de partida impraticável" (que é a desculpa usada pelos ativistas para reduzi-la a um singelo rol intuitivo, fragmentário e incompleto de causas de impedimento e de suspeição); na verdade, a imparcialidade é "um ponto de chegada", um produto final sempre inacabado, o resultado de um nobre esforço de autocontenção pelo juiz (o que mostra que *imparcialidade* e *neutralidade* são a mesma coisa, e que não existe "grau zero de parcialidade" ou "neutralidade absoluta", se bem que valha a pena empenhar-se nisso).

Não raro, a esses argumentos se opõe o problema da "paridade de armas": o garantismo obsta – alegam os "ativistas da igualdade" – que o juiz possa equalizar partes socioeconomicamente distintas. É preciso frisar, entretanto, que o processo é uma *garantia individual* (e, portanto, de *liberdade*), não uma garantia social (e, portanto, de igualdade). Ele é regulado no Capítulo I do Título II (que cuida dos direitos fundamentais de *primeira* geração), não no Capítulo II do Título II (que cuida dos direitos fundamentais de *segunda* geração). Ele presta-se, enfim, a resguardar a *liberdade* das partes em relação ao Estado-juiz, não a igualdade entre elas. Não sem razão há no País um imenso vazio de regulamentação infraconstitucional sobre equalização processual. Não existem na lei critérios objetivos de definição de vulnerabilidade. Tampouco se delimitam com precisão medidas processuais *pro misero* fundadas em razoabilidade e proporcionalidade. Enfim, não há normas processuais equalizadoras com hipóteses de incidência e consequências jurídicas bem definidas. A única exceção é a regra do inciso VIII do art. 6º do Código de Defesa do Consumidor, que estabelece a possibilidade de "inversão do ônus da prova" nas demandas consumeristas. Logo, não se pode aceitar: *a*) que cada juiz institua para si critérios *extra legem* de aferição de vulnerabilidade; *b*) que a parte prejudicada não tenha como impugnar eventual equívoco na aferição; *c*) que o juiz construa *ad hoc* o "pacote de medidas oficiosas" com o qual ajudará o suposto vulnerável (prova *ex officio*, tutela antecipada *ex officio*, ampliação *ex officio* do objeto litigioso, julgamento *extra petita* ou *ultra petita*, "inversão do ônus da prova", etc.), sem este "pacote" já estar claramente definido *ante causam*. Neste sentido, Amanda acerta quando vê no "Direito Processual Social" uma "degeneração do processo como garantia".

E assim a autora do presente livro se ajunta a heroicas vozes, que, conquanto solitárias, não se intimidam em lutar pelos valores democráticos e contra a judiciocracia, que os depaupera. Aos leitores, "sejam bem vindos a *Nebuchadnezzar*!".

Eduardo José da Fonseca Costa
Juiz Federal em Ribeirão Preto/SP. Bacharel pela USP.
Especialista, Mestre e Doutor pela PUC-SP. Presidente e Membro Fundador da ABDPro. Membro do IBDP, do IPDP e do IIDP.

INTRODUÇÃO

O presente livro nasceu das inquietudes resultantes das apresentações do "XIII Congreso Nacional de *Derecho Procesal Garantista*", ocorrido na cidade de Azul, em 2014.

Após o encorajamento de Hugo Botto, (autor de "*Inconstitucionalidad de las medidas para mejor proveer*"), questionei as profundas críticas realizadas contra a prova oficiosa: "Por que o juiz era imparcial quando determinava a produção de prova oficiosa se desconhecia seu resultado?".

Afinal, a doutrina que conhecia abusava do chavão de que a iniciativa probatória judiciosa é legítima porque o juiz não é capaz de prever o resultado da prova, tampouco de antever quem dela se beneficiará, argumento no qual também se apoiava Michele Taruffo. Traduzida do Português para o Espanhol por Eduardo José da Fonseca Costa, a vigorosa resposta de Adolfo Alvarado Velloso foi o estímulo definitivo para o aprofundamento no estudo do assunto e do seu denominado "garantismo processual". Como podiam questionar com tanta certeza uma afirmação tão habitual em terras brasileiras?

As efusivas brincadeiras irônicas de Glauco Gumerato Ramos sobre as defesas ao papel ativo do juiz e ao seu agir instrutório oficioso distanciaram-me da zona de conforto.

O puxão de orelha fora muito bem dado – tardou, mas não falhou.

Assim, este livro trata da contra-discricionariedade, do antiativismo e dos garantismos. Se o constitucionalismo contemporâneo, que chegou ao Brasil apenas no final da década de 80, estabelecia um novo paradigma, ou ao menos proporcionava as bases para a introdução de um novo, este trabalho não poderia fugir de questionamentos realçados em tempo de alteração legislativa.

O livro primeiramente aborda a expressão "garantismo" a partir da escola de Charles Fourier (1112 – 1837), até sua consolidação decorrente diretamente das atividades e pesquisas científicas desenvolvidas pelo italiano Luigi Ferrajoli, em especial com a publicação, em 1989, de "*Diritto e Ragione: Teoria del Garantismo Penale*".

Aliás, foi com a tradução desta obra para o Espanhol (*Derecho y Razón* – 1995, depois para o Português em 2002 – *Direito e Razão*) que o modelo garantista passou a pertencer ao léxico jurídico e tornou-se progressivamente comum entre os juristas.

Na sequência, o primeiro capítulo aborda a teoria garantista ferrajoliana e o garantismo processual, com preponderância da doutrina argentina capitaneada por Adolfo Alvarado Velloso e da doutrina espanhola "*revisionada*" por Juan Montero Aroca.

Em continuidade, no segundo capítulo, enfrenta-se o ativismo discutindo-se sua origem e diversas questões relacionadas à gestão da prova, ao livre convencimento e à busca da "verdade real". Neste tocante, observa-se que o Novo Código de Processo Civil brasileiro, como herança do Código de Processo Civil de 1973, mantém dispositivos processuais que atrelam o processo à "verdade". Em contraposição, o garantismo processual aponta como perniciosa a argumentação jurídica que recorre à "verdade" e à "justiça", colocando-as como finalidade do juiz (e do processo).

Superadas as necessárias considerações a tais garantismos e ao ativismo, discute-se o modelo cooperativo ou colaborativo atualmente proposto como o adequado ao Estado Democrático de Direito. Este modelo tem como benéfica a tentativa de fortalecer o contraditório entre as partes, mas não ultrapassa as incoerências dos modelos mistos. Ocupa-se então dos autores brasileiros que se entregam ao tema como Lucio Grassi, Daniel Mitidiero, Fredie Didier Jr., Lenio Streck, Lucio Delfino e Dierle Nunes, de maneira individual, para que o leitor conheça as particularidades do pensamento de cada um.

Ao fim da exposição do modelo cooperativo, ter-se-á em vista a Constituição Democrática de 1988 e seu princípio político fundamental (norteador de todo processo democrático): todo cidadão tem o direito de ser julgado por um juiz que não se envolva com a acusação, o que é a síntese do sistema acusatório! O juiz democrático não é aquela figura que acusa, produz prova, julga e executa – porque juiz democrático é juiz que decide. Por isso, devemos ter cuidado com o "princípio do livre convencimento motivado".

Por fim, considerando que há dois grupos de abordagem sobre a tarefa da Filosofia no processo de conhecimento, o analítico (ou semântico) e o continental (no qual se situa a hermenêutica, sua corrente de maior privilégio), acerca-se das considerações hermenêuticas (e pós-positivistas) no último capítulo para que o leitor tenha contato com contrapontos ao garantismo ferrajoliano e alvaradiano que engrandecem o tema abordado nesta obra.

Expus, entre outros temas, a diferença entre texto e norma, a ausência da separação entre o direito e a moral, a busca pela vontade da lei ou do legislador, a descredibilidade das considerações à sentença como resultado de um processo silogístico, a impossibilidade da aplicação sem interpretação, a diferença entre princípios gerais do direito e princípios constitucionais, a distinção semântica entre regra e princípios de Robert Alexy, as reflexões sobre os princípios em Ronald Dworkin e a inseparabilidade entre questão de fato e questão de direito.

Repensar estes pontos desde as lentes do Pós-Positivismo nos termos que aqui se abordará é questionar o nível de constitucionalismo da teoria de Luigi Ferrajoli. Por permanecer firme na perspectiva ilustrada e positivista, Ferrajoli possui uma visão mais restrita da aplicação direta da Constituição ao manter a desconfiança quanto às possibilidades de conquistas da argumentação jurídica. Deverá o leitor observar que Luigi Ferrajoli utiliza o método axiomático e fora questionado por sua escolha no "Seminário de Bréscia". O autor esclareceu que a formalização da teoria do Direito decorre do caráter artificial de sua linguagem composta de conceitos (p. ex., *norma, fonte, ato jurídico* etc.) construídos pelo teórico da maneira mais rigorosa possível. Isto se dá porque pretende alcançar justamente a univocidade e a precisão da linguagem teórica, cujo rigor semântico indica como ausentes na linguagem usada pelos operadores, do que resultam conceitos ambíguos ou indeterminados que deixam espaço para a atividade subjetiva do intérprete.

Inevitável, portanto, abordar a história da Democracia brasileira, forma de governo cujo centro de decisões é deslocado para o Judiciário. Se, no paradigma liberal, o Direito é ordenador e centraliza-se na legislação, no Estado Democrático ele passa a ser transformador, tensionando-se no Poder Judiciário. Isto não legitima condutas judiciais que ultrapassam os limites constitucionais na busca a todo custo da (sua) verdade ou da punição dos culpados e corruptos sob pena de se alcançar uma ditadura do Judiciário prostituído pelo valor "bondade".

É preciso conjugar garantismo (como técnica de limitação e de disciplina dos poderes públicos) e Democracia (tanto Democracia substancial ou social quanto uma Democracia formal ou política) para que se obtenha um Estado de Direito que resguarde e promova os interesses de todos, inclusive num sentido contramajoritário.

Enfim, a Constituição de 1988 estabeleceu o marco de um novo paradigma no Direito brasileiro e por ele derrogou-se o Inquisitivismo e o desrespeito ao devido processo legal. Contudo, precisamos perceber a insuficiência de olhar o novo com os olhos do velho, por isso a importância das abordagens hermenêuticas e pós-positivistas: o que se diz sobre um texto é inseparável de quem o diz, já que a partir de suas pré-compreensões o intérprete produz o sentido do texto em conformidade com o próprio Texto Constitucional, isto é, sem liberdade para dizer o sentido que melhor lhe pareça.

CAPÍTULO 1

O GARANTISMO: DO INÍCIO DO VOCÁBULO AO PROCESSO CIVIL

1.1 As primeiras aparições da expressão e os três significados de Luigi Ferrajoli

A expressão garantismo pode ser remetida a períodos longínquos, mas sua incorporação no universo jurídico é tão recente quanto é sua habitualidade nas línguas neolatinas.[1]

A História demonstra tratar de palavra criada e codificada semanticamente no âmbito filosófico político da escola de Charles Fourier (1112-1837), que utilizava o significante *"garantisme"* para designar um estágio da evolução civil no caminho em direção à conquista de uma perfeita e harmônica sociedade comunitária. O garantismo indica um sistema de segurança social que procura salvaguardar os sujeitos mais fracos por meio de um plano de reformas que garante os direitos vitais.[2]

O termo pode ser também remetido ao século XVIII, especificamente à figura de Mario Pagano, para quem o garantismo seria, de fato, uma doutrina voltada à limitação da discricionariedade do juiz.

Já nas primeiras décadas do século XX, por obra do italiano Guido De Ruggiero, em *"Storia Del liberalismo in Europa-1925"*, foi dado a ele uma

---

[1] Assim sinaliza Luigi Ferrajoli, em entrevista concedida a Gerardo Pisarello e Ramón Suriano, em 1997, na Universidad Carlo III, de Madrid.

[2] IPPOLITO, Dario. O garantismo de Luigi Ferrajoli. *Revista de Estudos Constitucionais, Hermenêutica e Teoria do Direito (RECHTD)*, v. 1, n° 1, p. 34-41, jan./ jun. 2011.

conotação política indicativa da liberdade do indivíduo em frente ao Estado, isto é, de garantias da liberdade.

Posteriormente, no período do segundo pós-guerra (1939-1945), o vocábulo fortaleceu-se com o sentido de proteção das garantias constitucionais das liberdades fundamentais na linguagem filosófico-jurídica. Seguindo esse viés semântico, ingressou no constitucionalismo inglês nos anos sessenta, tornando-se, finalmente, de uso habitual.

Já na década de setenta, a expressão foi introduzida no âmbito do Direito Penal italiano, podendo ser estendida a todo o sistema de garantias dos direitos fundamentais.[3] A partir de então, passou a constar em todos os principais dicionários da seguinte maneira:

> Em primeiro lugar, o caráter próprio das Constituições democrático-liberais mais evoluídas, consistente no fato de que estas estabelecem instrumentos jurídicos sempre mais seguros e eficientes (como o controle de constitucionalidade das leis ordinárias) com a finalidade de assegurar a observância das normas e dos ordenamentos por parte do poder político (governo e Parlamento). Em segundo lugar, é a doutrina político-constitucional que propõe uma sempre mais ampla elaboração e introdução de tais instrumentos. Poder-se-ia parafrasear: (i) garantismo como dimensão específica do constitucionalismo rígido, (ii) garantismo como teoria normativa do constitucionalismo rígido.[4]

Ainda, o "garantismo" é:

> 1) Característica própria das mais evoluídas constituições democrático-liberais, consistente no fato de elas estabelecerem dispositivos jurídicos cada vez mais seguros e eficientes a fim de garantir a observância das normas e do ordenamento por parte do poder político; 2) Doutrina político-constitucional que propugna uma cada vez mais ampla elaboração e introdução de tais dispositivos no ordenamento jurídico.[5]

A consolidação do vocábulo, inequivocamente, resulta das pesquisas e atividades do jusfilósofo Luigi Ferrajoli, principalmente pela acepção comum vinculada à Justiça Penal, divulgado internacionalmente em sua obra *Diritto e ragione: Teoria del garantismo penale* (1989),[6] que

---

[3] TRINDADE, André Karam. *Raízes do garantismo e o pensamento de Luigi Ferrajoli*. Disponível em: http://www.conjur.com.br/2013-jun-08/diario-classe-raizes-garantismo-pensamento-luigi-ferrajoli. Acesso em: 20 abr. 2015.

[4] IPPOLITO, Dario *apud* Grande dizionario della língua italiana de Salvatore Battaglia.

[5] Idem. Ibidem.

[6] Idem. Ibidem.

fora traduzida para o Espanhol em 1995, e para o Português em 2002, tornando-se crescentemente comum entre os juristas.

Em *Direito e razão – teoria do garantismo penal*,[7] Ferrajoli designa três significados à palavra.

Primeiramente, o autor concebe garantismo (1) como modelo de ordenamento, dotado de meios de invalidação de cada exercício de poder em contraste com normas superiores postas para tutela de direitos fundamentais. Dito de outro modo, o garantismo ferrajoliano tem olhos à proteção dos indivíduos oprimidos pelo poder punitivo do Estado a partir do estabelecimento de limites (i) à legislação, para que esta tutele direitos; e (ii) à jurisdição, para que esta seja uma atividade limitada ao *ius dicere*, à afirmação da lei e à subsunção dos fatos estabelecidos pelas normas legislativas.

A razão de descrever o modelo garantista a partir da contraposição entre o momento da legislação e o da jurisdição se dá pela oposição entre os elementos constitutivos de cada um: o primeiro no convencionalismo (teoria conforme a qual é delito o que a lei estabelece como tal, em contraste com as doutrinas objetivistas do delito, para as quais há ações más em si mesmas) e o segundo na doutrina contrária, no cognitivismo, segundo a qual incumbe ao juiz verificar ou refutar a hipótese acusatória por meio de procedimentos que tornem possível o conhecimento dos fatos. A contraposição entre legislação e jurisdição, ou entre "poder" e "saber", está presente nas máximas *"Auctoritas, non veritas facit legem"* e *"Veritas, non auctoritas facit judicium"*.

Ademais, consagrado (2) como teoria do direito, o garantismo estende-se sobre o problema da legitimação interna. Nesta acepção, consiste numa teoria jurídica que considera a distinção entre validade e efetividade e entre existência e vigor das normas. Ferrajoli, como teórico do Direito, é atento a distinguir a validez formal ou vigência das normas, de sua validez substancial, pois ressalva a impossibilidade de a validez ser meramente formal em um ordenamento que tenha recepcionado os direitos fundamentais de liberdade.

É neste sentido que ele sustenta a existência de um problema de justiça interna e externa das leis a ser considerado no ordenamento. Para compreendê-lo é preciso levar em conta o momento em que escreve Ferrajoli: um período em que a maior parte das Constituições modernas havia constitucionalizado direitos naturais, causando uma perda de relevância ao tradicional conflito entre Direito Positivo e Direito

---

[7] A obra Direito e Razão é, até o momento, a que maior impacto teve na doutrina brasileira. Há, também de grande importância, o seu trabalho intitulado *"Principia iuris: teoria Del diritto e della democrazia"*, publicado em 2007.

Natural, ou, em outras palavras, entre positivismo jurídico e jusnaturalismo. Neste sentido, a divergência entre o que o direito é e o que o Direito deve ser, expressa tradicionalmente sob a forma de contraste entre a lei positiva e a lei natural, foi transformada na divergência entre o que o direito é e o que Direito deve ser no interior de um mesmo ordenamento jurídico. Ocorre que a crítica do Direito vigente é tarefa que contradiz a neutralidade valorativa da ciência Direito, que é um dos eixos da ciência jurídica segundo o positivismo de estrita observância.

Entretanto, parte da doutrina entende que o juspositivismo não pode ser crítico,[8] como Alfonso Garcia Figueroa,[9] para quem o fato de Ferrajoli assumir-se como um crítico relativiza a própria tese positivista considerando que a incorporação de valorações e a dimensão crítica comprometem o positivismo.

Por fim, (3) a expressão designa uma doutrina filosófico-política que permite a crítica e a perda da legitimação desde o exterior das instituições jurídicas positivas. Neste entendimento, pondera a separação entre validade e justiça ou entre ponto de vista jurídico/interno e ponto de vista ético-político/externo ao ordenamento.

Compreendendo então que o garantismo procura resguardar o indivíduo do Estado poderoso e opressor (concebendo o poder como maléfico), aprofundar-nos-emos na teoria de Luigi Ferrajoli.

1.2 Garantismo de Luigi Ferrajoli

A três acepções ferrajolianas expostas acima se interconectam: um "modelo de ordenamento"[10] dotado de meios de invalidação das normas considerando um pressuposto teórico, a distinção entre legitimação interna/jurídica, tratada numa questão de teoria do direito, e legitimação externa, tratada numa questão de Filosofia.

Legitimação interna ou legitimação em sentido estrito refere-se à legitimação do Direito (no caso da teoria ferrajoliana, o Penal) por via

---

[8] *"Aquí se há sostenido que el positivismo crítico encierra en si una contradicción porque el positivismo no puede ser crítico y porque la crítica no es una función de la teoria del derecho positivista."* GARCÍA FIGUEROA, Alfonso. Las tensiones de uma teoría, cuando se declara positivista, quiere ser crítica, pero parece neoconstitucionalista. In: SÁNCHEZ, Miguel Carbonell; UGARTE, Pedro Salazar (Coords.). *Garantismo*: estudios sobre el pensamiento jurídico de Luigi Ferrajoli. Madrid: Trotta, 2005. p. 267-284.

[9] GARCÍA FIGUEROA, Alfonso. *Las tensiones de uma teoria cuando se declara positivista, quiere ser crítica, pero parece neoconstitucionalista*. In: SÁNCHEZ, Miguel Carbonell; UGARTE, Pedro Salazar (Coords.). *Garantismo*: estudios sobre el pensamiento jurídico de Luigi Ferrajoli. Madrid: Trotta, 2005. p. 277.

[10] O específico termo é utilizado pelo próprio autor em Direito e Razão.

de princípios normativos internos ao próprio ordenamento positivo, vale dizer, a critérios de avaliação jurídicos, ou, mais especificamente, intrajurídicos (razões internas).

Já por legitimação externa ou justificação contempla-se a legitimação do Direito por meio de princípios normativos externos ao Direito Positivo, ou seja, critérios de avaliação moral, políticos ou utilitários de tipo extra ou metajurídico (razões externas).

A diferenciação entre legitimação interna e legitimação externa pode ser vista como a separação entre direito e moral ou entre validade e justiça. É uma conquista fundamental do pensamento jurídico e político moderno, formulada pelo pensamento iluminista e recepcionada pelo positivismo jurídico enquanto fundamento do princípio da legalidade no Estado de direito moderno. O positivismo jurídico tradicionalmente separa o problema da justiça do da legitimação interna do ordenamento ou da validez. Procurava-se não reduzir o ordenamento à justiça (jusnaturalismo clássico), ou esta àquele (legalismo ético).

Por isso, a separação entre Direito e Moral é tão cara ao positivismo garantista ferrajoliano: confundi-los seria ora subordinar o Direito à Moral, privilegiando critérios subjetivistas, ora a Moral ao Direito, legitimando qualquer conteúdo da lei. Mas viu-se que é também um positivista crítico ao sustentar a existência de um problema de justiça interna das leis, e não só externa, a ser considerado no ordenamento.

Com esta apresentação inicial, adentremos nas especificidades das designações.

- Garantismo como modelo normativo de direito

Esta designação explicita o caráter vinculado do poder público – Legislativo, Judiciário e administrativo – no Estado de Direito, razão pela qual a proposta garantista de um modelo normativo aborda a criação, aplicação judicial e eficácia da legislação.

O modelo garantista ferrajoliano se propõe a configurar um esquema de identificação do desvio penal dirigido a assegurar, em comparação com outros modelos de Direito Criminal, o máximo grau de racionalidade e confiabilidade do juízo e, portanto, de limitação do poder punitivo e de tutela contra a arbitrariedade.

Esta teoria do garantismo penal baseia-se em dois elementos constitutivos trasladáveis à teoria geral do garantismo, já brevemente mencionados: um relativo à definição legislativa, e outro à comprovação jurisdicional do desvio punível.

No âmbito penal, o primeiro destes elementos é o convencionalismo penal, aquele relacionado com a definição legal tal como resulta do princípio da legalidade estrita na determinação abstrata do que é punível.

Nesta direção, este elemento evidencia que não é a verdade, a justiça, a moral, nem a natureza que confere relevância penal a um fenômeno, mas somente a autoridade, pois "é *a autoridade que faz a lei*" ("*auctoritas non veritas facit legem*" – princípio constitutivo do positivismo jurídico), e esta (a lei) não pode qualificar como penalmente relevante qualquer hipótese indeterminada de desvio como se vê em determinados ordenamentos que tipificam a perseguição aos "socialmente perigosos". No caso brasileiro, por exemplo, o Código Penal estabelece como circunstâncias atenuantes, causa de diminuição de pena e tipificação de infração penal, a existência de "relevante valor social ou moral".

Consoante o primeiro elemento constitutivo do garantismo penal, o princípio da legalidade estrita, duas são as exigências para que ele seja observado: o caráter formal ou legal do critério de definição do desvio e o caráter empírico ou fático das hipóteses de desvio legalmente definidas.

No que tange à condição formal ou legal, equivalente ao "princípio da mera legalidade" (princípio da reserva legal em matéria penal), o desvio penal é aquele formalmente indicado pela lei como pressuposto necessário para a aplicação de uma pena (*nulla poena et nullum crimen sine lege*). Assim, o desvio não será o que o juiz reconhece em cada ocasião como imoral ou naturalmente anormal, como socialmente lesivo ou coisa semelhante – até porque funcionará como garantia da submissão do juiz à lei.

Para elucidar, comportamentos como "ato obsceno" ou "desacato" correspondem a figuras delituosas "em branco", cuja identificação judicial devido à indeterminação de suas definições legais remete a discricionárias valorações do juiz, muito mais do que a provas, e desobedece ao princípio da legalidade tanto formalmente quanto empiricamente.

A título exemplificativo, no Código Penal brasileiro, há o artigo 231, tipificando como violação penal "Desacatar funcionário público no exercício da função ou em razão dela", o artigo 233, criminalizando "Praticar ato obsceno em lugar público, ou aberto ou exposto ao público", além do artigo 234, que penaliza "Fazer, importar, exportar, adquirir ou ter sob sua guarda, para fim de comércio, de distribuição ou de exposição pública, escrito, desenho, pintura, estampa ou qualquer objeto obsceno".

Por sua vez, a condição empírica ou fática do primeiro elemento da teoria garantista, corresponde ao designado pelo autor como "princípio da estrita legalidade", e comporta o caráter absoluto da reserva da lei penal em virtude da qual a submissão do juiz é somente à lei. Consagra que a definição legal do desvio punível deve levar em consideração apenas aspectos objetivos do comportamento que se deseja punir, por meio de figuras empíricas desprovidas de características do autor do comportamento punível.

Vale dizer, enquanto aquele primeiro princípio é direcionado aos juízes, este é dirigido ao legislador e designa a taxatividade e a precisão empírica necessárias às formulações legais, configurando uma proposta de técnica legislativa para excluir as convenções penais que fazem alusão a pessoas (portanto, com caráter constitutivo, não regulamentar) e não a fatos, consideradas, nestes termos, arbitrárias e discriminatórias.

Por assim dizer, ele não permite a perseguição de "desocupados", "vagabundos", "propensos a delinquir" e "socialmente perigosos", pois admite somente regras de comportamento que formem uma proibição, uma modalidade deôntica cujo conteúdo não pode ser mais do que uma ação e a respeito da qual seja aleticamente possível tanto a omissão quanto a comissão, uma exigível e a outra obtida sem coação e, portanto, imputável à culpa ou responsabilidade de seu autor.

Já o segundo elemento da teoria do garantismo ferrajoliano, relativo à comprovação jurisdicional, é o cognitivismo processual na determinação concreta do desvio punível. Restaria assegurado pelo princípio da estrita jurisdicionariedade que exige a verificabilidade das hipóteses acusatórias e a sua comprovação empírica.

O princípio da estrita jurisdicionariedade – que exige duas condições, a verificabilidade ou refutabilidade das hipóteses acusatórias e sua comprovação empírica consoante procedimentos que permitem tanto tal verificação quanto tal refutação –, visa a que o juízo tenha caráter recognitivo (de direito) das normas e cognitivo (de fato) dos fatos por ela regulados, mas jamais constitutivo.

Destarte, Ferrajoli conclui que as estritas legalidade e jurisdicionariedade (integrantes, assim, do sistema garantista ou cognitivo) são os meios para o alcance do valor da certeza na determinação legislativa e judicial. Isto é, pelo convencionalismo será delito o que a lei estabelece como tal, e pelo cognitivismo cabe ao juiz verificar ou refutar a hipótese acusatória por meio de procedimentos que tornem possível o conhecimento dos fatos. Para tanto, será imprescindível a separação entre Direito e Moral, já que, de acordo com seus ensinamentos, somente por convenção jurídica - e não por imoralidade - um determinado comportamento seria punido. Assim, contrapõe legislação e jurisdição expressas nas máximas "Auctoritas, non veritas facit legem" e "Veritas, non auctoritas facit judicium".

O requisito da estrita jurisdicionariedade pressupõe logicamente o da estrita legalidade, mas, para satisfazê-lo, é necessário que a lei determine tudo quanto seja possível, deixando aos que julgam o menos possível. Ocorre que, como reconhece o próprio Ferrajoli, tanto existem momentos em que a interpretação da lei na verificação jurídica não é exclusivamente recognitiva,[11] quanto há ocasiões em que a verificação fática não é uma atividade apenas cognitiva da prova empírica dos fatos.

Isto quer dizer que, enquanto a estrita legalidade poderá advir de uma escolha prática das hipóteses interpretativas alternativas, a estrita jurisdicionariedade exigirá decisões argumentadas, que, ao final, representam uma conclusão apenas provável de acordo com um processo indutivo e resultante de uma escolha sobre as hipóteses explicativas alternativas.[12]

Portanto, a decisão resultará de espaços de escolha que retratam as margens de discricionariedade deste modelo normativo garantista, supostamente adequado ao funcionamento do moderno "Estado de Direito", concebido tanto em sentido formal, lato ou débil – no qual qualquer poder deve ser conferido pela lei e exercitado nas formas e com os procedimentos por ela estabelecidos –, quanto em sentido substancial, estrito ou forte – no qual qualquer poder deve ser limitado pela lei que lhe condiciona não somente as formas, mas também os conteúdos –, isto é, um modelo de Estado que se caracteriza, (i) no plano formal (*fonte de legitimação formal*), pelo princípio da legalidade que vincula todo poder público (está subordinado às leis gerais e abstratas que lhes disciplinam as formas de exercício e cuja observância é submetida a controle de legitimidade por parte dos juízes delas separados e independentes); e (ii) no plano substancial (*fonte de legitimação substancial*), pela funcionalização de todos os poderes do Estado em observação às garantias dos direitos fundamentais dos cidadãos.

Muitos poderiam questionar sobre a possibilidade de efetiva relação entre o plano da substancialidade e o princípio da legalidade. É preciso ter em mente que este é concebido por Ferrajoli como contrário ao arbítrio, mas também ao legalismo mecânico que não reconhece a exigência da equidade. Por esta razão, o autor insere entre os espaços de discricionariedade judiciais o poder de "conotação". Veja-se aqui

---

[11] "*Esta escolha, mais ou menos opinativa segundo o grau de indeterminação da previsão legal, esgota-se inevitavelmente no exercício de um poder na indicação ou qualificação jurídica dos fatos julgados.*" FERRAJOLI, Luigi. *Direito e razão*: teoria do garantismo penal. São Paulo: Revista dos Tribunais, 2014. p. 42.

[12] FERRAJOLI, Luigi. *Direito e razão*: teoria do garantismo penal. São Paulo: Revista dos Tribunais, 2002. p. 33-34.

novamente a inter-relação entre os momentos da legislação e jurisdição na descrição do modelo normativo ferrajoliano.

- O Garantismo como uma teoria do direito (e crítica do direito): o direito ilegítimo

Viu-se que o modelo normativo garantista, proposto por Luigi Ferrajoli, prega a tutela dos direitos pela positivação com base no princípio da legalidade e na separação entre Direito e Moral. Esta conclusão situa o garantismo na tradição do positivismo jurídico.[13] Em outras palavras, o garantismo ferrajoliano abraça a novidade do Direito moderno, que está na forma "legal", "convencional", "artificial" ou "positiva", consequente da *auctoritas*, não da *veritas*, comportando a separação do Direito Positivo da Moral e da ciência do direito do próprio Direito.

O juspositivismo, de maneira superficial e geral, em contraposição ao jusnaturalismo, ofereceu uma teoria coerente do fenômeno jurídico a partir de uma construção racional e controlada, que exclui qualquer conteúdo transcendente ao Direito Positivo (distinção de suma importância com relação ao jusnaturalismo).

É importante recordar que, a depender da teoria positivista, o objeto de estudo oscila desde códigos dos novecentos no positivismo legalista à norma jurídica Kelseniana, o conceito de regra em Herbert Hart e, ainda, o conjunto de decisões proferidas pelos tribunais no realismo jurídico.

Aliás, profundas diferenças existem entre o positivismo jurídico do século XIX, legalista, cuja característica principal é a equiparação do Direito à lei, e aquele construído no século XX, normativista, reconhecedor do problema dos diversos significados advindos dos conceitos que

---

[13] A título elucidativo: positivismo jurídico é termo que se refere a um modo específico de se estudar o Direito, enquanto Direito Positivo representa o objeto de estudo do positivismo jurídico: "*O Direito Positivo pode ser definido como o conjunto de regras e normas que regem o convívio humano num determinado contexto histórico (temporal), social e territorial (espacial).*" ABBOUD, Georges et al. *Introdução à teoria e à filosofia do direito*. São Paulo: Revista dos Tribunais, 2014. p. 71. Os autores resumem o conceito de juspositivismo ao *tipo de postura teórica que se caracteriza por esses três elementos: 1) pelas fontes sociais do direito; 2) pela separação entre direito e moral; 3) pela discricionariedade delegada ao juiz nos hard cases ou nas incertezas da linguagem.*" ABBOUD, Georges et al. *Introdução à teoria e à filosofia do direito, op. cit.*, p. 229. Na visão de Lenio Streck, "*São três as características presentes de maneira comum nos positivismos: (i) o objeto é determinado a partir de fontes estatais sociais do Direito recusando a abordagem do fenômeno jurídico sob uma ótica exterior à regulação pelo Estado; (ii) a tese da separação entre Direito e Moral, afastando qualquer observação de adequação do Direito a um sistema moral; e, por fim, (iii) um sempre existente coeficiente de discricionariedade judicial.*" STRECK, Lenio. *Verdade e consenso*. 5. ed. rev, mod. ampl. São Paulo: Saraiva, 2014. p. 509.

compõem o Direito e que ainda problematiza a relação destes conceitos com os objetos constituintes do mundo jurídico.[14]

Neste tocante, é necessário saber que uma análise semiótica do Direito divide a análise da linguagem em três níveis: sintática, semântica e pragmática.

Em suma, na análise sintática, a linguagem é considerada a partir da "estrutura dos signos e a análise obedece a uma lógica de relação signo-signo. Não se considera aqui, para efeitos de análise, a relação do signo com o objeto ao qual ele faz referência".[15] Já a semântica visa determinar o sentido do signo relacionando-o com tal objeto. E, por sua vez, a pragmática preocupa-se com o uso que se faz da linguagem por aqueles que com ela operam.[16]

Em se tratando do positivismo legalista, a análise do Direito é restrita à perspectiva sintática. Com o crescimento do poder regulatório do Estado nas primeiras décadas do século XX, o problema da indeterminação do sentido foi elevado a foco principal. Oportunamente, Kelsen percebeu a semântica como problema crucial na interpretação do Direito e constatou que o espaço de movimentação do intérprete decorria deste problema, existente quando da aplicação de um signo linguístico.[17]

Em síntese, os estudos de Hans Kelsen tinham como principal objetivo reforçar o método analítico proposto pelos conceitualistas como resposta à Jurisprudência dos Interesses e à Escola de Direito Livre, reivindicadoras da aproximação do Direito aos fatos sociais, mas que o expuseram a ideologias e à política, permitindo a penetração de argumentos psicológicos, políticos e ideológicos na interpretação do Direito.[18]

---

[14] ABBOUD, Georges et al. *Introdução à teoria e à filosofia do direito*, op. cit., p. 230.
[15] ABBOUD, Georges et al. *Introdução à teoria e à filosofia do direito*, op. cit., p. 230.
[16] *Ibidem*, p. 230.
[17] Cf. STRECK, Lenio. *Verdade e consenso*, op. cit., p. 35: "(...) *em um ponto específico, Kelsen se rende aos seus adversários: a interpretação do Direito é eivada de subjetivismos provenientes de uma razão prática solipsista. Para o autor austríaco, este desvio é impossível de ser corrigido. (...) O único modo de corrigir esta inevitável indeterminação do sentido do Direito somente poderia ser realizado a partir de uma terapia lógica – da ordem do a priori – que garantisse que o Direito se movimentasse em um solo lógico rigoroso. Este campo seria o lugar da teoria do Direito ou, em termos kelsenianos, da ciência do Direito. E isto possui uma relação direta com os resultados das pesquisas levadas a cabo pelo Círculo de Viena*". STRECK, Lenio. *Verdade e consenso*, p. 36.
[18] "*Kelsen não era um positivista exegético. Sua obra vem para superar esta concepção de positivismo. O seu positivismo é normativista. Ele não separa o Direito da Moral, mas, sim a ciência do Direito da Moral. Para Kelsen, o cientista faz um ato de conhecimento, descritivo, não prescritivo; já o aplicador da lei faz um ato de vontade (acrescento, de poder). Juiz não faz ciência e, sim, política jurídica. Sua preocupação com relação à ciência do Direito é de que o intérprete tem uma ideia (ou imagem) da lei (do seu texto). Os vários sentidos são descritíveis. Quem aplica a lei, o juiz,*

Ele privilegiou as dimensões semânticas e sintáticas, mas deixou a pragmática para a discricionariedade.

Já Ferrajoli, separando a teoria contemporânea do Direito em duas principais orientações – o normativismo e o realismo (o Direito como norma e o Direito como fato) –, enxerga cada fenômeno jurídico normativo como norma e fato: "é ao mesmo tempo norma, relativamente aos fatos (também normativos) que ela regula, e fato (mesmo se normativo), relativamente às normas que o regulam". Ensina que uma abordagem exclusivamente normativa que se limita à análise dos significados das normas permite apenas descrever o "dever ser" normativo dos fenômenos jurídicos regulados, e não também o seu "ser" efetivo, distinta, assim, de uma abordagem exclusivamente realista limitada à observação daquilo que ocorre de fato e que apenas descreve os fenômenos jurídicos como efetivamente "são", não como normativamente "devem ser".

Ferrajoli designava a interpretação jurídica como "operativa": as normas condicionam a linguagem do juiz e sua aproximação aos fatos que devem ser julgados, selecionando os fatos relevantes conforme as normas e ignorando os demais, de maneira que o conhecimento das normas desta ou daquela maneira, fará com que os olhos do julgador saltem sobre determinados fatos e provas e se fechem a outros.

Por isso, através do positivismo jurídico, Ferrajoli tenta apresentar o "ser" e o "dever ser", ainda que separados, numa única crítica,

---

não tem nenhum método ou outros critérios que possam assegurar que uma aplicação é melhor que outra ou que uma seja correta e outra não. Neste sentido, até mesmo se o juiz decidir para além da ideia (se quisermos, a moldura) da lei e ninguém recorrer, esta decisão é válida. Por isso é que sempre devemos ler a obra de Kelsen a partir da divisão entre a ciência do Direito (que é uma metalinguagem) e o Direito (que é a linguagem objeto)". STRECK, Lenio. Verdade e consenso, op. cit. p. 35. "A primeira tentativa de resposta a este caos sistemático das finalidades e dos interesses somente será oferecida por Hans Kelsen, com a construção de sua "teoria pura do Direito". De fato, em sua obra, Kelsen continuava a perseguir o tipo de rigor lógico que inspirava o dedutivismo da Jurisprudência dos Conceitos, porém, sabia que os instrumentos por ela utilizados eram insuficientes para garantir precisão epistemológica para a ciência jurídica. Ademais, ele conhecia as críticas formuladas pela Jurisprudência dos interesses e pelo movimento do Direito livre em relação ao problema da determinação do papel do juiz no preenchimento das chamadas lacunas e sabia que o dogma da completude dos significados dos conceitos que compõem a lei – em especial os códigos – não podia mais ser defendido àquela altura da História. A saída encontrada por Kelsen foi estabelecida a partir de uma fratura entre conhecimento e vontade. Explicamos: a construção epistemológica kelseniana está alicerçada na clássica dicotomia razão vs. vontade. Assim, todas as questões reivindicadas pelos interesses, finalidades etc. Kelsen atira para dentro daquilo que ele chamou de política jurídica, que se manifesta, em termos kelsenianos, na interpretação que os órgãos jurídicos competentes formulam sobre o Direito". OLIVEIRA, Rafael Tomaz de; FARIA, Bruno Costa de; CURTOLO, Cristiane Maria de Lima; TEODORO, Leandro; VELUDO, Michele Seixas; PEREIRA, Joaquim Eduardo. A Jurisdição constitucional entre a judicialização e o ativismo: percursos para uma necessária diferenciação. São Paulo: Anais do X simpósio nacional de direito constitucional, 2013, pag. 284.

partindo da distinção entre o vigor das normas tanto de sua validade quanto de sua efetividade.

Conclui-se, então, a concepção de garantismo como teoria do Direito debruçada sobre o problema da legitimação interna e consistente numa teoria jurídica que considera a distinção entre "validade" e "efetividade",[19] e entre "existência" e "vigor" das normas.

Nesta direção, o mestre florentino rechaça tanto as orientações teóricas que reconhecem a vigência somente das normas válidas, quanto os ordenamentos realistas que coincidem a vigência somente das normas efetivas.[20] Em síntese, os juízos de validade são valorações sobre a (des)conformidade entre as normas e os valores expressos pela suas normas superiores, e os juízos sobre o vigor das normas são considerados juízos sobre a satisfação das condições de validade formal, as quais resguardam as formas, os procedimentos do ato normativo e a competência do órgão que a emana (são adimplementos de fato).[21] Por outro lado, pela distinção entre vigor e efetividade, o fato de uma lei ser rotineiramente aplicada apenas evidencia sua efetividade, não sua validade, pois a validez é qualificação que independe tanto do modo como ela é aplicada quanto da existência de precedentes que asseveram ser válida (que não está sujeita a prescrições e nunca é conhecida de uma vez por todas).

Ao distinguir "vigor", "validade" e "efetividade", Ferrajoli coloca em xeque postulados do juspositivismo dogmático: o da fidelidade do juiz à lei, por pensar que a sujeição cega à lei omitiria a complexidade estrutural do Estado de direito e a potencial ilegitimidade das leis nele geradas por desníveis normativos; e o da função meramente descritiva e valorativa do jurista na observação do Direito Positivo vigente.

Quanto ao dogma da obrigação judicial de aplicar as leis vigentes, é relativizado pela possibilidade de as regras em vigor serem suspeitas de invalidade, já que, nestes casos em particular, inexiste a obrigação de os juízes aplicá-las. Isto se dá porque a lei em vigor (pode-se dizer: a lei expressa por um texto legislativo não anulado) poderá ser aplicada mediante providências válidas relativamente a ela, já que, como

---

[19] Essa conclusão também demonstra a possibilidade de existência de uma diferença entre o grau de garantismo conforme a lei e o grau de sua efetividade, ou seja, da observância prática das garantias constantes na lei.

[20] *"Precisamente, uma abordagem exclusivamente normativa limitando-se à análise (do significado) das normas, permite apenas descrever o "dever ser" normativo dos fenômenos jurídicos regulados, e não também o "ser efetivo". Inversamente, uma abordagem exclusivamente realista, limitando-se à observação daquilo que ocorre de fato, consente apenas descrever os fenômenos jurídicos como efetivamente são, e não como normativamente devam ser."* FERRAJOLI, Luigi. *Direito e razão:* teoria do garantismo penal, *op. cit.*, p.699.

[21] *Ibidem*, p. 806.

a Constituição outorga ao juiz um papel institucional de crítico das leis, inexiste uma obrigação que imponha ao juiz aplicá-las quando as considera inválidas, ou seja, quando estão em contraste com a norma superior,

Nesta linha, recai-se também na inobservância do segundo dogma juspositivista: a impossibilidade de crítica das leis vigentes a partir do seu interior. Com efeito, não se está afirmando a possibilidade de o jurista, em sede científica, valorar as normas jurídicas do exterior e condicionar sua validade a valorações ético-políticas ou extrajurídicas. Em realidade, o autor critica a vedação da valoração e da proibição da crítica do Direito vigente desde o ponto de vista interno ou jurídico da validade, pois considera ser uma tarefa do jurista expor sua compreensão pela (in)validade das normas sob os parâmetros formais e substanciais ditadas pelas normas jurídicas a elas superiores.

De acordo com Ferrajoli, para os juízes – e mais genericamente, seus funcionários de Estado que são investidos por força da função pública de aplicar as leis -, vale efetivamente a obrigação moral de obediência ao Direito Positivo decorrente de uma opção política que equivale à aceitação do ordenamento e à assunção de seu ponto de vista interno: "É próprio desta 'sujeição à lei' o conteúdo garantista da obrigação política à qual se vinculam juízes e funcionários, com o juramento de fidelidade à Constituição e às leis prestado por ato de posse das funções".[22]

Digamos, então, que, para o juízes e tais funcionários, a obrigação política de observar a lei parece incondicional e inteiramente formal, pois, uma vez feita a escolha pela função de poder, não é mais uma diferença de consciência aplicar ou não exatamente as leis em um Estado de direito identificado pelos vínculos de estrita legalidade: "(...) a estrita legalidade, como se viu amplamente neste livro, exige moral e politicamente dos juízes que eles julguem apenas de forma jurídica e não também moral e politicamente, e apenas os fatos e não os seus autores".[23]

Por outro lado, conclui o autor que:

> a obrigação jurídica (ou dever jurídico), antes mesmo que política, vale para o juiz apenas em relação às leis válidas além de vigentes: isto é, unicamente pelos parâmetros constitucionais com base nos quais ele,

---

[22] FERRAJOLI, Luigi. *Direito e razão*: teoria do garantismo penal, op. cit., p. 851.
[23] Ibidem, p. 852.

juiz, foi habilitado a validá-las, em espaços igualmente inevitáveis de autonomia moral e responsabilidade política.[24]

Em outras palavras, o autor está afirmando que a obrigação dos juízes em relação às leis reputadas injustas é flexível, conferindo ao juiz o poder de excepcionar a inconstitucionalidade das leis, pois, o quanto possível, deverá interpretá-las no sentido constitucional.[25] Num conflito de consciência entre os valores pessoais e morais do julgador e os valores incorporados na própria constituição do ordenamento (e não nas leis ordinárias), está o julgador obrigado a decidir conforme aqueles preconizados na Constituição. Ressalte-se, todavia, o posicionamento defendido nesta obra de que juiz num Estado de Direito Democrático não pode julgar com base em "valores", dada a diferença ontológica entre estes e as "normas", estas sim possuidoras de um conteúdo deontológico. Ressalva-se que este ponto, na doutrina de Ferrajoli, não pareceu claro ao se comparar suas obras.

Com esta exposição, pretende-se ter aqui demonstrado que uma teoria garantista do Direito parte da distinção da validade das normas tanto de sua vigência quanto de sua efetividade a partir da orientação de crítica ao Direito Positivo vigente sob a perspectiva interna[26] ou jurídica. É o denominado "juspositivismo crítico".

- Garantismo como filosofia do Direito e crítica da política

Garantismo também designa uma doutrina filosófico-política que permite a crítica e a perda da legitimação desde o exterior das instituições jurídicas positivas, não obstante esteja baseado na rígida separação entre Direito e Moral, entre validade e justiça, ou também entre ponto de vista jurídico (interno) e ponto de vista ético-político (externo) ao ordenamento.[27]

Estas divergências (entre justiça e validade, entre ponto de vista interno e externo, entre Direito e Moral) visam afastar o enfraquecimento

---

[24] Ibidem, p. 852.
[25] Ibidem, p. 852.
[26] "Por legitimação interna ou legitimação em sentido estrito refiro-me à legitimação do Direito Penal por via de princípios normativos internos ao próprio ordenamento positivo, vale dizer, a critérios de avaliação jurídica, ou, mais especificamente, intrajurídicos. O primeiro tipo de legitimação diz respeito às razões externas, isto é, àquelas do Direito Penal; o segundo, por sua vez, concerne às suas razões internas, ou de Direito Penal." Ibidem, p. 171.
[27] Ibidem, p. 812.

normativo da Constituição (concebendo justiça como o apelo a valores metajurídicos).

Em síntese, o autor afirma que o garantismo, num sentido filosófico-político, consiste na fundação heteropoiética do Direito, separado da Moral,[28] Ferrajoli parafraseia a expressão "autopoiesis", de Niklas Luhmann, para caracterizar a autorreferenciabilidade dos sistemas políticos.

Na qualidade de autopoiéticas, as doutrinas fundamentam os sistemas políticos sobre si mesmos justificando o Direito e o Estado como bens ou valores intrínsecos. À moda heteropoiética, as doutrinas os baseiam em finalidades sociais concebendo as instituições políticas e jurídicas como males necessários para a satisfação dos interesses vitais dos cidadãos:

> Para as doutrinas autopoiéticas, o Estado é um fim, e encarna valores ético-políticos de característica suprassocial e supraindividual cuja conservação e reforço para o direito e os direitos hão de ser funcionalizados. Para as doutrinas heteropoiéticas, ao invés, o Estado é um meio, legitimado unicamente pelo fim de garantir os direitos fundamentais dos cidadãos, e politicamente ilegítimo se não os garante, ou pior, se ele mesmo os viola. Portanto, o ponto de vista das doutrinas do primeiro tipo é unicamente aquele interno do Estado, que, enquanto fim ou valor, subordina a si mesmo seja a sociedade, sejam os indivíduos, e o ponto de vista das doutrinas do segundo tipo é sobretudo aquele externo da sociedade e das pessoas que a compõem, consideradas estas mesmas com fins e valores relativamente aos quais é o Estado um meio instituído para sua tutela.[29]

Isso exposto, em suma, o garantismo, como filosofia-política, é concebido como fundação heteropoiética do Direito, ou seja, como doutrina que nega um valor intrínseco do Direito somente porque vigente, e do poder, somente porque efetivo, concebendo o Estado como instrumento cuja finalidade é a satisfação dos direitos fundamentais.

Com suporte nesse raciocínio, no paradigma da democracia o Estado não é um fim nem um valor, mas um produto fabricado pelos homens e que vale tanto quanto servir aos homens naturais que o produziram em comum acordo, podendo, também, ser construído e reconstruído quando seus criadores se insurgem contra eles.

Assim, o que politicamente justificaria ou não a produção das normas, não são suas fontes ou formas, mas seus conteúdos concretos,

---

[28] Ibidem, p. 815.
[29] Ibidem, p. 812.

isto é, a tutela dos direitos fundamentais, pois a política, como dimensão axiológica do agir social, permanece irredutível como ponto de vista externo que legitima a crítica e a troca do funcionamento e dos modelos de direito.

Esta perspectiva política (e a da Moral) é admitida por Ferrajoli como ponto de vista autônomo do direito (e sobre o direito), ou seja, como ponto de vista externo a ele, que é também um olhar crítico do seu juspositivismo crítico.[30] Baseia-se tanto na divergência interna entre validade e vigor quanto na distinção externa entre princípios teórico-políticos fundamentais e parâmetros internos de validade (informados por aqueles). Outrossim, os parâmetros internos são orientados pelos princípios teórico-políticos especialmente porque, nos modernos Estados de direito, os valores fundadores do sistema que configuram seu caráter externo são colocados nas Constituições, tornando-se guias teóricos na interpretação e sistematização doutrinária do material legislativo.

No caso dos juristas, todavia, ao contrário dos juízes e daqueles funcionários do Estado, eles não atuam aplicando e produzindo o direito válido, pois realizam apenas uma atividade cognoscitiva que parte de um ponto de vista necessariamente externo ao objeto da investigação.

Assim, a mencionada separação entre o parâmetro interno de validade e os princípios teórico-políticos fundamentais vale para orientar a função pragmática do trabalho do jurista.

1.3 O sistema garantista: axiomas materiais e processuais

O sistema garantista é composto por princípios identificados por Ferrajoli como proposições prescritivas sobre o que deva ocorrer - ou

---

[30] "A tese da separação entre Direito e Moral, mantendo firme não apenas a distinção, mas também a divergência entre justiça e validade, permite que não se ancore nas falácias provenientes desta confusão: a falácia jusnaturalista consistente na identificação (e na confusão) da validade com a justiça, em algum sentido objetivo desta segunda palavra; e a falácia ético-legalista consistente – mesmo na variante do constitucionalismo ético – na oposta identificação (e confusão) da justiça com a validade. Ao mesmo tempo, somente a abordagem juspositivista serve para evidenciar o caráter juridicamente normativo da Constituição, porque supraordenada a qualquer outra fonte, e, portanto, as outras duas virtuais divergências deônticas – entre validade e vigência e entre vigência e eficácia – cujo desconhecimento está na origem de outras duas graves falácias: aquela normativista, que impede, como ocorre na teoria de Kelsen, de reconhecer a existência de normas inválidas, mesmo se vigentes; e aquela realista, que impede, ao contrário, de reconhecer a existência de normas válidas, mesmo se ineficazes, e de normas inválidas, mesmo se eficazes." FERRAJOLI, Luigi. Constitucionalismo principialista e constitucionalismo garantista. In: FERRAJOLI, Luigi; STRECK, Lenio. (Orgs.) Garantismo, hermenêutica e (neo)constitucionalismo: um debate com Luigi Ferrajoli. Porto Alegre: Livraria do Advogado, 2012. p. 33.

seja, enunciam as condições que um sistema deva satisfazer.[31] Assim, configuram implicações deônticas, normativas ou de dever ser que estão ligados entre si. . Em outras palavras, trata-se de um modelo ideal resultante da adoção de 10 (dez) axiomas (não deriváveis entre si): 1) princípio da retributividade ou da consequencialidade da pena em relação ao delito; 2) princípio da legalidade, no sentido lato ou no sentido estrito; 3) princípio da necessidade ou da economia do Direito Penal; 4) princípio da lesividade ou da ofensividade do evento; 5) princípio da materialidade ou da exterioridade da ação; 6) princípio da culpabilidade ou da responsabilidade pessoal; 7) princípio da jurisdicionariedade, também no sentido lato ou no sentido estrito; 8) princípio acusatório ou da separação entre juiz e acusação; 9) princípio do ônus da prova ou da verificação; e 10) princípio do contraditório ou da defesa, ou da falseabilidade.

Teorizou, então, um garantismo de direitos envolvido em um sistema cognitivo (SG) caracterizado especialmente pelo princípio da legalidade estrita ou taxatividade dos conteúdos, pois graças a ele (i) a lei precisa observar todas as demais garantias e (ii) o conteúdo desta necessita ser formado por pressupostos típicos dotados de significado unívoco e preciso, para que seja possível qualificar uma proposição judicial como verdadeira ou falsa e controlar a motivação de uma decisão empiricamente como tal, classificando-a como válida ou não.

Como já mencionado, referido sistema garantista é composto por 10 condições (também limites e proibições) dos quais derivam teses e correspondem a garantias dos cidadãos contra o arbítrio ou erro. Considerando que já foram, de certa forma, incorporadas pelas codificações e constituições dos ordenamentos até então desenvolvidos, converteram-se em princípios jurídicos do Estado de direito.[32] Outrossim, tendo em vista que nesta obra gravita a perspectiva processual de garantismos, analisar-se-ão as garantias processuais presentes no SG mencionado.

Nele, entre os axiomas A7 a A10, estão enunciadas as garantias relativas ao processo e que pretendem responder às perguntas "quando julgar?" e "como julgar?", devendo sempre se ter em consideração que, além de muitas destas garantias pressuporem outras, as processuais

---

[31] Em adesão aos seus princípios normativos internos e/ou a parâmetros de justificação externa FERRAJOLI, Luigi. *Direito e razão:* teoria do garantismo penal, *op. cit.*, p. 90.
[32] FERRAJOLI, Luigi. *Constitucionalismo principialista e constitucionalismo garantista*, *op. cit.*, p. 75.

condicionam a efetividade das materiais e resultariam esvaziadas pela ausência destas.

A7 *Nulla culpa sine judicio* (princípio da submissão à jurisdição) A 8 *Nullum judicium sine accusatione* (princípio acusatório ou da separação entre juiz e acusação) A9 *Nulla accusatio sine probatione* (princípio do ônus da prova ou da verificação) A10 *Nulla probatio sine defensione* (princípio do contraditório ou da defesa, ou da falseabilidade)

A principal garantia processual que forma o pressuposto de todas as outras é a da submissão à jurisdição, a qual previne as vinganças privadas e pode ser vista como a dicotomia "cognitivismo-decisionismo". É, ainda, compreendida por um binômio. Em sentido lato, o princípio da submissão à jurisdição exige simplesmente o conjunto das garantias substanciais de que não há pena, não há crime e não há culpa sem jurisdição. Esta garantia é exigível em qualquer tipo de processo, seja ele acusatório ou inquisitório.

Em sentido estrito, sugere que seja a expressão de um conjunto de três teses: não há processo: (i) sem acusação; (ii) sem prova; e (iii) sem defesa, e neste sentido supõe a forma acusatória de processo.

O sentido lato orienta o modelo processual substancialista – ou de mera submissão – também chamado de decisionista. Direciona-se para a busca de uma verdade substancial e abrangente fundada em valorações.

Este critério substancialista é o que se vê, por exemplo, na tipificação aqui já citada de ultraje público ao pudor expresso na fórmula "praticar ato obsceno", fundando um modelo decisionista de processo penal voltado à busca da verdade ética ou política que vai além da prova.

Efetua-se o processo decisionista e tipicamente inquisitivo, assentados na obtenção de uma verdade substancial e máxima, perseguida sem limites, por qualquer meio de aquisição das provas e, ao mesmo tempo, discricionária – vale lembrar que neste modelo a indeterminação das hipóteses de acusação e o seu caráter avaliativo exigem, mais do que provas, juízos de valor não contestáveis pela defesa:

> Neste segundo modelo o fim (de atingir a verdade qualquer que seja) justifica os meios (os procedimentos quaisquer que sejam); enquanto no primeiro é o fim que é legitimado pelos meios (porque fundado ou garantido por vínculos representados). Compreende-se por isso que as garantias procedimentais configuram garantias de verdade além de

garantias de liberdade: de uma verdade mais reduzida, mas também mais controlada que as verdades substanciais mais ou menos aprioristicamente intuídas pelo juiz.[33]

Por isso, o decisionismo costuma ser solidário com o método inquisitório e com base nele o órgão judicante costuma ser ativo na busca da verdade substancial:

informada por critérios essencialmente discricionários; a atividade instrutória pode ser secreta, interessando a decisão justa mais que sua controlabilidade; o papel da defesa resulta irrelevante ou, pior, é visto como um obstáculo ao bom andamento do juízo; o objeto privilegiado do processo não é o fato-crime, mas a personalidade criminosa do réu.[34]

Por sua vez, o segundo sentido dirige o modelo processual garantista ou de estrita submissão designado também por cognitivo. Um de seus pressupostos é a formulação unívoca e rigorosa dos fatos empíricos qualificados como delitos como exige a legalidade estrita, ou em outras palavras, pelo critério convencionalista.

Assim, diz-se que, no sistema garantista, reside a busca de uma verdade processual controlável empiricamente, ou melhor, que configura um modelo baseado na verdade formal e mínima assegurada pelo caráter empírico e determinado das hipóteses acusatórias.

Em contraposição ao modelo decisionista de processo desenhado por critérios substancialistas e discricionários no bojo de um método inquisitório, o modelo garantista oferece um processo moldado pela legalidade estrita por meio do método acusatório. Neste, a validade dos provimentos do Poder Judiciário não reside no valor político do órgão judicante, nem no valor intrínseco da justiça de suas decisões, mas na aproximada verdade do conhecimento obtível e que serve de base aos provimentos jurisdicionais.

De acordo com este entendimento, os atos jurisdicionais – incriminações, mamados, perícias, pareceres, buscas, requisições, sustentações, despachos e sobretudo sentenças – produzidos no bojo do método acusatório, correspondem à verdade de proposições assertivas (aquelas que descrevem o que ocorre) suscetíveis de verificações e refutações), e de proposições prescritivas (aquelas que prescrevem o que deva ocorrer, ou seja, enunciam as condições que um sistema deva satisfazer, e que são "justificadas", "legitimadas" ou "motivadas").

---

[33] *Ibidem*, p. 498.
[34] *Ibidem*, p. 499.

Como a verdade de uma conclusão é considerada, nesta teoria, inatingível, ou seja, já que a indução judicial jamais está em condições de demonstrar a verdade de uma hipótese acusatória, tudo o que se pode é apenas confirmá-la ou invalidá-la.

Isto quer dizer que, ainda que de uma hipótese acusatória não possam resultar provas suficientes, devem, contudo, resultar provas necessárias; ou que nenhuma prova é suficiente e todas as provas e contraprovas praticáveis são necessárias.

Dito de outro modo, é uma condição necessária (ainda que insuficiente) do seu modelo cognitivo o método acusatório no qual a confirmação das hipóteses ocorre por *modus ponens* ou a negação das hipóteses das contraprovas se dá por *modus tollen*.

Elucida-se o esquema de conclusão por *modus ponens*:

(*a*) (I) *P* é verdadeira
(II) Cada vez que *P* é verdadeira, também *H* será verdadeira
(III) *H* é verdadeira,

onde P é o conjunto dos dados probatórios asseverados em (I) e H é sua hipótese explicativa, que, conforme a generalização (II), é deduzida em (III) por *modus ponens*.

Mas Ferrajoli reconhece que este esquema é inservível como justificação da indução, dado que (II) jamais será verdadeira, pois, com efeito, não existem regras indutivas capazes de garantir a verdade da conclusão de uma indução. Por isso, parte do modelo nomológico-dedutivo da explicação causal elaborada por Karl. R. Popper e com maior difusão por Carl G. Hempel e P. Oppenheim, para estabelecer critérios de decisão ou justificação. Segundo este esquema, a inferência dedutiva, que permite ascender a partir dos fatos que devam ser explicados ou *explanandum* os fatos que constituem sua explicação ou *explanans*, justifica-se porque pode ser inserida numa inferência dedutiva, que permite descender do *explanans* ao *explanandum*, graças à inclusão nas premissas explicativas de leis ou generalizações empíricas aceitas como verdadeiras, conforme a experiência passada.

Elucidativamente, indicando como *P* a afirmação da ruptura do fio e como *H* a hipótese de que sobre ele foi aplicado um peso maior do que sua resistência, a explicação causal terá a seguinte forma:

(*b*) (I) *H* é verdadeira
(II) Cada vez que *H* é verdadeira, também *P* será verdadeira
(III) *P* é verdadeira,

Veja-se que, diferentemente do esquema (*a*), *a fórmula* (*b*) contém *H* nas premissas e *P* na conclusão. Diremos, portanto, que a descrição dos fatos e das condições iniciais (I) constitui a explicação causal *ou explanans* (a "causa") da qual se deduz a – ou que se induz da – descrição do fato que se há de explicar ou *explanandum*, (o "efeito") (III), graças à lei empírica (II) que une os dois tipos de acontecimentos. Tal lei tem a forma de uma implicação inversa do esquema (*a*), onde o efeito explicado figura como antecedente da causa explicativa, em vez de consequente.

De acordo com ela, se *H* é verdadeira, então é verdadeira também *P*, de forma que, se *P* não é verdadeira, então não é verdadeira tampouco *H*. Assim, *H* não é a explicação de *P*, senão apenas *uma* de suas possíveis explicações. E *P* não é a *demonstração* de *H*, senão apenas uma de suas *confirmações* contingentes. *P* poderia ser explicada também pela hipótese H', segundo a qual o fio fora queimado, ou pela hipótese H", segundo a qual fora cortado com uma tesoura.

Por outro lado, a verdade da hipótese explicativa *H*, a qual se supõe verdadeira, poderia sempre revelar-se falsa. Com isto se quer dizer que o esquema da explicação nomológica-dedutiva, se bem que não permita demonstrar (mas apenas confirmar) a verdade, pode, contudo, apoiar a falsidade de uma hipótese explicativa. Com efeito, subministra-nos um critério, além de, para confirmar as explicações, também para invalidá-las e, portanto, para decidir, conforme argumentos dedutivos do tipo *modus tollens*, qual dentre várias hipóteses explicativas deve ser descartada como falsa.

É neste sentido que Ferrajoli concebe como condição necessária (ainda que insuficiente) do seu modelo cognitivo o método acusatório baseado numa estrutura lógica da prova em que o contraditório se dê entre provas *per modus ponens* e refutações *per modus tollens*, ou seja, um método no qual a confirmação das hipóteses ocorre por *modus ponens* ou a negação das hipóteses das contraprovas se dá por *modus tollens*. Neste sistema acusatório, a busca das provas judiciais por *modus ponens* e a das contraprovas por *modus tollens* é institucionalmente confiada a partes distintas e em conflito, por serem portadoras de interesses antagônicos.

Isto é, os processos de verificação oferecidos pela epistemologia acusatória são baseados no método da confirmação (ou busca das provas) – por *modus ponens* – e da refutação (ou busca das contraprovas) por *modus tollens – e* concretizados por meio da separação e da divisão dos papéis entre os três sujeitos do processo: as duas partes da acusação e da defesa, às quais competem respectivamente a prova e a refutação, e o juiz, terceiro a quem compete a decisão. Disto resulta uma estrutura trigonal ou triangular, normativamente assegurada pelas três garantias processuais já enunciadas: a *contestação da acusação*, com a qual é formulada a hipótese acusatória e se instaura o contraditório (*nullum iudicium sine accusatione*); o ônus *da prova* de tal hipótese, que cabe ao acusador (*nulla accusatio sineprobatione*); o *direito de defesa* atribuído ao imputado (*nulla probatio sine defensione*).

Quando se diz que no garantismo reside uma busca da verdade mínima ou processual, significa que a correspondência entre a verdade (aproximada ou relativa) e as proposições (assertivas ou prescritivas) será aquela encontrada a partir de procedimentos de controle de prova e contestação realizados por um processo de partes fundado no conflito institucional entre acusação e defesa.[35] Esta divisão das partes em papéis distintos e separados, além de representar uma garantia contra o poder inquisitivo, é a transposição cênica de uma estrutura argumentativa.

A separação entre o juiz e a acusação é um dos elementos importantes do método acusatório e consequentemente no modelo teórico garantista:

> Ela comporta não só a diferenciação entre os sujeitos que desenvolvem funções judicantes e os que desenvolvem funções de postulação e o consequente papel de espectadores passivos e desinteressados reservado aos primeiros em virtude da proibição *ne procedat iudex ex officio*, mas também, e sobretudo, o papel de parte – em posição de paridade com a defesa – consignado ao órgão da acusação e a consequente ausência de qualquer poder sobre a pessoa do imputado.[36]

Enfim, a separação do juiz da acusação, exigida pela garantia processual da submissão à jurisdição (a principal e que forma o pressuposto de todas as outras), preconiza a condição essencial de distanciamento do juiz em relação às partes em causa. Este distanciamento deve tanto ser (i) pessoal, de modo que o juiz não tenha qualquer interesse privado ou pessoal na solução da causa – ou seja, uma indiferença ou desinteresse pessoal em relação aos interesses em conflito, quanto (ii) institucional, configurado pela ausência de interesse público. Afinal, a estrutura triádica na qual estão as partes em causa e o terceiro, superpartes, forma a primeira característica do processo acusatório.

Esse axioma, no entanto, além de ser uma garantia da separação funcional e subjetiva entre juiz e acusação – que, como visto, é uma condição do caráter acusatório do processo e do distanciamento do juiz –, é uma garantia processual ao imputado da contestação de uma acusação determinada como ato prejudicial (prévio) e delimitador do juízo.

---

[35] *Ibidem*, p. 499.
[36] FERRAJOLI, Luigi. *Direito e razão:* Teoria do garantismo penal. São Paulo: Revista dos Tribunais, 2002, p. 455.

Ora, a acusação, além de ser uma atividade que remete à organização dos sujeitos a ela destinados, é um ato introdutório do juízo, uma questão procedimental que se atém às formas de instauração do processo. A sua ausência configura o método inquisitivo afetado pela ausência de imparcialidade do juiz. Está presente nos ordenamentos em que o juiz tem funções acusatórias ou a acusação tem funções jurisdicionais. Nestes, a imparcialidade fica comprometida pela mistura de acusação e juízo.

Além disso, a carência destas garantias debilita todas as demais e, em particular, as garantias processuais do ônus acusatório da prova e do contraditório com a defesa. Esta fragilidade pode chegar a sistemas que permitem a intervenção penal sem qualquer satisfação do ônus da prova pela acusação ou sem controle pela defesa, como a prescrição de prisões preventivas obrigatórias do acusado, de acordo com o delito classificado na denúncia.

Neste sentido, o grau mais elevado do enfraquecimento de tais garantias processuais se daria com um ordenamento que permitisse a total falta de prova e de defesa, não somente em sentido estrito, como também em sentido lato, admitindo, por exemplo, na esfera criminal, intervenções penais na esfera de liberdade do indivíduo, sem qualquer satisfação ao ônus da prova por parte da acusação e/ou sem qualquer controle por parte da defesa.

Faz-se necessário garantir aos órgãos inquiridores a independência e sujeição somente à lei reservadas aos judicantes, garantindo, assim, total autonomia ao poder inquiridor em relação a qualquer poder.

Neste contexto, a imparcialidade do juiz abrange (i) o não dever ter qualquer interesse, nem geral nem particular, em uma ou outra solução da controvérsia a que é chamado a resolver, sendo sua função decidir qual delas é verdadeira e qual é falsa; e, (ii) ao mesmo tempo, não deve ser um sujeito representativo, não devendo nenhum interesse ou desejo condicionar seu julgamento, que está unicamente em tutela dos direitos subjetivos lesados, pois, contrariamente aos poderes Executivo e Legislativo – que são poderes de maioria -, o juiz julga em nome do povo, mas não da maioria, em tutela das liberdades também das minorias.

Nesta visão, a atividade judicial como não finalizada com a satisfação de interesses pré-constituídos; ou seja, ao contrário de instituições legislativas, do governo, dos entes públicos, da administração pública, os juízes não procuram um interesse pré-judicial, mas só a aproximação do verdadeiro nas únicas causas às vezes julgadas após um contraditório entre sujeitos portadores de interesses em conflito. Os outros órgãos do Estado, ainda que sob as formas e limites estabelecidos pelas leis, fixam ou executam, de acordo com sua colocação institucional e com os seus espaços de autonomia, orientações e finalidades políticas mais ou menos contingentes.

Neste sentido, a imparcialidade é constituída por três perfis: (i) a equidistância, isto é, o afastamento do juiz dos interesses das partes em causa; (ii) a independência, que é a exterioridade ao sistema político e em geral a todo sistema de poderes; e (iii) a naturalidade à determinação de sua designação e à determinação das suas competências para escolhas sucessivas à comissão do fato submetido ao seu juízo (que requer exclusivamente a sua separação de autoridades comissionadas ou delegadas de qualquer tipo e a predeterminação exclusivamente legal das suas competências).

Por outro lado, a rígida separação dos papéis entre os atores do processo, característica do sistema acusatório, impede que o ônus acusatório da prova, formador do nono axioma, seja assumido por sujeitos que não integram a "equipe" da acusação: "não pelo imputado, a quem compete o contraposto direito de contestação, e de modo algum pelo juiz, que tem, ao invés, a função de julgar livremente a credibilidade das verificações e das falsificações exibidas".[37]

A confusão de papéis é inadmissível no garantismo. O ônus da prova a cargo da acusação comporta o direito de defesa, axioma 10 do SG. Basicamente, assegura que a falsificação da hipótese acusatória seja experimentada pelo poder da parte interessada em refutá-la, de modo que nenhuma prova seja adequada sem que sejam infrutíferas todas as possíveis negações e contraprovas.[38]

Prima-se, então, por um processo de investigação baseado no conflito, ainda que regulado e ritualizado entre partes contrapostas. Para garantir a falseabilidade e verificabilidade das hipóteses acusatórias é que Ferrajoli rechaça as indeterminações e os juízos de valor, entendendo que estes não admitem contestações, mas, no máximo, invocações de clemência.

A paridade de armas nesta disputa está garantida pela mesma capacidade (o direito de assistência a um advogado com a firme obrigação do Estado de assegurá-la gratuitamente para quem não puder pagar), idênticos poderes entre defesa e acusação e garantia do papel contraditor em todo Estado, grau do procedimento, e a cada ato probatório singular (intervenção em todos os atos instrutórios).

Estas garantias são condições e critérios jurídico-normativos da decisão para que se chegue à verdade processual.

---

[37] Ibidem, p. 564.
[38] Ibidem, p. 564.

1.4 Verdade no garantismo ferrajoliano

Como já visto, Ferrajoli designa como "cognitivista" ou "garantista" uma teoria do Iluminismo apoiada numa adequada teoria da verdade. Não dispensa o conceito de verdade processual porque considera que uma justiça "sem verdade" corresponde a um sistema de arbitrariedades, apesar de reconhecer que, por outro lado, uma justiça "com verdade" constitui uma utopia.

O autor tenta, então, reabilitar o conceito de verdade processual no plano epistemológico, partindo da análise do significado do predicado "verdadeiro" quando associado a proposições que motivam um pronunciamento judicial, o que foi abordado no tópico anterior ao se abordar a estrutura lógica da prova em que o contraditório se dê entre provas *per modus ponens* e refutações *per modus tollens*.

Assim, relaciona o modelo processual diretamente com a escolha do sistema entre os dois tipos de "verdade" por ele perseguido, a formal ou a material.

O primeiro modelo se direciona à verdade substancial ou material, quer dizer, uma verdade absoluta ou onicompreensiva em relação às pessoas investigadas, carente de limites e de confins legais, alcançável por qualquer meio, para além das rígidas regras procedimentais:

> É evidente que esta pretendida "verdade substancial", ao ser perseguida fora de regras e controles e, sobretudo, de uma exata predeterminação empírica das hipóteses de indagação, degenera em juízo de valor, amplamente arbitrário de fato, assim como o cognitivismo ético sobre o qual se baseia o substancialismo penal resulta inevitavelmente solidário com uma concepção autoritária e irracionalista do processo penal.[39]

Diferentemente, o segundo modelo, o formalista, persegue uma verdade formal ou processual a ser adquirida com a observância de regras precisas:

> Esta verdade não pretende ser a verdade; não é obtida mediante indagações inquisitivas alheias ao objeto pessoal; está condicionada em si mesma pelo respeito aos procedimentos e às garantias da defesa. É, em suma, uma verdade mais controlada quanto ao método de aquisição, porém mais reduzida quanto ao conteúdo informativo do que qualquer hipotética "verdade substancial", no quádruplo sentido de que se circunscreve às teses acusatórias formuladas de acordo com as

---

[39] FERRAJOLI, Luigi. *Direito e razão*: Teoria do garantismo penal. São Paulo: Revista dos Tribunais, 2002, p. 38.

leis, de que deve estar corroborado por provas recolhidas por meio de técnicas normativamente preestabelecidas, de que é sempre uma verdade apenas provável e opinativa, e de que na dúvida, ou na falta de acusação ou de provas ritualmente formadas, prevalece a presunção de não culpabilidade, ou seja, da falsidade formal ou processual das hipóteses acusatórias.[40]

Ressalve-se, porém, que as expressões "verdade formal" e "verdade material", não são utilizadas, por Ferrajoli, para designar, respectivamente, a verdade própria do processo civil – condicionada pelo princípio da disposição sobre as provas –, e a própria do processo penal, no qual as provas não são disponíveis para as partes. Para ele, "verdade formal" refere-se à disciplina não apenas de sua valoração, mas também do método de comprovação, enquanto "verdade material/ substancial/absoluta" seria aquela subjetivamente pretendida.

Tal oposição corresponde a diversas outras no mundo judicial: cognitivismo e decisionismo, entre comprovação e valoração, entre prova e inquisição, entre razão e vontade, entre verdade e potestade.[41]

Consoante o princípio da estrita legalidade, uma proposição jurisdicional poderia ser decomposta basicamente em duas proposições ou juízos, uma fática ou de fato, e outra jurídica ou de direito. Ambas chamar-se-iam "assertivas", "empíricas" ou "cognitivas", conforme seja predicável sua verdade ou sua falsidade, ou seja, sejam verificáveis ou refutáveis.

A verdade fática diz respeito aos fatos ocorridos na realidade, e a verdade jurídica às normas que a eles se referem. Por exemplo: (i) a proposição "Tício cometeu culpavelmente tal fato" é verdadeira se, e somente se, Tício cometeu culpavelmente tal fato; e (ii) a proposição "tal fato está definido na lei como delito" é verdadeira se, e somente se, tal fato está definido na lei como delito.

Nota-se assim que o autor utiliza a concepção semântica da verdade como correspondência com a realidade elaborada por Alfred Tarski. Opostas à teoria semântica da verdade, encontra-se a teoria sintática da verdade como coerência; e a teoria pragmática da verdade como aceitabilidade justificada. Mas Ferrajoli utiliza-se também da dissociação elaborada por Alfred Tarski entre o significado do termo "verdadeiro" e a indicação dos critérios conforme os quais se pode afirmar que uma proposição é verdadeira – distinção essencial para usar a palavra "verdade" no sentido de "correspondência".

---

[40] Idem. Ibidem.
[41] Idem. Ibidem.

Em outras palavras, Tarski definiu o significado da palavra "verdade" como "correspondência", e estabeleceu como critérios de decisão da verdade a "coerência" e a "aceitabilidade justificada".

A "coerência" é o critério por meio do qual se considera falsa uma proposição se esta estiver em contradição com outra reputada verdadeira, ou se é derivável de uma proposição reputada falsa; é possível, também, considerá-la verdadeira se é derivada de outra reputada verdadeira ou se estiver em contradição com uma considerada falsa.

Por sua vez, a aceitabilidade justificada é o critério que permite reputar verdadeira uma proposição preferentemente a outra quando, ao estar de acordo com outras aceitas como verdadeiras, pareça dotada de maior alcance empírico.[42]

Esta distinção entre o significado e os critérios de verdade é abordada como essencial para fundamentar teoricamente modelos de motivação e garantir a justificação racional das decisões jurídicas. Isto porque os critérios subjetivos de coerência e aceitabilidade justificada podem também constituir, ademais de critérios de verdade, critérios de moralidade, de conveniência, de eficiência ou inclusive de outros tipos:

> Isto se pode dizer tanto da versão instrumentalista, proposta por Dewey ou por Bridgman, segundo a qual a aceitação de um sistema coerente de proposições justifica-se por sua capacidade de transformar com êxito a realidade no sentido desejado, quanto da mais recente concepção consensualista, proposta por Thomas Kuhn, segundo a qual aquela estará justificada pelo consenso que lhe outorga a comunidade científica. (...) No mundo do Direito e em geral da prática, uma decisão pode, ao contrário, revelar-se "útil" ou "satisfatória" e ser, portanto, "aceita" ou "justificada" em algum sentido da palavra, inclusive prescindindo da verdade de suas motivações e até de sua capacidade para serem qualificadas como verdadeiras ou falsas. (...) É o caso de toda a atividade de governo – administrativa, econômica e política – cujos parâmetros de justificação racional e de legitimação política vêm constituídos, sem mais, pelo êxito prático da satisfação do interesse público ou com o consenso majoritário, resultando secundário nesta atividade, e até mesmo impertinente, o requisito da verdade dos pressupostos das decisões.

Todavia, para justificar decisões jurisdicionais, não deve bastar que se tenha êxito, pois a única justificação aceitável é aquela representada pela verdade dos pressupostos jurídicos e fáticos da decisão, entendida verdade no sentido da correspondência mais aproximada possível da motivação às normas aplicadas e aos fatos julgados.

---

[42] Ibidem, p. 47.

Então, trilhando os esclarecimentos tarskianos, Ferrajoli desvincula o significado do termo verdadeiro dos critérios de verdade, ou seja, das condições de aceitação da verdade de uma proposição, entendendo que a coerência e a aceitabilidade justificada são critérios subjetivos, pelos quais o juiz avalia e decide acerca da verdade ou da confiabilidade das premissas probatórias de indução do fato e das premissas interpretativas de sua qualificação jurídica. Propõe, assim, não estar comprometido com o propósito metafísico da existência de uma correspondência ontológica entre as teses das quais se predica a verdade e a realidade às quais elas se referem, limitando-se a elucidar de maneira unívoca e precisa o significado do termo "verdadeiro", que pode ser unicamente "a correspondência mais ou menos argumentada e aproximativa das proposições para com a realidade objetiva, a qual no processo vem constituída pelos fatos julgados e pelas normas aplicadas".[43]

Entretanto, embora utilize a teoria da verdade como correspondência, uma teoria objetiva do significado do termo "verdadeiro", o autor reconhece a impossibilidade de formular um critério seguro de verdade das teses judiciais, já que a verdade "certa", "objetiva" ou "absoluta" é um ideal inalcançável. Aliás, o uso do termo verdadeiro restará afetado pela indeterminabilidade das palavras que a linguagem judicial elege, devendo-se optar por aquelas que sejam isentas de termos vagos ou valorativos e de antinomias semânticas internas, conforme pretendido pelas garantias da estrita legalidade e da estrita jurisdicionariedade.

Por conseguinte, adota a noção sugerida por Popper de "aproximação" ou "acercamento" da verdade objetiva como modelo ou ideia reguladora, da qual se pode apenas chegar perto, "apenas o papel de um princípio regulador que nos permita asseverar que uma tese ou uma teoria é mais plausível ou mais aproximativamente verdade e, portanto, preferível a outras por causa de seu maior poder de explicação".[44] Popper, neste sentido, teria reabilitado a teoria da correspondência sob o ponto de vista da verossimilhança.[45]

Consequentemente, o garantismo é um sistema cognitivo baseado na legalidade estrita que se utiliza dos processos de verificação oferecidos pela epistemologia acusatória baseados no método da confirmação (ou busca das provas) – por *modus ponens* – e da refutação (ou busca das contraprovas) por *modus tollens* – *e* concretizados por meio

---

[43] Ibidem, p. 68.
[44] Ibidem, p. 53.
[45] Ibidem, p. 79.

da separação e da divisão dos papéis entre os três sujeitos do processo. Assim, chegará à verdade processual, uma verdade descomprometida com o propósito metafísico da correspondência ontológica entre as teses das quais se predica a verdade e a realidade às quais elas se referem, ou seja, uma verdade apenas aproximada do ideal iluminista da perfeita correspondência entre a realidade e o que dela se afirma, consagrando verdadeira uma proposição a partir dos critérios da coerência e da aceitabilidade justificada, critérios subjetivos pelos quais o juiz avalia e decide acerca da verdade ou da confiabilidade das premissas probatórias de indução do fato e das premissas interpretativas de sua qualificação jurídica.

A verdade é apenas aproximada do modelo ideal da correspondência, inevitavelmente, por quatro razões que constituem limites intrínsecos aos procedimentos de controle tanto da verdade fática quanto da verdade jurídica.

A primeira razão para que a verdade processual, fática ou jurídica, seja considerada uma verdade aproximada, relaciona-se com a não verificação experimental direta.

No que atine a verdade processual fática, ela é vista com um tipo especial de verdade histórica, por falar de fatos do passado, enquanto a jurídica é uma verdade classificatória consoante as categorias do léxico jurídico e elaboradas conforme a interpretação da linguagem legal.[46] Neste sentido, o que o juiz experimenta não são os fatos objeto do juízo, mas suas provas, "não examina o fato que tem a tarefa de julgar e que escapa à observação direta, mas somente suas provas, que são experiências (fáticas) presentes, mesmo se interpretáveis como sinais de fato passados".[47]

Em outros termos, William Santos Ferreira explana que "os fatos não são rigorosamente obtidos pelos meios de prova, mas cognoscíveis por estes" e, neste sentido, "o trabalho probatório desenvolvido no processo não alcançará o fato, mas sim a conclusão de muito provavelmente ter ocorrido (ou não), estar ocorrendo (ou não) ou poder ocorrer (ou não)".[48]

A verdade processual fática resulta de uma ilação representada por uma inferência indutiva que contém nas premissas a descrição do fato que se tem de explicar e as provas praticadas, e na conclusão a enunciação do fato que se aceita como provado pelas premissas e que

---

[46] FERRAJOLI, Luigi. *Direito e razão:* teoria do garantismo penal, *op. cit.*, p. 43.
[47] *Ibidem*, p. 55.
[48] FERREIRA, William Santos. *Princípios fundamentais da prova cível.* São Paulo: Revista dos Tribunais, 2014. p. 55-56.

equivale à sua hipótese de explicação, uma hipótese de probabilidade de causalidade entre o fato aceito como provado e o conjunto dos fatos adotados como probatórios: "sua verdade não está demonstrada como sendo logicamente deduzida das premissas, mas somente comprovada como logicamente provável ou razoavelmente plausível de acordo com um ou vários princípios de indução".[49]

Veja-se aqui, claramente, o raciocínio introduzido pelo esquema (a) por *modus ponens*, com as adaptações oportunas oferecidas pelo modelo nomológico-dedutivo da explicação causal elaborado por Karl R. Popper e que resultou no esquema (b) expresso. Primeiro foi dito que se (I) *P* é verdadeira, (II) Cada vez que *P* é verdadeira, também *H* será verdadeira, então (III) *H* é verdadeira, em que P é o conjunto dos dados probatórios asseverados em (I) e H sua hipótese explicativa, que, conforme a generalização (II), é deduzida em (III) por *modus ponens*. Mas a ressalva final esclarece que a hipótese de explicação é somente uma hipótese de probabilidade de causalidade entre o fato aceito como provado e o conjunto dos fatos adotados como probatórios, afastando-se da pretensão do esquema (a) de garantir dedutivamente a verdade da hipótese explicativa *H*, que afinal, poderia sempre revelar-se falsa. Ao ressaltar que a verdade não está demonstrada como sendo logicamente deduzida das premissas, mas somente comprovada como logicamente provável ou razoavelmente plausível, reforça que determinada hipótese não é a explicação do fato descrito, senão apenas *uma* de suas possíveis explicações. A descrição do fato ocorrido não demonstra a sua hipótese de explicação, apenas é uma de suas possíveis confirmações, porque o fato poderia ser explicado mediante outras hipóteses também.

Não por outro motivo, a soma de dados probatórios com um conjunto de acontecimentos admite explicações alternativas. A investigação judicial objetiva eliminar a controvérsia fática em favor da hipótese com maior capacidade explicativa e considerando as provas.

A segunda razão ou limite intrínseco que faz da verdade processual ser aproximativa é a inferência dedutiva produzida pela subsunção na tentativa de produção da verdade das proposições jurídicas.

O silogismo perfeitamente válido é produzido, na prática, por uma coincidência entre a formulação das proposições fáticas e a previsão jurídica, resultando em inferências mais ou menos opinativas dos fatos comprovados.

Na prática, tentando demonstrar a realização de um silogismo perfeitamente válido, a proposição fática é enunciada pelas mesmas palavras utilizadas pela definição legal do conceito jurídico, isto porque

---

[49] *Ibidem*, p. 56.

a conclusão de que o consequente que está classificado no antecedente já fora feita em manifesto caráter opinativo. Em que pese, então, a conclusão ser verdadeira a respeito das premissas, é opinativa.

Por exemplo, utilizando-nos do conceito classificatório do artigo 129 do Código Penal brasileiro que estabelece o delito de lesão corporal: "Ofender a integridade corporal ou a saúde de outrem", em um caso concreto se dirá que "o imputado ofendeu a integridade corporal de outrem". O silogismo até poderá ser considerado perfeito, mas percebamos que as premissas, a tese fática e o conceito classificatório não serão precisos. Na presença de que condições se pode afirmar que houve ofensa à integridade corporal de alguém? O que engloba a sua integridade corporal ou a saúde? Cada uma destas expressões admitirá uma pluralidade de interpretações distintas, todas elas opinativas. Por isso, Ferrajoli compreende que, aqui, o juiz terá o poder de escolher a que considere mais apropriada mediante uma decisão discricionária, que pode ser mais ou menos arbitrária ou racional.

Estas considerações levam o autor a concluir pelo aspecto provável da verdade fática e opinativa da verdade jurídica, afastando qualquer juízo de certeza da verdade processual.

Há, ainda, um terceiro fator, qual seja, o caráter não impessoal do juiz, ainda que esteja se esforçando ao máximo para se livrar de qualquer aspecto que influencie sua objetividade, pois estará sempre influenciado por circunstâncias ambientais nas quais atua, pelos seus sentimentos, suas inclinações, suas emoções e seus valores ético-políticos:

> São possíveis e em certa medida inevitáveis as deformações involuntárias, devidas ao fato de que toda reconstrução judicial minimamente complexa dos fatos passados equivale, em todo caso, à sua interpretação, que é obtida pelo juiz a partir de hipóteses de trabalho, que, ainda quando precisadas ou modificadas no curso da investigação, levam-no a valorizar algumas provas e a descuidar-se de outras, e o impedem, às vezes, não apenas de compreender, mas inclusive de ver dados disponíveis em contraste com elas. Em todo juízo, em suma, sempre está presente uma certa dose de preconceito.[50]

Por isso, a atividade jurisdicional é inevitavelmente influenciada pela subjetividade do juiz, o que causa uma distorção intensificada por três elementos: um extrínseco e dois intrínsecos à natureza da jurisdição.

---

[50] Ibidem, p. 58.

O elemento extrínseco refere-se ao objeto da investigação judicial que poderá sofrer influência das convicções morais e políticas pessoais do julgador, bem como por circunstâncias sociais e culturais.

Veja-se, então, que aqui reside uma contradição: o autor preceitua a tese da separação entre Direito e Moral, consoante postula o positivismo, mas prevê a subjetividade do juiz formada inclusive por suas próprias convicções morais e políticas como um elemento que afasta a verdade processual do ideal da verdade como correspondência. Por isso a importâncias das reflexões hermenêuticas ao final desta obra.

Antecipamos que as pré-compreensões gadamerianas explicam que o intérprete já está na moralidade, pois já se encontra na História, na tradição, nos costumes e orientações políticas, sociais, filosóficas e jurídicas. São elas imprescindíveis para qualquer atividade interpretativa, além de fundamentais para que distinguir os pré-juízos inautênticos dos autênticos, estes efetivos limitadores do poder do intérprete.

De maneira diversa, para Ferrajoli os preconceitos são sempre tomados sob uma forma negativa e esta ótica sustenta a radical cisão entre Direito e Moral.

Já os elementos intrínsecos dizem respeito: i) o primeiro, aos erros judiciários que não podem ser corrigidos da forma como são os erros historiográficos e cientistas em razão da autoridade da coisa julgada; e ii) o segundo, à (de)formação profissional própria do juiz, isto é, ao seu próprio conhecimento a respeito das normas.

Aliás, além da subjetividade do juiz, há a subjetividade de muitas fontes de prova, como as testemunhas, especialmente porque a maioria das fontes judiciais, ao revés, é produzida exclusivamente para auxiliar a investigação dos fatos a que aludem, não antes e independentemente desta investigação.[51] É bom saber que, enquanto Ferrajoli afirma que a subjetividade do julgador deforma a verdade processual, assim reconhecendo porque assume a imediatez da prova como garantia característica do processo acusatório, para Michele Taruffo[52] não há razão para se pensar que quando o juiz entra em contato imediato com a prova, como ocorre quando escuta uma testemunha, seja irremediavelmente transportado para uma dimensão irracional na qual somente tem espaço

---

[51] FERRAJOLI, Luigi. *Direito e razão:* teoria do garantismo penal, *op. cit.*, p. 48. Neste tocante, importante observar a diferenciação entre meios e fontes de prova. William Santos Ferreira, de maneira clara, e em alusão a José Carlos Barbosa Moreira, explica que *"Se a pergunta for: onde podem ser obtidas informações? Estar-se-á tratando das fontes de prova. Se for: como estas informações chegam ao julgador? Estão sendo procuradas os meios de prova. A primeira é objeto, a segunda é instrumento."* FERREIRA, William Santos. *Princípios fundamentais da prova cível, op. cit.*, p. 57-58.

[52] TARUFFO, Michele. *A prova, op. cit.*, p. 131.

para reações interiores e individuais. Para este, se existe o perigo de o juiz usar na sua interpretação o comportamento da testemunha, critério psicológico sem fundamento extraído de um sentido comum cheio de erros e de prejuízos, é evidente que o juiz que se deixa levar por suas reações emocionais converte sua valoração em puro arbítrio,[53] bastando assumir uma distância para afastar qualquer envolvimento emocional.

Numa outra dimensão, esta distância crítica nos faz recordar da distância temporal de Hans-Georg Gadamer, melhor explorado no último capítulo, conjecturado por ele como um elemento essencial da compreensão. A distância temporal é necessária para avaliar criticamente os prejuízos advindos da tradição e que recuperam a historicidade[54] do sentido (que proporcionam a compreensão), para que não se produzam mal-entendidos. Neste sentido, ao projetar um primeiro sentido do texto e proceder com a leitura, os sentidos produzidos pelo intérprete adquirirão validade na medida em que forem compatíveis com a coisa ela mesma ou com a coisa em si presente no texto. Se esta alteridade entre texto e intérprete se mostrar incompatível com a coisa em si, deverão ser substituídos os sentidos atribuídos pelo intérprete por outros mais autênticos, e assim sucessivamente. Se não houver essa predisposição em prol dos sentidos mais autênticos, o intérprete recairá na arbitrariedade da compreensão. Isto demonstra que a interpretação está desde sempre condicionada pelos pré-juízos e pela pré-compreensão do intérprete, decorrentes da tradição histórica na qual ele – intérprete – está linguisticamente mergulhado.

Mas, claro, Gadamer expõe a distância temporal em outro contexto e para ensinar que o que guia o intérprete não são métodos, mas seus projetos de sentido que emanam do confronto de seus pré-juízos/pré-compreensão com o próprio texto. Taruffo, por outro lado, não possui a mesma finalidade e as mesmas premissas.

Por outro lado, Taruffo acredita na possibilidade de percepção do juiz sobre os *inputs* que podem ter algum valor cognoscitivo sobre a base de critérios intersubjetivamente aceitos ou aceitáveis e sobre aqueles que não têm este valor e pertencem à esfera das reações emotivas estritamente individuais e desprovidos de qualquer significado intersubjetivo.[55]

---

[53] *Ibidem*, p. 24-25.
[54] A historicidade do sentido, e que não se confunde com conhecimento dos eventos do passado (historie é diferente de Geschichte, que é a História enquanto acontecer humano), refere-se ao caráter de acontecência que reveste a própria existência humana.
[55] *Ibidem*, p. 24-25.

Contudo, a dita dimensão irracional pertencente à esfera emotiva do julgador, leia-se, este espaço para reações interiores e individuais (por vezes geradoras de puro arbítrio) que Taruffo crê que será afastada pelo distanciamento crítico do juiz foi empiricamente controvertida.

Um estudo empírico voltado à influência das ilusões cognitivas em decisões judiciais concluiu que os juízes, como pessoas normais, cedem a ilusões cognitivas produtoras de erros sistemáticos de maneira que até os mais talentosos e dedicados juízes cometem erros ocasionais.[56] Referido estudo empírico voltado à influência das ilusões cognitivas em decisões judiciais foi conduzido por Chris Guthrie, Jeffrey J. Rachlinski e Andrew J. Wistrich, para determinar o modo como juízes decidem com base em cinco ilusões cognitivas comuns: (i) âncora (fazendo estimativas baseadas em pontos iniciais irrelevantes); (ii) enquadramento (tratamento de ganhos e perdas economicamente equivalentes de forma diferente); (iii) influências passadas (percebendo eventos passados como mais previsíveis do que eles realmente foram); (iv) representatividade heurística (ignorando importantes informações estatísticas a favor de informações individuais); e (v) influências egocêntricas (supervalorizar suas próprias habilidades).

Participaram do estudo 167 juízes federais,[57] que voluntariamente responderam a questionários distintos entregues a todos os participantes (sem qualquer discussão prévia).

Cada enunciado voltava-se a uma ilusão cognitiva. O primeiro enunciado, por exemplo, tratava de analisar o efeito "âncora" sobre as decisões judiciais.

Basicamente, buscou-se analisar os valores que as ofertas iniciais produzem sobre o valor decidido ou acordado ao final. Russel Korobkin e Chris Gutchrie perceberam que as pessoas estavam mais inclinadas a aceitar um acordo final de $12.000,00 (doze mil dólares) quando seguida de uma oferta inicial de $2.000,00 (dois mil dólares) do que de uma introdutória de $10.000,00 (dez mil dólares), e isto porque aqueles que receberam a oferta inicial menor esperavam receber um valor pequeno, de maneira que a oferta final de $12.000,00 (doze mil dólares) parecia muito generosa.

---

[56] No Brasil, um estudioso importante da temática é Eduardo José Fonseca da Costa que abordou o tema na exposição do Congresso Panamericano em Azul no tocante à imparcialidade judicial, às propensões cognitivas do magistrado e a conduta judicial oficiosa.

[57] Foram designados estes tendo em vista que são designados, nos EUA, por mérito próprio e recomendações. Contudo, como o estudo ressalta, não há razões para se acreditar que o estudo se aplicaria unicamente a este grupo.

Os questionários da pesquisa com os juízes tiveram seus enunciados divididos entre os com e os sem o parâmetro inicial (a âncora), para se verificar qual seria o valor final estabelecido pelos juízes a título de danos em um caso em que um litigante aciona uma grande empresa afirmando ter sido hospitalizado e estar em uma cadeira de rodas após ter sido atropelado por um caminhão da empresa. Os questionários com âncora informavam, em adição comparativamente com os questionários sem âncora, que a empresa Ré havia requerido o não recebimento da petição porque não atingia o mínimo legal de $75.000,00 (setenta e cinco mil dólares). Sessenta e seis juízes do grupo sem âncora indicaram que proveriam os danos numa média de $1.249.000,00 (um milhão e duzentos e quarenta e nove mil dólares) enquanto os 50 juízes do grupo com âncora estimaram os danos numa média de $882.000,00 (oitocentos e oitenta e dois mil dólares). Nota-se que as diferenças de valores são significantes. Neste sentido, o estudo comprova que os juízes são suscetíveis às âncoras, bem como são os leigos.

Por sua vez, como comprovado em estudos anteriores que tinham em consideração advogados experientes, os juízes têm menos suscetibilidade à influência do "enquadramento".

Diferentemente, os juízes estão tão suscetíveis às propensões retrospectivas quanto jurados e leigos. As propensões retrospectivas avaliam a tendência das pessoas de supervalorizarem as suas próprias habilidades de predizer o passado e de estimar a capacidade de outros de prever eventos melhor do que realmente era possível.

Adicionalmente, estas propensões retrospectivas influenciam julgamentos sobre responsabilidade civil. A título exemplificativo, Kim Kamin e Jeffrey Rachlinski compararam decisões prospectivas nas quais se questionava se deveria ou não tomar uma medida de precaução contra eventual inundação com decisões retrospectivas nas quais se perguntava se a falha de tomar esta precaução foi ou não negligência. O resultado mostrou que somente 24% dos participantes no grupo das decisões prospectivas concluíram que a probabilidade de ocorrer uma inundação justificaria tomar a medida de precaução, enquanto 57% dos participantes no grupo das propensões retrospectivas concluíram que a inundação era provável de acontecer ao ponto de haver negligência em não tomar a medida de precaução.

Esta comparação demonstrou que, devido à propensão retrospectiva, a decisão de tomar a medida de precaução parecia razoável para a maioria dos participantes *ex ante*, mas parecia irrazoável para a maioria dos participantes *ex post*.

No âmbito judicial, é necessário ter em mente que o Judiciário normalmente avalia um evento depois de sua ocorrência. Assim sendo, estão suscetíveis às propensões retrospectivas.

O reconhecimento da influência das propensões retrospectivas em julgamentos legais também inspirou uma série de reformas, que incluem grande influência em juízes. Contudo, esta abordagem é difícil de trazer sucesso porque as propensões retrospectivas são uma das ilusões cognitivas mais robustas. Grande confiança nos juízes é improvável de eliminar os efeitos nas decisões judiciais. Apesar de a experiência reduzir o efeito das propensões retrospectivas, não o elimina.[58]

Basicamente, saber o resultado influencia a avaliação dos juízes sobre qual consequência seria mais provável. Ao julgarem a previsibilidade sobre fatos que já ocorreram, os juízes se respaldam em fatos que eram indisponíveis no momento passado em que se deu a decisão que repercutiu na ocorrência do fato gravoso. Equivoca-se quem crê na insuscetibilidade dos juízes às propensões retrospectivas, por esperarem dos juízes a supressão de seus conhecimentos de uma série de fatos antes do julgamento. Por exemplo, ao decidirem sobre a supressão de provas resultante de uma busca policial, juízes precisariam ignorar o conhecimento sobre o resultado da busca ao determinar se a polícia tinha justa causa em conduzir a busca.

Por fim, a representatividade heurística designa a tendência de as pessoas basearem seus julgamentos na extensão em que a evidência analisada é representativa de uma categoria, ou seja, é. Quando a evidência aparenta ser representativa de uma categoria ou similar a ela, as pessoas tendem a acreditar que a evidência é um produto da categoria. Entretanto, o resultado do estudo demonstrou que os juízes são muito mais atenciosos que outros profissionais ao avaliarem estatísticas, e são menos propensos a decisões baseadas somente na representatividade.

E, finalmente, em se tratando da predisposição de se autoavaliarem, que os psicólogos chamam de "propensões egocêntricas", as pessoas são inclinadas a se supervalorizarem até mesmo na autoapresentação, e mesmo quando não acreditam que se encontram acima da média. As pessoas se engajam, também, em buscas mentais confirmatórias por uma teoria que elas querem acreditar; além disso, lembram

---

[58] *"Recognition of the influence of the hindsight bias on legal judgements hás also inspired a set of proposed reforms, which include greater reliance on judges. This approach is unlikely to be successful, however, because the hindsight bias in one of the most robust cognitive illusions. Greater reliance on judges is unlikely to eliminate its effect on adjudication. Although experience reduces the effect of the hindsight bias somewhat, it does not eliminate it."*

suas próprias ações mais do que das ações dos outros por possuírem uma mente egocêntrica.

Neste sentido, devido às propensões egocêntricas, litigantes e seus advogados provavelmente superestimam suas próprias habilidades e a qualidade de seus serviços, bem como os méritos do caso. Para verificar se juízes também são suscetíveis a este tipo de predisposição, os juízes foram convidados, no questionário, a estimarem um percentual de reforma de seus julgamentos em recurso. O resultado foi claramente egocêntrico. Quase 60% dos entrevistados estimaram que somente cerca de 25% de suas decisões eram revistas em recursos. Ademais, vários juízes indicaram que nunca tiveram uma decisão reformada.

Embora surpreendente, psicólogos concluem que acreditar fortemente nas suas próprias habilidades ajuda a manter uma boa autoestima e saúde. Em função disto, as instituições públicas devem preferir juízes resolvidos e seguros a tímidos e inseguros.

Então, a pesquisa concluiu que, apesar de os juízes demonstrarem menos vulnerabilidade a duas das cinco ilusões cognitivas do que outras pessoas leigas ou de outra profissão, os juízes são levados a erros de julgamento em determinadas circunstâncias e são consideravelmente expostos a propensões egocêntricas.

Neste contexto, como foi mencionado por Ferrajoli, o caráter não impessoal do juiz estará sempre presente, ainda que esteja se esforçando ao máximo para se livrar de qualquer aspecto que influencie sua objetividade.

Comparativamente, as circunstâncias de um julgamento no Judiciário e na pesquisa são diferentes, contudo, mesmo alterando-as, não se eliminarão os efeitos das ilusões cognitivas. Portanto, o distanciamento crítico do julgador nos termos indicados por Taruffo poderá, no máximo, evitar ou reduzir os efeitos das ilusões cognitivas, mas jamais extingui-los. Mesmo que juízes (i) não tenham empatia por qualquer dos litigantes, (ii) compreendam inteiramente a lei aplicável e (iii) saibam todos os fatos relevantes, eles ainda podem cometer erros sistemáticos no processo decisório sobre algumas circunstâncias, simplesmente devido à maneira como pensam, como todos os seres humanos. Enfim, ainda que litigantes, advogados e juízes tomem medidas para diminuírem os efeitos das ilusões cognitivas, elas persistirão.

São três os pontos a serem desenvolvidos no sistema para amenizá-los: (i) a autoeducação por parte dos juízes, (ii) a realocação de decisões entre juízes e júri, considerando o que cada um pode, da melhor forma, decidir de acordo com o efeito de cada ilusão cognitiva, e ainda, (iii) minimizar legalmente os efeitos das ilusões cognitivas.

Voltando aos fatores que distanciam a verdade processual e o modelo ideal de correspondência, o quarto e último fator, de natureza jurídica e normativa, é o designado "método legal da comprovação processual". Os três primeiros fatores são postos como comuns ao conhecimento científico e ao histórico, mas o quarto é apontado como próprio do conhecimento judicial.

Também Montero Aroca partilha da corrente de que a verdade judicial distingue-se de outras verdades, tendo em vista circunstâncias próprias e especiais dos processos judiciais.[59] Esta corrente sustenta que os sujeitos processuais não podem se valer de qualquer meio possível para buscar a verdade diante das regras de admissibilidade e produção das provas, além de existir, no contexto judicial, a necessidade da solução final ainda que sem a coleta suficiente de provas, afastando esta verdade das demais e demonstrando a necessidade da existência de tais disciplinas.

Por outro lado, para Taruffo, tais regras não impedem a busca da veracidade, pois apenas regulam a forma de se provar os fatos, da mesma forma que a produção de teorias científicas também possui suas próprias regulações e limites.[60] Para o autor, a verdade perseguida no processo judicial não é qualitativamente distinta da que se persegue fora do âmbito do processo. Neste sentido, defende que a verdade é, em todo contexto, inclusive em se tratando de processos judiciais, relativa, ou seja, uma verdade não definitiva e não absoluta correspondente ao estado dos conhecimentos e experiências obtidos até dita afirmação, isto é, conforme o conjunto dos conhecimentos confirmados que delas possuímos.

Em síntese, as normas jurídicas definem um contexto da verdade judicial, configurando-a como uma verdade contextual, como em tantas outras áreas da experiência cotidiana, não havendo grande diferença epistêmica substancial entre a verdade produzida no processo e outras.[61]

Se a ciência dos outros ramos busca a certeza e seus cientistas se movem em direção ao descobrimento da verdade, a transposição deste raciocínio para o contexto judicial transforma o juiz num sujeito que procura a verdade e cujo resultado de seu esforço, a decisão judicial, é produto de sua certeza. Assim, o juiz que interpreta vira um matemático que utiliza um método, um procedimento com regras pré-definidas, para produzir o conteúdo verdadeiro. Essa reflexão, aliás, deve estar

---

[59] MONTERO AROCA. *La prueba en el processo civil*. Madrid: Civitas, 2002. p. 35.
[60] TARUFFO, Michele. *A prova, op. cit.*, p. 24.
[61] *Ibidem*, p. 24.

por trás das inúmeras vezes que Ferrajoli chama o juiz de "investigador exclusivo".

Mas se temos a possibilidade de nos afastarmos ou nos aproximarmos cada vez mais da verdade (objetiva), como medimos quão afastados ou quão próximos dela estamos? Se sempre há margens irredutíveis de incerteza da verdade processual (que busca a verdade aproximada da perfeita correspondência da proposição com a realidade), que poderiam até deslegitimar qualquer condenação no âmbito penal pelo princípio do *in dubio pro reo*, o garantismo do jurista florentino tenta elucidar condições (garantias) que permitam restringir tais espaços, para que as decisões não se baseiem em valores de outra modalidade, já que na prática aquelas margens poderiam ser preenchidas por verdades substanciais remetidas a discricionários juízos, e não por verdade processual.

1.5 As margens da discricionariedade judicial e a tese juspositivista da separação entre direito e moral

A teoria ferrajoliana, baseada nos expostos limites da verdade processual, como se viu, exclui a certeza absoluta da decisão judicial.

O poder judicial é composto pelo (i) poder de denotação ou de verificação jurídica; (ii) poder de comprovação probatória ou de verificação fática; (iii) poder de conotação ou de discernimento equitativo; e (iv) poder de disposição ou de valoração ético-política.

Basicamente, os três primeiros poderes são insuprimíveis no SG, enquanto o poder de disposição resulta da carência e imperfeições de um dado sistema.

O poder de denotação ou verificação jurídica diz respeito à interpretação e é dependente da semântica da linguagem legal, aumentando ou diminuindo conforme a vagueza e a imprecisão da linguagem utilizada. Por conseguinte, pode ser reduzido de acordo com uma formulação legislativa mais taxativa literalmente.

Por sua vez, o poder de verificação fática ou comprovação probatória relaciona-se com a valoração das provas sob a influência do raciocínio probatório indutivo e do caráter probabilístico de qualquer verdade empírica. É passível de redução por meio de garantias processuais, quais sejam, o ônus acusatório da prova, o contraditório, a não obrigatoriedade de autoincriminação, a publicidade, a oralidade do juízo e a independência dos juízes.

Ambos os poderes de verificação, jurídico ou fático, incidiriam em poder de disposição se o espaço de discricionariedade não se encontrar no nível de sua irredutibilidade. O espaço poderá ser reduzido pelo fortalecimento das garantias.

Os limites entre poder de verificação e poder de disposição, entre espaços irredutíveis e espaços redutíveis de discricionariedade, não foram traçados precisamente por Ferrajoli. Ele limitou-se a esclarecer que, de acordo com o princípio representado pelo A10, exige-se a possibilidade de refutação das hipóteses acusatórias desde o início até a coisa julgada, mediante contraprovas ou contra-hipóteses por meio da implementação das garantias ou regras de jogo do SG:

> Ali onde a refutação é impossível significa que a técnica de definição legal e/ou judicial do que é punível não permite juízos cognitivos, mas apenas juízos potestativos, de forma que a livre convicção não se produz sobre a verdade, mas sobre outros valores. Isto bem pode ocorrer por razões semânticas, quer dizer, porque a hipótese legal e/ou judicial não está formada por proposições que designam fatos, senão por juízos de valor ou de significado indeterminado do tipo "Tício é perigoso" (...) ou bem pode ocorrer por presunções ou preclusões normativas que de fato exoneram a acusação do ônus da prova ou precluem da defesa o contraditório e a refutação. No primeiro caso, a hipótese acusatória, não importa que seja por sua formulação legal ou pela judicial, é logicamente irrefutável (além de inverificável), por causa de seu estatuto semântico, não afirmativo, mas meramente valorativo; no segundo caso permanece não refutada (mas tampouco verificada) e, portanto, apodítica, por causa do mecanismo processual que a preserva da refutação. Em nenhum dos dois casos há júris-dicção em sentido próprio, senão mero exercício de repressão; não há juízo de comprovação, mas de decisão: direito penal "sem verdade" e "sem saber", enquanto inteiramente confiado à vontade discricionária, ou seja, ao poder dos órgãos julgadores.[62]

Por fim, o terceiro poder, também redutível, o de conotação ou discernimento equitativo, relaciona-se com as "figuras do fato" e o caso concreto, isto é, com o conjunto dos elementos que diferenciam um comportamento do outro, os elementos acidentais e especiais de cada prática delituosa que a tornam única,.

No que tange a este poder em específico, o autor admite que esta tarefa é valorativa, já que lida com conceitos imprecisos, como "motivo fútil". Assim, não se refere à legalidade, mas à equidade traduzida como um juízo que deve fazer com que o juiz impeça suas ideologias pessoais, prejuízos e inclinações para compreender as da pessoa que está sob julgamento, acreditando, assim, que a equidade é uma condição

---

[62] Ibidem, p. 160.

da imparcialidade.⁶³ Isto explica porque julgar com equidade acaba por conceber um juízo menos rigoroso e geralmente a favor dos interesses do imputado.

A inevitabilidade e inafastabilidade das margens de discricionariedade decisória estão ligadas ao poder de disposição, aos limites da interpretação na racionalidade jurídica e a limites da indução na racionalidade probatória. Estar-se-á em poder de disposição absoluto quando a insegurança for total, insegurança esta ligada à indeterminabilidade ou às dificuldades de decisão sobre a verdade processual, à existência de várias soluções, todas igualmente válidas, do caso a julgar – vale dizer, quando não existe uma solução verdadeira, nem aproximativamente.

A intenção do autor foi promover técnicas normativas e garantias jurisdicionais que possam limitar o arbítrio judicial e impeçam que os juízes criem o direito.⁶⁴

Sua teoria do Direito Penal propõe uma "doutrina política tanto da legislação como da jurisdição, voltada a identificar os valores ou parâmetros de legitimação externa de ambas, e a definir-lhes, mesmo ultrapassando os vínculos constitucionais de legitimação interna, as respectivas deontologias".⁶⁵

A separação entre legitimação interna e legitimação externa, como visto, corresponde a duas acepções distintas do termo "garantismo" e relaciona-se com a tese da separação entre Direito e Moral, já que o garantismo permite a crítica e a perda da legitimação desde o exterior das instituições jurídicas positivas, não obstante esteja baseado naquela rígida tese sustentada pelo juspositivismo, também designada como a diferenciação entre validade e justiça, ou entre ponto de vista jurídico (interno) e ponto de vista ético-político (externo) ao ordenamento,⁶⁶ entre Direito e Moral, divergências que visam afastar o enfraquecimento normativo da Constituição.

É preciso ter cuidado para entender a fórmula da separação entre estes conceitos nos termos colocados pelo autor. Primeiramente, ela pode ser usada em um sentido assertivo, como uma tese teórica sobre a autonomia dos juízos jurídicos em relação aos juízos ético-políticos, a qual interessa, sobretudo, ao problema jurídico da legitimação interna ou da validade. Pode ser analisada, ainda, em sentido prescritivo (por ele também designado como axiológico) por constituir um princípio

---

⁶³ FERRAJOLI, Luigi. *Direito e razão*: teoria do garantismo penal, *op. cit.*, p. 165.
⁶⁴ FERRAJOLI, Luigi. *O constitucionalismo garantista e o estado de direito, op. cit.*, p. 254.
⁶⁵ FERRAJOLI, Luigi. *Direito e razão*: teoria do garantismo penal, *op. cit.*, p. 222.
⁶⁶ *Ibidem*, p. 812.

normativo sobre a diversidade de funções e a consequente autonomia das normas jurídicas daquelas morais, que diz respeito essencialmente, ao problema político da justificação externa ou da justiça.

A primeira acepção compreende três teses que formam a concepção positivista do Direito e da ciência jurídica, utilizada também com o nome de convencionalismo ou formalismo jurídico: (i) a condenação à falácia naturalista da derivação do direito válido do direito justo e vice-versa;[67] (ii) uma tese científica que exclui a ideia de que a justiça seja uma condição necessária ou suficiente para a validade das normas jurídica; e (iii) uma tese sobre a recíproca autonomia do "ponto de vista interno" (ou jurídico) e do "ponto de vista externo" (ético-político, ou ainda, sociológico). Resultam do pensamento iluminista e opõem-se às convicções jusnaturalistas (substancialistas):

> Compreende-se como o contraste entre formalismo e substancialismo jurídico, que animou o debate iluminista, tenha uma importância decisiva no Direito Penal, em que as teses formalistas coincidem com a reivindicação política daquela fundamental garantia que é o princípio de legalidade, no sentido de que não é a moral, ou a natureza, ou a justiça, nem mesmo aquela iuris-prudentia ou sabedoria de juízes desordenados, mas, sim as razões deste nosso homem artificial que é o Estado, bem como o seu comando, que fazem leis, conferindo a um comportamento a relevância penal. Ficam, assim, excluídas da ciência jurídica positiva, vez que não fundadas empiricamente no direito positivo, todas as várias definições substancialistas do delito através de conotações ontológicas – de tipo moral, natural, político, ou social – antes mesmo que meramente legais (...) E sobretudo, parecem garantidas, ao menos tendencialmente, com a certeza do direito, a igualdade e a liberdade dos cidadãos, puníveis somente por fatos objetiva e convencionalmente predeterminados, e não por características subjetivas ou por formas ou fatos desviantes não expressamente proibidos pela lei enquanto delitos.[68]

Em sentido prescritivo ou axiológico, a separação entre Direito e Moral, ou entre legitimação interna e justificação externa, é um princípio político do liberalismo moderno que ressalva a recíproca autonomia entre as duas esferas, pois, precisamente, exige que a imoralidade seja considerada como uma condição necessária, mas jamais por si

---

[67] O autor propõe que se denominem *"ideologias todas as teses e doutrinas viciadas por falácias similares, seja porque trocam o dever ser com o ser, assumindo as normas como juridicamente válidas enquanto eticamente justas, ou porque, vice-versa, trocam o ser com o dever ser, aceitando as normas como eticamente justas enquanto juridicamente válidas"*. Ibidem, p. 205.

[68] Ibidem, p. 206-207.

só suficiente, para justificar politicamente a intervenção coercitiva do Estado na vida dos cidadãos.[69] Resumidamente, a tese da separação entre Direito e Moral significa, para Ferrajoli, o necessário pressuposto de qualquer teoria garantista, dizendo respeito às condições formais da legitimação interna, identificada pela mesma com a satisfação do princípio da legalidade, em sentido lato e estrito, e às condições substanciais da legitimação externa enquanto sentido axiológico ou prescritivo, que ditam o ônus de específicas justificações de caráter ético-político. Destarte, Ferrajoli denuncia a distinção entre o princípio axiológico da separação e a própria separação entre Direito e Moral. Explica que, com o desenvolvimento dos códigos e o grande foco centralizado na lei positiva, a cultura jurídica passou a renunciar à tese da separação em ambos os sentidos e não mais utilizar pontos de referência axiológicos externos como fontes de justificação e de limitação do direito vigente, mas "Isto não quer dizer, frise-se, que os juristas tenham parado de formular ou de procurar respostas para o problema dos fundamentos jurídicos. Quer dizer, sim, que a perda de todo e qualquer vínculo axiológico externo conduziu-os, em muitos casos, paradoxalmente, a renegar a separação entre Direito e Moral, ou entre legitimação externa e interna, em ambas as ordens de princípios – assertivos e prescritivos (...)" A confusão entre o sentido axiológica da tese da separação e esta mesma é, por exemplo, vista no "formalismo ético", doutrina que, ao se aderir à tese teórica da separação entre Direito e Moral, incorpora esta desordem ao assumir o ponto de vista jurídico como o único admissível para fins de justificação do Direito, inclusive renunciando a qualquer ponto de vista externo e consequentemente a qualquer resposta acerca dos fundamentos baseados em critérios axiológicos ou exclusivamente externos (valorizando o Direito enquanto tal, submetendo a Moral a ele).[70]

Ao contrário, há, para o autor, uma relação de complementaridade entre o plano da legitimação interna e o da legitimação externa, na medida em que um se amplia na proporção em que o outro se restringe[71] – isto é, quanto mais valores sejam incorporados aos níveis normativos superiores na forma de vinculações ou imperativos negativos, menos expostos ficarão os níveis inferiores a eleições contingentes de justiça material guiadas pelo arbítrio.

---

[69] Idem. Ibidem.
[70] FERRAJOLI, Luigi. *Direito e razão:* Teoria do garantismo penal. São Paulo: Revista dos Tribunais, 2002, p. 183.
[71] Ibidem, p. 334.

Logo, não poderemos incorrer no erro de interpretar a tese da separação como repúdio a qualquer influência da Moral sobre o Direito. Mas, ao contrário do que um leitor atento poderia imaginar, as modificações paradigmáticas advindas com os contemporâneos Estados Constitucionais não comprometeram a cisão entre Moral e Direito, pois apenas tornaram o sistema mais complexo já que passaram a implicar-se.[72] O autor afasta-se inclusive da tendência de relativização de uma relação necessária ou conceitual entre Direito e Moral. A separação, nas próprias palavras de Ferrajoli, quer dizer apenas duas coisas:

> (...) segundo a tese assertiva, que é um corolário do princípio juspositivista da legalidade, a justiça é um ponto de vista externo, variável de pessoa para pessoa, e o juízo sobre a moralidade ou sobre a justiça de uma lei não implica nem está implicado pela tese sobre sua existência ou validade jurídica; segundo a tese prescritiva, que é um corolário do princípio liberal da ofensividade, o juízo sobre a imoralidade (não de uma lei, mas) de um comportamento não é uma condição suficiente (mesmo se necessária) para justificar a sua proibição.

Nesta toada, o que "as Constituições democráticas constitucionalizaram não foi a Moral, mas alguns princípios morais fundamentais, de caráter liberal e democrático, que nós compartilhamos":[73]

> Não vejo, portanto, que necessidade há de se falar de incorporação ou institucionalização da Moral, porque, para admitir a dimensão substancial da democracia constitucional, deve-se dizer, como escreve Streck, que ela é o reflexo do ingresso da Moral no Direito, e não simplesmente que é reflexo do ingresso no Direito de determinados princípios morais constitucionalmente estipulados como fundamentais pela comunidade política. Aquilo que conta é que o paradigma constitucional, comportando a positivação de alguns princípios ético-políticos de caráter liberal e democrático, colocou fim à onipotência do legislador, que caracterizava o modelo paleojuspositivista do estado legislativo de direito e subordinou, tanto o legislador quanto os juízes, a tais princípios.[74]

De ouro modo, para Ronald Dworkin, jusfilósofo norte-americano, há entre Direito e Moral uma interconexão pela qual o Direito é um ramo da Moral. O autor trata a teoria jurídica como parte da

---

[72] PINHO, Ana Cláudia Bastos de. *Para além do garantismo*: uma proposta hermenêutica de controle da decisão penal, *op. cit.*, p. 50.
[73] FERRAJOLI, Luigi. *O constitucionalismo garantista e o estado de direito, op. cit.*, p. 250.
[74] *Ibidem*, p. 251.

moral política, inserida nela, como se o argumento jurídico fosse um tipo específico de argumento moral. Propõe uma teoria construtivista a partir do Direito como um fenômeno interpretativo, defendendo que a interpretação jurídica deve ser feita por uma leitura moral, não para corrigir o Direito, mas que a Moral é o local de onde a interpretação jurídica retira sua origem.

Por sua vez, Lenio Streck, a partir de Ronald Dworkin e da hermenêutica filosófica de Hans-Georg Gadamer, filósofo alemão, sustenta que há entre Direito e Moral uma ligação de cooriginariedade.

Contudo, as propostas de Ronald Dworkin[75] e de Lenio Streck, não admitem um tipo subjetivista da Moral. Em realidade, admitem uma responsabilidade política de cada juiz/intérprete/aplicador a obedecer à integridade do Direito, evitando raciocínios próprios seus de moralidade, teleologia ou de política. A compreensão do que seja moral é resultante da melhor interpretação, e como "melhor" implica "valorar", o argumento construído será necessariamente moral. Por considerar o fenômeno jurídico como interpretativo, Gadamer afirma que a moralidade é condição de possibilidade da compreensão, de modo que o homem não tem como optar entre exercer ou não juízos morais na compreensão, pois já está mergulhado na própria moralidade, na tradição, que condiciona por meio de conceitos prévios a própria compreensão – ou seja, por meio dos preconceitos, das opiniões prévias.

A isto diz respeito também a ausência de grau zero na compreensão, uma vez que a pré-compreensão já adianta o sentido e não está à disposição do intérprete, ou seja, o intérprete não chega cru ao texto, pois as pré-compreensões sugerem um determinado sentido a ser testado e revisado no decorrer da leitura para confirmar se é adequado àquele texto (a coisa mesma).

---

[75] Adianta-se explicação que se fará em capítulo posterior: Dworkin diz que o juiz deve decidir por argumentos de princípio e não de políticas, apontando, assim, os limites da aplicação judicial para o que não importam as convicções pessoais do juiz, o que passa pelo compromisso da reconstrução da história institucional do direito e pelo momento de colocação do caso julgado dentro da cadeia da integridade do direito de maneira que a decisão não seja uma escolha, mas uma interpretação, aquela mais adequada, de acordo com o sentido do direito projetado pela comunidade política. A distinção entre argumentos de política e argumentos de princípio em Dworkin é providencial nesse tocante. Para o jusfilósofo norte-americano, *"os argumentos de política justificam uma decisão política, mostrando que a decisão fomenta ou protege algum objetivo coletivo da comunidade como um todo"*, já os *"argumentos de princípio justificam uma decisão política, mostrando que a decisão respeita ou garante um direito de um indivíduo ou de um grupo"*, ambos constituindo argumentos políticos num sentido mais amplo, mas um é argumento de princípio político e outro de procedimento político (que exige que alguma decisão particular promova alguma concepção do bem-estar geral ou do interesse público).

De acordo com a hermenêutica filosófica gadameriana, não existe compreensão sem antecipação de sentidos, sem pré-compreensão. Um prejuízo ilegítimo só se retifica quando confrontado com outra antecipação de sentido, não é afrontando com a coisa em si, mas com outra antecipação de sentido acerca da coisa mesma – neste caso, o texto.[76] Portanto, juízo prévio não significa falso juízo. Seus ensinamentos propagam a limitação do poder do intérprete pelo restabelecimento do conteúdo positivo da tradição e dos preconceitos e pela incorporação de prejuízos autênticos. Também assim a criminalização de condutas imorais seriam ilegítimas.

Mas Luigi Ferrajoli herda as concepções do movimento da Ilustração: (i) luta- contra a tradição substituindo-a pela razão (esta sim, fonte de toda a autoridade, aliás, não é por menos que seu livro chama-se "Direito e Razão") e (ii) concebe o preconceito como algo negativo, como fruto de um passado a ser abandonado.

Em "Garantismo, hermenêutica e (neo)constitucionalismo: um debate com Luigi Ferrajoli", mestre florentino, acaba, em realidade, por reconhecer que sua solução é relativa e insatisfatória diante da existência de divergências interpretativas e múltiplas respostas, plausivelmente discutíveis, mas cujo número seria reduzido em decorrência do ônus da coerência com os princípios constitucionais.

Assume que a indevida discricionariedade judicial, os espaços inevitáveis de discricionariedade (o "poder de disposição"), a verdade processual absolutamente inalcançável e a submissão à lei inevitavelmente imperfeita tornam juridicamente ilegítimo o poder exercitado pelo juiz.

Todavia, a incessante tentativa de enfrentar o problema da discricionariedade é exatamente afastar qualquer afirmação, como a que fora feita pelo autor, sobre algum grau de ilegitimidade que resida na jurisdição, algum nível de arbitrariedade, pois a discricionariedade, que ora se debate, é a arbitrariedade. Não se trata daquela resultante da distinção feita pelo Direito Administrativo entre atos discricionários e atos vinculados, diferentes de atos arbitrários.

Neste sentido, a discricionariedade dos atos administrativos discricionários não se confunde com aquela judicial, pois a liberdade gozada pelo agente da administração pública em seu atuar não pode ser transposta para o magistrado no ato de decidir.[77]

---

[76] PINHO, Ana Cláudia Bastos de. *Para além do garantismo:* uma proposta hermenêutica de controle da decisão penal, *op. cit.*, p. 67.
[77] WAMBIER, Teresa Arruda Alvim. *Recurso especial, recurso extraordinário e ação rescisória.* 2. ed. São Paulo: Revista dos Tribunais, 2008. p. 192.

Para Celso Antônio Bandeira de Mello, a discricionariedade representa:

(...) a margem de liberdade que remanesça ao administrador para eleger, segundo critérios consistentes de razoabilidade, um, dentre pelo menos dois comportamentos cabíveis, perante cada caso concreto, a fim de cumprir o dever de adotar a solução mais adequada à satisfação da finalidade legal, quando, por força da fluidez das expressões da lei ou da liberdade conferida no mandamento, dela não se possa extrair, objetivamente, uma solução unívoca para a situação vertente.[78]

Considerando que, na esfera administrativa, o Judiciário não pode intervir no mérito do ato administrativo discricionário,[79] não há como trasladar tal conceito ao âmbito jurisdicional no qual a discricionariedade, ao revés, permite uma intervenção judicial.

O mérito do ato administrativo compreende elementos atinentes a aspectos integrantes e formadores do binômio "oportunidade/conveniência" (justiça, moralidade...), e estas são dependentes de critérios políticos e meios técnicos peculiares ao exercício do poder administrativo, por isso é atribuição exclusiva do Poder Executivo,[80] consequência da própria separação de poderes.[81] [82]

Na esfera administrativa, a discricionariedade tem "por referência a prática de um ato autorizado pela lei e que, por este motivo, mantém-se adstrito ao princípio da legalidade",[83] isto é "o ato discricionário, no âmbito da administração, somente será tido como legítimo se estiver de acordo com a estrutura da legalidade vigente".[84]

No âmbito judicial, "o termo discricionariedade refere-se a um espaço a partir do qual o julgador estaria legitimado a criar a solução

---

[78] MELLO, Celso Antônio Bandeira de. *Discricionariedade administrativa e controle jurisdicional.* 2. ed. São Paulo: Malheiros, 2010. p. 48.
[79] A jurisprudência brasileira segue este entendimento.
[80] *Ibidem*, p. 181-182.
[81] VELLOSO, Adolfo Alvarado. *Teoria general del proceso:* lección 4. p. 11. Disponível em: https://manuelriera.files.wordpress.com/2010/11/leccion-4-el-derecho-procesal.pdf.
[82] Deixe-se registrada a posição de Georges Abboud, para quem *"os critérios de conveniência e oportunidade devem sofrer um filtragem hermenêutica, uma vez que constituem critérios inconstitucionais para se atender o ato administrativo".* ABBOUD, Georges. *Discricionariedade administrativa e judicial: o ato administrativo e a decisão judicial.* São Paulo: Revista dos Tribunais, 2015. p. 145.
[83] *Ibidem*, p. 50.
[84] *Ibidem*, p. 50.

adequada para o caso que lhe foi apresentado a julgamento",[85] ao livre arbítrio do julgador. Trata-se, em outras palavras, daquilo:

> (...) convalidado pela tradição da teoria do direito, isto é, a experiência interpretativa "conhece" um conceito de discricionariedade utilizado por Herbert Hart em seu *O conceito de direito*. Ao enfrentar o problema da aplicação da regra jurídica, Hart apresenta a tese de que no Direito existe uma "textura aberta". *Nesse ponto aparece uma diferença gritante com relação à noção de discricionariedade administrativa: nesta, o administrador está autorizado pela lei a eleger os meios necessários para determinação dos fins por ela estabelecidos, mas qualquer ato por ele praticado poderá ser questionado tendo em vista o princípio da legalidade; já na discricionariedade judicial, o julgador efetivamente cria uma regulação para o caso que, antes de sua decisão, não encontrava respaldo no direito da comunidade política* (grifos nossos).[86]

Aliás, discricionariedade e arbitrariedade estão lado a lado nas decisões judiciais:

> AGRAVO DE INSTRUMENTO - TUTELA ANTECIPADA PARCIALMENTE CONCEDIDA PRETENSÃO DA AUTORA DE OBTER A PRESTAÇÃO TOTAL RECLAMADA SEM NECESSIDADE DE OITIVA DA PARTE CONTRÁRIA - *DISCRICIONARIDADE RESERVADA AO PRUDENTE ARBÍTRIO JUDICIAL-* AUSÊNCIA DE GRAVAME A ENSEJAR O CABIMENTO DO RECURSO UTILIZADO PORQUE AINDA NADA FOI DECIDIDO. APLICAÇÃO DO DISPOSTO NO ARTIGO 504 DO CPC. RECURSO NÃO CONHECIDO. (Relator(a): Escutari de Almeida; Comarca: São José do Rio Preto; Órgão julgador: 4ª Câmara de Direito Público; Data do julgamento: 04.12.2008; Data de registro: 13.01.2009;Nº: 7395975500).[87]

No mesmo sentido, decisões judiciais fundamentadas por meio de fórmulas vazias como "presentes os requisitos legais, nego a liminar", ou ainda, "impossibilidade de se examinar as preliminares porque se confundem com o mérito" revelam decisões que seguem a vontade do julgador por ausência de facticidade ínsita ao caso concreto. Aliás, estes

---

[85] STRECK, Lenio. *Verdade e consenso*, op. cit., p. 50.
[86] *Ibidem*, p. 50.
[87] No mesmo sentido há inúmeros jugados: (Relator(a): Vasconcellos Boselli; Comarca: Comarca não informada; Órgão julgador: 11ª Câmara (Extinto 1º TAC); Data do julgamento: 07.08.2003; Data de registro: 13.11.2003; Outros números: 1056424000); Relator(a): Vasconcellos Boselli; Comarca: Comarca não informada; Órgão julgador: 11ª Câmara (Extinto 1º TAC); Data do julgamento: 04.03.2004; Data de registro: 30.03.2004; Outros números: 1253270400.

termos evasivos que não são nem verdadeiros nem falsos não suprem a necessidade de fundamentação analítica.

Em "Direito e Razão", Ferrajoli destacou uma solução à loteria do protagonismo judicial: o garantismo. Todavia, em 2012, o próprio autor reconheceu a hermenêutica como alternativa, concluindo que sua teoria é relativa e não inteiramente satisfatória ao problema. Veja que diversas são as escolas que combatem o arbítrio, o ativismo e a discricionariedade judiciais. Este fenômeno ocorre porque paradigmas distintos são trabalhados.

Por exemplo, no caso de Ferrajoli, é desenvolvido o trabalho sob a perspectiva da Filosofia Analítica, cuja proposta teórica assenta-se no positivismo normativista da tradição do neopositivismo lógico do Círculo de Viena, razão pela qual Ferrajoli aposta numa "linguagem rigorosa".

Por outro lado, no paradigma da fenomenologia hermenêutica e da hermenêutica filosófica, enfrenta-se a questão da interpretação do Direito e de sua aplicação com respaldo, por exemplo, em Hans-Georg Gadamer, que é contra a cisão entre interpretar e aplicar.

Enfim, precisa-se compreender que, considerando que a discricionariedade recai em arbitrariedades, é um conceito incompatível com a democracia.

1.6 O garantismo processual civil: teoria geral

A doutrina internacional tratou de aplicar as bases do garantismo de Luigi Ferrajoli ao processo civil formando um movimento jusfilosófico que pretende o irrestrito respeito à Constituição e aos Pactos internacionais hierarquicamente igualados por meio de um processo idealizado como método de debate dialogal entre as partes que é condicionado às diligências destas na atividade processual no qual se intenta assegurar, pelo devido processo legal, uma ampla participação que valoriza a ampla defesa, o contraditório e a imparcialidade judicial com a máxima restrição dos poderes dos juízes.[88] A tendência ressaltada é do juiz que se empenha em favor das garantias constitucionais, jamais de pessoa ou coisa que não a Constituição. Logo, privilegia o sistema acusatório em detrimento do inquisitivo.

Neste sentido, o processo tem duas funções: uma privada, considerando-o como instrumento – que tem todo o indivíduo em conflito

---

[88] RIBEIRO, Sérgio Luís Almeida. Por que a prova de ofício contraria o devido processo legal? Reflexões na perspectiva do garantismo processual. In: DIDIER JR, Fredie et al. (Org.). *Ativismo judicial e garantismo processual*. Salvador: Juspodivm, 2013. v. 1, p. 639-647.

para alcançar uma solução pelo Estado se não tiver alcançado sua dissolução mediante uma das possíveis formas de autocomposição –, e uma pública, constituindo uma garantia do Estado a todos seus habitantes em razão da proibição da força privada.

De acordo com a teoria garantista processual de Adolfo Alvarado Velloso, doutrinador argentino e grande propagador do tema, o processo deve possuir as seguintes características: i) o processo somente pode ser iniciado pelo particular interessado. Nunca pelo juiz; ii) o impulso processual somente é dado às partes. Nunca ao juiz; iii) o juízo é público, salvo exceções; iv) existe paridade absoluta de direitos e igualdade de instâncias entre autor (ou acusador) e demandado (ou réu); v) o juiz é um terceiro que, como tal, é impartial (não parte), imparcial (não interessado pessoalmente no resultado do litígio) e independente (não recebe ordem) de cada um dos contraditores. Portanto, o juiz é pessoa distinta daquela do acusador; vi) não preocupa nem interessa ao juiz a busca incessante e a todo custo pela verdade real senão que, muito mais modesta, procura alcançar a manutenção da paz social fixando fatos para adequá-los à norma jurídica, tutelando assim o cumprimento das determinações legais; vii) ninguém intenta alcançar a confissão do demandado ou imputado, pois sua declaração é um meio de defesa e não de prova; viii) correlativamente exige que, quando a parte deseja declarar espontaneamente, o faça sem mentir. Portanto, penaliza o perjúrio; ix) proíbe-se a tortura; e x) o imputado sabe sempre do que é acusado, quem o acusa e quem são as testemunhas.

No que tange ao citado princípio da igualdade como paridade de oportunidades e de tratamento judicial, as normas que regulam a atividade de uma das partes antagônicas não podem constituir uma vantagem ou privilégio sobre a outra, nem o juiz pode deixar de dar um tratamento absolutamente similar a ambos os contendedores.[89] Repercute na bilateralidade ou contraditório, de maneira que cada parte tem o irrestrito direito de ser ouvida a respeito do afirmado e confirmado pela outra. Nas palavras de Gustavo A. Calvinho, a igualdade jurídica fomentada pela Democracia constitui um princípio basilar do processo que possibilita um debate sem preferências nem privilégios beneficiadores a uma das partes em detrimento de seu oponente, pois "no processo o rico e o pobre, o grande e o pequeno, a maioria e a minoria, o bom e o mal, o forte e o débil têm idênticas oportunidades

---

[89] VELLOSO, Adolfo Alvarado. *El debido proceso, op. cit.*, p. 240.

de atuar, defender-se e ser ouvidos. Igualdade que se conjuga com a imparcialidade de um julgador independente".[90]

Não se pode confundi-lo com a igualdade real e justificar a amplitude do poder judicial. A desigualdade real deve ser preocupação de outros que não o juiz, sob pena de se defender o que Anton Menger já sustentava – um dos maiores inspiradores da linha teórica da socialização processual. Para Menger, o juiz possuía um duplo papel, quais sejam, extraprocessualmente, o de educador, pelo qual deveria o juiz instruir todo cidadão acerca do direito vigente, de modo a auxiliá-lo na defesa de seus direitos, e endoprocessualmente, o de representante dos pobres. Ou seja, tinha o juiz que compensar as desigualdades materiais entre as partes mantendo sua atenção nas minorias, como a mulher, o trabalhador, o menor, e etc.

Isto deve ser ocupação de defensores *ad hoc* e assistentes no litígio atuando conjuntamente com os representantes das partes mais frágeis. A distinção entre a garantia de acesso formal e material é problema que nunca deve ser resolvido pelo juiz. Aliás, como última saída, o juiz poderá sempre ordenar a substituição do advogado ou um assistente técnico ao advogado que a necessita.

Note que este modelo teórico rechaça toda e qualquer característica que remeta a um sistema inquisitório, pois não concebe o processo como aquele voltado a promover a justiça social (do processo social) e tampouco venera os amplos poderes instrutórios judiciais, repugna frontalmente o solidarismo judicial:

> Ser solidário é apoiar ou aderir-se a uma causa alheia, ideia da qual surge o solidarismo, considerado como uma corrente destinada a ajudar altruisticamente os demais. (...) Este movimento doutrinário e judicial também se estendeu aos processualistas que operam o processo civil, onde ganhou numerosos e apaixonados adeptos. Reconheço que a ideia e a bandeira que carregam são realmente fascinantes: trata-se – nada menos – de ajudar ao mais fraco, ao pobre, ao que se acha mal ou pior defendido etc. Mas quando um juiz adota esta postura no processo, não percebe que, automaticamente, deixa de lado de cumprir com o necessário dever de imparcialidade. E, desta forma, vulnera a igualdade processual.[91]

O juiz solidário "não cumpre uma tarefa propriamente judicial, em razão de que com isto não se resolvem conflitos intersubjetivos de

---

[90] CALVINHO, Gustavo Adrián. *El sistema procesal de la democracia*. 2. ed. Buenos Aires: San Marcos, 2012, p. 167.
[91] VELLOSO, Adolfo Alvarado. *El garantismo procesal, op. cit.*, p. 33.

interesses, que é a essência da tarefa de outorgar justiça comutativa". Está o juiz que assim atua praticando justiça distributiva sem ter os elementos para poder fazê-lo: em primeiro lugar, a legitimidade da escolha pelos votos do povo; logo, pressuposto adequado, conhecimento da realidade geral e do impacto que causará na sociedade o dar a uns o que as circunstâncias da vida negam a outros, etc. Além disso, ao justificar sua conduta na importância do bem tutelado e no reequilíbrio da igualdade substancial das partes ao favorecer o mais fraco da relação processual, acaba por violar a imparcialidade judicial.

Afinal, a atividade judicial não pode possuir o fim de satisfazer interesses pré-constituídos,[92] ou seja, ao contrário de instituições legislativas, do governo, dos entes públicos, da administração pública, os juízes não devem procurar um interesse pré-judicial, mas só a aproximação do verdadeiro nas únicas causas às vezes julgadas após um contraditório entre sujeitos portadores de interesses em conflito. O ato de julgar não pode ser movido por um sentimento de justiça do sujeito a decidir, uma avaliação subjetiva isolada sua, sob pena de estar incapacitado de julgar imparcialmente.

Rechaça-se a tese de que o juiz deve tentar melhorar a lei sempre que possível ou que o bom juiz prefere a justiça à lei, inventando o direito em nome da justiça. Não se pode colocar a justiça ou qualquer pensamento moralizante sobre a Constituição. Neste sentido é que a imparcialidade funcional garantirá a igualdade processual, porque no exercício de sua função não prejudicará nem ajudará, sendo funcionalmente neutro. Assim, a imparcialidade significa várias coisas diferentes da falta de interesse que habitualmente se menciona com o fim de definir o trabalho diário de um juiz.

Designa, por exemplo:(i) a ausência de prejuízos de todo tipo (particularmente raciais ou religiosos); (ii) a independência a qualquer opinião e, consequentemente, ter ouvidos surdos ante a sugestão ou persuasão da parte interessada que possa influir em seu ânimo; (iii) a

---

[92] Como se viu, a imparcialidade de um juiz garantista deve abranger tanto (i) o não dever ter qualquer interesse, nem geral nem particular, em uma ou outra solução da controvérsia que é chamado a resolver, sendo sua função decidir qual delas é verdadeira e qual é falsa, como (ii) o não dever ser um sujeito representativo, não podendo nenhum interesse ou desejo condicionar seu julgamento – que está unicamente em tutela dos direitos subjetivos lesados, pois, contrariamente aos poderes Executivo e Legislativo, que são poderes de maioria, o juiz julga em nome do povo, mas não da maioria, em tutela das liberdades também das minorias. Por isso o princípio da imparcialidade –, é colocado com três características essenciais do julgador: a imparcialidade (não há como ser autor e acusador ao mesmo tempo – imparcialidade objetiva, é terceiro), imparcialidade (o julgador deve carecer de interesse subjetivo na solução do litígio – imparcialidade subjetiva) e independência (o julgador não pode atuar com qualquer subordinação hierárquica a respeito das partes).

não identificação com alguma ideologia determinada; (iv) a completa alteridade em frente à possibilidade de dádiva ou suborno e a influência da amizade, do ódio, de um sentimento caridoso, da vadiagem, dos desejos de brilho pessoal, de figuração periodística, etc., (v) o não envolvimento pessoal nem emocional no ponto crucial do assunto litigioso; (vi) *o evitar toda participação na investigação dos fatos ou na formação dos elementos de convicção* (grifos nossos); (vii) o não decidir de acordo com seu próprio conhecimento pessoal no assunto; e (viii) o não temer à desvinculação fundamentada dos precedentes judiciais,[93] etc.

Enfim, o decisionismo costuma ser solidário com o método inquisitório e, com base nele, o órgão judicante costuma ser ativo na busca da verdade substancial. Mas as bandeiras do solidarismo (a Justiça, a Verdade, o compromisso do juiz com seu tempo, com a sociedade, com o litigante mal defendido etc.) jamais podem ser colocadas sobre a Constituição.[94]

Muito já se abordou sobre a dicotomia acusatório e inquisitório ao se analisar o Axioma 8 do SG ferrajoliano.

No acusatório, as funções de acusar, defender e julgar são atribuídas a órgãos distintos, enquanto no inquisitório as funções estão reunidas e o inquisidor deve proceder espontaneamente. É por isso que, no processo inquisitório, a investigação unilateral a tudo se antepõe, tratando-se, em realidade, de forma autodefensiva da administração da justiça.

O garantismo processual é avesso à iniciativa instrutória, discordando de Ada Pellegrini Grinover quando assume que o conceito de processo acusatório a permite em seu bojo:

---

[93] VELLOSO, Adolfo Alvarado. *El debido proceso, op. cit.*, p. 243.
[94] Fala-se também em princípio da tensitoriedade do processo, princípio da eficácia da série procedimental e princípio da moralidade processual. O princípio da transitoriedade do processo consiste no equilíbrio da duração do processo como meio de debate para alcançar a solução do conflito sem causar um novo, pois deve alcançar o aquietamento das paixões inflamadas. Por sua vez, o princípio da eficácia da série procedimental preconiza os passos da série lógica já abordada anteriormente e que seja eficaz: afirmação, negação, confirmação e alegação. Na ausência de um deles, sob o pretexto de acelerar o final do processo, haverá violação deste e da segurança jurídica. Finalmente, o princípio da moralidade processual sustenta a consistência da regra moral no desenvolvimento do processo, pois entende que se a razão de ser do processo é erradicar de todo modo a força ilegítima de uma sociedade e evitar que todos façam justiça com as próprias mãos, não se pode sequer conceber que o legislador normatize um meio de debate em que se possa utilizar a força sob a forma perversa da espertezа ou traição. Veja-se que o autor utiliza-se de uma justificação que não é especificamente jurídica. Sua argumentação em defesa do princípio da moralidade comporta um juízo valorativo, recorrendo à perversidade, esperteza e traição, acaso se entendesse pela imoralidade processual.

A ambiguidade e indeterminação do binômio acusatório-inquisitório são conhecidas, sendo polivalente seu sentido. Por isso nos preocupamos, em diversos escritos, em salientar aquilo que distingue, sinteticamente, o modelo acusatório do inquisitório. No primeiro, as funções de acusar, defender e julgar são atribuídas a órgãos distintos, enquanto no segundo as funções estão reunidas e o inquisidor deve proceder espontaneamente. É só no processo acusatório que o juízo penal é o actum trium personarum, de que falava Búlgaro, enquanto no processo inquisitório a investigação unilateral a tudo se antepõe, tanto que dele disse Alcalá-Zamora não se tratar de processo genuíno, mas sim de forma autodefensiva da administração da justiça. Onde aparece o sistema inquisitório poderá haver investigação policial, ainda que dirigida por alguém chamado juiz, mas nunca verdadeiro processo.[95]

Para ela, o que se relaciona com a iniciativa instrutória do juiz no processo é o denominado *adversarial system*, próprio do sistema anglo-saxão e que se contrapunha ao *inquisitorial system*, da Europa continental e dos países por ela influenciados.

Denomina-se *adversarial system* o modelo que se caracteriza pela predominância das partes na determinação da marcha do processo e na produção das provas, enquanto no *inquisitorial system*, ao revés, as mencionadas atividades recaem de preferência sobre o juiz.

Por assim dizer, processo inquisitório, em oposição a acusatório, não corresponde ao *inquisitorial* oposto ao *adversarial*, pois um sistema acusatório poderia adotar o *adversarial system* ou o *inquisitorial system*, expressão que se poderia traduzir por processo de desenvolvimento oficial.[96]

Diferentemente relata Ferrajoli. Trata-os apenas semanticamente:

> Obviamente, nem o processo inquisitório ignora o problema da tutela do inocente, nem tampouco o acusatório descuida do escopo da repressão dos culpados. Os dois métodos se distinguem, antes, com base em duas concessões diversas: uma, do Poder Judiciário; e outra, da verdade. Enquanto o método inquisitório exprime uma confiança tendencialmente ilimitada na bondade do poder e na sua capacidade de alcançar o verdadeiro, o método acusatório se caracteriza por uma confiança do mesmo modo ilimitada no poder como autônoma fonte de verdade. Disso deriva que
>
> o primeiro (inquisitório) confia não só a verdade, mas, também, a tutela do inocente às presumidas virtudes do poder julgador; enquanto

---

[95] GRINOVER, Ada Pellegrini. A iniciativa instrutória do juiz no processo penal acusatório. *Revista Forense*, Rio de Janeiro, v. 347, p. 03-10, jul./ set. 1999.
[96] *Ibidem*, p. 03-10.

o segundo (acusatório) concebe a verdade como o resultado de uma controvérsia entre partes contrapostas por serem portadoras respectivamente do interesse na punição dos culpados e do interesse na tutela do acusado presumido inocente até prova em contrário. É neste sentido que as diferenças entre modelo teórico inquisitório e modelo teórico acusatório (...) podem ser vistas como expressões de duas opostas epistemologias do juízo: *dictum* de um só sujeito, ou contenda entre vários sujeitos; relação vertical inquisidor-inquirido, ou relação triangular entre duas partes e um terceiro *supra partes*; operação unilateral do juiz, ou *actus trium personarum, iudicis, actoris et rei:* o juiz como terceiro sujeito separado da acusação como exige nosso axioma A8, o ator como parte da acusação sobre a qual recai o ônus da verificação segundo o nosso axioma A9, o réu como parte da defesa que tem direito à contestação segundo o nosso axioma A10. Em todos estes casos o processo tem por fim a "descoberta da verdade,síntese e compêndio dos dois supremos interesses processuais" supra-indicados. Mas são diversas as maneiras de entender a verdade e os métodos empregados para atingi-la. Precisamente, enquanto o método inquisitório se baseia em uma epistemologia substancial e decisionista, o método acusatório pode ser configurado como a transposição jurídica da epistemologia da falsificação delineada no terceiro capítulo. E as três garantias A8-A10 que o compõem, equivalendo às condições epistemológicas de credibilidade identificadas nos pontos 7 e 8 do parágrafo 10, podem ser consideradas ao mesmo tempo como garantias de uma *verdade* controlada pelas partes em causa e da *liberdade* do inocente contra o erro e o arbítrio.[97]

O antagonismo é claro! Ada Pellegrini Grinover crê que "o juiz deve tentar descobrir a verdade e, por isso, a atuação dos litigantes não pode servir de empecilho à iniciativa instrutória oficial",[98] confiando a verdade e a tutela do inocente às virtudes do bom julgador. Luigi Ferrajoli concebe a verdade como o resultado de uma controvérsia entre partes contrapostas por serem portadoras respectivamente do interesse na punição dos culpados e do interesse na tutela do acusado presumido inocente até prova em contrário.

Para grandes disseminadores do garantismo, como Juan Montero Aroca, E. Cipriani e Adolfo Alvarado Velloso, o papel ativo do juiz é prontamente autoritário e tal estado fica refletido no processo civil.

É que, como se pode aduzir das lições já expostas, o garantismo processual entende o processo como instrumento do indivíduo contra o poder do Estado.

---

[97] *Ibidem*, p. 484.
[98] GRINOVER, Ada Pellegrini. *A iniciativa instrutória do juiz no processo penal acusatório*, op. cit., p. 03-10.

Neste contexto, um estudo publicado por Mirjan Damaska traz conhecimentos primordiais para compreender o que pode estar na essência do Judiciário brasileiro ao contrapor o texto e a mentalidade de quem o aplica, ao distinguir as permissões e impedimentos legais da efetiva participação de cada categoria, produto de muitas peculiaridades do sistema e que extrapolam qualquer legislação.

A tradição *Common Law* é geralmente apresentada como sistema em que o curso do processo é controlado pelos litigantes ao apresentarem o caso para um juiz passivo, enquanto o processo de *Civil Law* é controlado por um juiz ativo que conduz uma investigação dos fatos envolvidos na disputa e que tendem a se sentir responsáveis pela verdade. É o caso do Brasil:

> (...) o modelo processual brasileiro deve estar afinado com o modelo de Estado que a Constituição da República estabeleceu para o Brasil. Nesse modelo de Estado ativo, *a busca da verdade* é *absolutamente essencial para que o processo possa atingir, satisfatoriamente, os seus fins*, entre os quais destaca-se a correta atuação da vontade do direito objeto aos casos submetidos ao Poder Judiciário. Para que tal desiderato seja alcançado, impõe-se *o reconhecimento de amplos poderes de iniciativa probatória do juiz*, permitindo-se que este agente estatal *cumpra sua missão constitucional: fazer justiça*.(...) Em demandas como a presente, não há espaço para a figura do juiz 'neutro', apático, insensível, alheio às questões sociais e às consequências destas advindas. O princípio dispositivo, em matéria probatória, cede espaço ao princípio inquisitivo. Desta forma, o julgador contemporâneo deve identificar as situações em que o direito material exija tratamento diferenciado, o que engloba a determinação de provas *ex officio*, bem como a inversão do ônus da prova. (*grifos nossos*).[99]

Este pensamento é corroborado pelos Superiores Tribunais brasileiros:

> O processo civil contemporâneo, como já teve a oportunidade de destacar o Superior Tribunal de Justiça, "encontra-se marcado inexoravelmente pela maior participação do órgão jurisdicional na construção do conjunto probatório".[100]

---

[99] Apelação 0004989-93.2007.8.26.0587. Relator(a): Ramon Mateo Júnior; Comarca: São Sebastião; Órgão julgador: 7ª Câmara de Direito Privado; Data do julgamento: 19.02.2014; Data de registro: 21.02.2014.
[100] Recurso Especial 1072276/RN, Rel. Ministro Luis Felipe Salomão, 4ª T. Data de julgamento: 21.02.2013. Data de registro: 12.03.2013.

Por outro lado, na França, o Código de Processo Civil francês de 1806 (pioneiro no processo civil da Europa continental e seguido por todo o Continente Europeu no período liberal do século XIX) concebia um processo civil em que os litigantes estavam autorizados a controlar o processo desde o começo até o fim, limitando os fatos e podendo, inclusive, dele desistirem. Restava pouco espaço para investigações factuais por parte do juiz de maneira que estavam limitados a considerar as evidências trazidas pelas partes e não mais podiam determinar a oitiva de testemunhas de ofício. Contudo, havia uma exceção legal. Pela importante herança da tradição romana-canônica, que entendia a investigação dos fatos como parte essencial da função judicial, estavam os juízes encarregados de interrogar a testemunha e permitidos a "ampliar o conjunto probatório". Mesmo assim, a tradição da justiça civil na Europa continental não se constitui em uma investigação tão ativa, o que a afastava da tradição inquisitiva e dos juízes criminais da Europa continental.

A justiça civil da Europa continental permitia ao juiz ampliar o conjunto probatório, mas pragmaticamente não trouxe grandes efeitos inquisitoriais.[101]

Mirjan Damaska[102] denuncia as distintas efetividades do texto normativo comparando sistemas. Em síntese:

> Juízes da *Common Law* não veem a exatidão da investigação como central de suas tarefas, e possuem pouca dificuldade em decidir casos baseados em provas apresentadas a eles pelas partes. Se esta atitude é um legado de longos séculos quando a investigação era para o júri, ou se é devida a noções mais recentes de que os juízes não devem jogar o jogo, o fato permanece que mesmo nas maiores das reformas dos países de tradição da *Common Law*, juízes não se dedicam à investigação, mas meramente supervisionam o desenvolvimento das provas pelos litigantes. Juízes da *Civil Law*, por outro lado, são herdeiros de uma longa tradição na qual precisar a investigação está no coração de suas vocações.[103]

---

[101] Damaska relata algumas razões que contribuíam para a fraca investigação judicial na justiça civil, quais sejam: (i) a natureza não difusa dos interesses prevalecentes nas ações ordinárias; (ii) os direitos das testemunhas em proteção à autonomia individual e vida privada; (iii) o direito de recusa de depoimento da parte; (iv) a restrição à possibilidade de entrega de documentos que estão sob a posse da parte; e (v) a proibição ao juiz de contradizer as declarações e confissões dos litigantes, ainda que não estivesse claro a ele que os fatos envolvendo as declarações realmente existiram. *Ibidem*, p. 4.
[102] *Ibidem*, p. 3.
[103] *Ibidem*, p. 13.

Ou seja, os juízes da *Civil Law* sentem responsabilidade em achar a verdade e por isso relutam em aceitar as limitações das provas conforme colocadas pelas partes, e aliás, como visto, o protagonismo judicial reduz o estímulo a uma postura ativa por parte dos procuradores e das partes. Isto tudo demonstra que a distinta forma com a qual o Estado-juiz dos dois sistemas descritos enxerga seu papel é provavelmente a maior diferença entre eles, sendo também a fonte de outras inúmeras consequências.

Entretanto, no que tange à doutrina garantista processual, a abstenção judicial é compatível, pois como visualiza que o objetivo do processo é alcançar uma declaração do juiz diante de quem se apresenta o litígio,[104] afinal, a função do processo civil é a exclusiva resolução de controvérsias, pondo fim aos conflitos entre os indivíduos privados, nada mais plausível que seja deixada às partes a tarefa de gerir o embate processual e também a produção das provas, o que doso pode ser realizado na proeminência de um sistema acusatório.

Uma divergente doutrina, por outro lado, aborda o processo centrado na qualidade da decisão ao considerar que esta deve fundar-se na aplicação correta e racionalmente justificada do direito, ou ainda, de concepções que levam em consideração a obtenção de decisões justas e da orientação da administração da justiça por valores públicos. Ela preza pela necessidade da verdade (substancial), afirmando que nenhuma decisão judicial poderia ser considerada legal e racionalmente correta se apoiada em uma determinação errônea e inverídica dos fatos a que se refere.[105]

Mas é errado afirmar que o garantismo não se preocupa com a qualidade da decisão final: esta finalidade apenas não pode ser prioridade no processo, porque não pode prevalecer sobre o debate construído pelas partes. Assim denuncia a equivocada doutrina que privilegia a meta sobre o método e que concebe como processos simples procedimentos que não se dão em realidade entre três pessoas, e muitas vezes não observam sua essencial série lógica: afirmação – negação – confirmação – avaliação ou conclusão. Luigi Ferrajoli já condenava os privilegiadores dos fins pelos meios.

O garantismo processual coloca o foco na obtenção da decisão, que, então, será correta desde que se observe a série lógica. Ou seja, os fins não justificam os meios, tampouco predomina a meta sobre o

---

[104] VELLOSO, Adolfo Alvarado. *El debido proceso*. Lima: Egacal, 2010. p. 39. (Colección Temas procesales conflictivos.)
[105] TARUFFO, Michele. *A prova*. Tradução João Gabriel Couto. São Paulo: Marcial Pons, 2014, p. 203.

método. A verdade absoluta, objetiva e substancial, não é afeta ao juiz, já a verdade concebida como o resultado de uma controvérsia entre partes contrapostas importa ao processo.

É possível também que a atividade judicial queira compensar a abstenção das partes e seus procuradores. Por isso, é de importância fundamental o desempenho dos advogados a respeito de seus trabalhos, pois "no sistema da *Civil Law*, eles raramente são participantes vigorosos na produção das provas, ou zelosos na busca por provas. O quase monopólio judicial reduz o estímulo a uma postura ativa".[106] Em contrapartida "no sistema da *Common Law* funciona uma dinâmica similar, embora em direção diferente: já que juízes não se engajam na investigação, os defensores das partes o fazem".[107]

Sabe-se, entretanto, que o contraste entre as duas tradições vem perdendo a utilidade na medida em que países da tradicional família *Common Law* foram aproximando-se da tradição *Civil Law* e vice-versa. Mas interessante é notar que, do antigo quadro comparativo entre as tradições, continuam as diferentes abordagens sobre a colheita do material para decisão. Enquanto nos países de tradição *Common Law*, a tarefa é entregue aos representantes das partes e o juiz somente supervisiona suas atividades, intervindo diante de uma disputa entre eles, nos países de tradição *Civil Law*, a tarefa também é ainda realizada pelos juízes ou por um delegado seu.

1.7 Garantismo e ativismo

Um dos grandes disseminadores do tema no território nacional foi Glauco Gumerato Ramos. Mas, internacionalmente, o debate nos remete ao ano de 1995, quando foi publicado o estudo de Franco Cipriani sob o título "*Nel centeario Del Regolamento di Klein (Il processo civile tra libertá e autoritá)*", no qual demonstrou que o Regulamento de Franz Klein defendia um juiz com grandes poderes de direção no processo:

> Em síntese, CIPRIANI demonstra que o Regulamento Klein : i) encara o processo civil como um "mal social" a gerar influência na economia nacional; ii) tratou o processo como objeto social; iii) conferiu viés

---

[106] DAMAŠKA, Mirjan. The common law/civil law divide: residual truth of a misleading distinction. Supreme *Court Law Review*, v. 49, p. 13, 2010.
[107] Ibidem, p. 13.

publicista ao processo civil, com "negação" às partes; iv) reforçou os poderes do juiz no processo.[108]

Posteriormente, em 2000, Juan Montero Aroca foi conferencista nas XVII Jornadas Iberoamericanas de Derecho Procesal, evento organizado pelo Instituto Iberoamericano de Derecho Procesal e pela Corte Suprema da Costa Rica na cidade de San José.[109] Seu olhar crítico à lei espanhola 1/2000 que havia reformulado o processo civil espanhol foi de extrema importância para a percepção do momento que vivia o processo civil: uma mudança de paradigma ao contrariar a concepção do século XX na tendência de um esvaziamento publicístico do processo.[110] Aliás, foi dessa conferência que surgiu seu livro "*Los princípios políticos de la nueva Ley de Enjuiciamiento Civil – Los poderes del juez y la oralidad*".

Também em 2000 foi realizado o II Congresso Internacional de Derecho Procesal Garantista na cidade de Azul, em que foram distribuídos aos congressistas: (i)o texto da conferência de Montero Aroca em Costa Rica; e (ii) a tradução texto de Franco Cipriani sobre o Regulamento de Klein, elaborada por Adolfo Alvarado Velloso.

Foi então que Franco Cipriani (tachado de "revisionista")[111] notou a correspondência entre suas ideias e as de Montero Aroca, traduzindo *"Los princípios políticos de la nueva Ley de Enjuiciamiento Civil – Los poderes del juez y la oralidad"*[112] para o italiano.

Com a tradução italiana de Cipriani, Giovanni Verde publicou, na Itália, um artigo integralmente dedicado ao livro de Montero Aroca, que foi traduzido para o espanhol e publicado na Revista Iberoamericana de Derecho Procesal, a partir do qual a temática se alastrou na América Latina e na Europa.

Assim, não podemos deixar de abordar o ativismo judicial.

---

[108] RAMOS, Glauco Gumerato. *Activismo vs. garantismo em el proceso civil*: presentación del debate, *op. cit.*, p. 3.
[109] *Ibidem*, p. 6.
[110] *Ibidem*, p. 7.
[111] Por defender um processo civil italiano adequado à Constituição em vigor, opondo-se aos negacionistas que rechaçam a ideia de que o CPC italiano de 1940 seja autoritário.
[112] RAMOS, Glauco Gumerato. *Activismo vs. garantismo em el proceso civil*: presentación del debate, *op. cit.*, p. 8.

CAPÍTULO 2

ATIVISMO JUDICIAL

2.1 Por que falar sobre isto?

A noção de Democracia está relacionada a um sistema em que as normas do jogo são prévias e claras. No Brasil, a presença do ativismo judicial fortaleceu-se como solução para a concretização dos direitos fundamentais diante da própria ideia de um espaço discricionário à "vontade" do intérprete/julgador. Obviamente, já se ultrapassou a concepção do juiz como boca-fria da lei. A impossibilidade de se aplicar a lei sem interpretá-la não é novidade. Mas esta percepção contraria o que o reconhecido Código Francês Napoleônico dispunha expressamente sobre a proibição da interpretação dos dispositivos do código em referência ao ideal de completude que revestia a codificação francesa e também ensinamentos que até hoje persistem sobre a atividade judicial, inclusive da doutrina garantista. Exemplificando:

> (...) *el juez siempre norma: ora aplicando em concreto la ley abstracta, con o sin interpretación de su texto; ora integrando la norma abstracta mediante la emisión de uma norma concreta; ora creando la norma concreta en caso de inexistencia de norma abstracta.*[113]

---

[113] VELLOSO, Adolfo Alvarado. *La terminación del proceso*, la sentencia judicia, las costas. Paraguai: Fedye, 2014. p. 85.

Schleiermacher, com sua hermenêutica romântica, já não concebia a separação entre compreender e interpretar. Aliás, segundo Gadamer, sua maior contribuição foi haver desenvolvido uma verdadeira doutrina da arte do compreender e que concebe a hermenêutica como a arte de evitar o mal-entendido; pois todo compreender pressupõe um interpretar.

Hoje é inaceitável a possibilidade de aplicação de um texto sem sua respectiva interpretação. Em realidade, o problema é que a interpretação não pode significar uma ilimitação ou uma liberdade desmedida à atividade decisória.

Não obstante, no Brasil, o termo "ativismo" tem sido utilizado para legitimar decisões que, sob uma análise mais aprofundada, poderiam ser dadas como inconstitucionais.

Em 1988, o Brasil recebeu uma nova Constituição, cujo texto está repleto de direitos fundamentais e sociais. Em contrapartida, o modelo anterior estava assentado em um pensamento liberal-individualista e era desprovido de direitos de segunda e terceira dimensões.

A mudança ressaltou a carência de uma teoria constitucional adequada às demandas do novo paradigma jurídico. As decisões passaram a se respaldar em valores como critérios para fundamentá-las, porém ultrapassando limites estabelecidos na própria Constituição para sua atuação. Chama-se de ativista essa postura judicial que atingiu o solo brasileiro inicialmente em prol da concretização dos direitos e garantias fundamentais, sem uma rota específica.

Num contexto internacional, o que simbolizou o novo modo de compreender a concretização destas garantias foi a Lei Fundamental[114] e a Jurisprudência dos Valores de acordo com a postura do Tribunal Constitucional Federal Alemão (na França, deu-se a Escola do Direito Livre, e, no *Common Law*, vieram as correntes realistas).

Em síntese, o objetivo da Jurisprudência dos Valores era romper com o modelo jurídico vigente no nazismo, para que se legitimasse a tomada de decisões em respeito à Constituição outorgada em 1949 pelos aliados, notando-se inclusive decisões *contra legem* e *extra legem* como maneira encontrada para se fugir das leis do regime nazista.[115]

---

[114] Situação peculiar vivenciada pela Alemanha por uma espécie de "assembleia constituinte de emergência" composta pelos aliados e que impulsionou o papel do Tribunal Constitucional e cuja atuação estava direcionada a constitucionalizar a ordem jurídica a partir de um órgão que, à diferença do Conselho Parlamentar que aprovou a Lei Fundamental (hoje Constituição), efetivamente representava o povo alemão. TASSINARI, Clarissa. *Jurisdição e ativismo judicial*: limites da atuação do Judiciário, *op. cit.*, p. 43.
[115] TRINDADE, André Karam. Garantismo versus neoconstitucionalismo: os desafios do protagonismo judicial em *terrae brasilis*. In: FERRAJOLI, Luigi; STRECK, Lenio. (Orgs.).

Por sua vez, no Brasil, foi promulgada a Constituição Cidadã de 1988, considerada ápice do processo de redemocratização em que se rompia com o período ditatorial no País. Neste sentido, a forte participação do Judiciário atrelava-se a uma perspectiva em direção à abertura política e, portanto, caminho certo à redemocratização do país. Ela representou uma ruptura paradigmática na história do Direito brasileiro, seja pela oposição ao regime autoritário, seja no que diz respeito aos compromissos firmados pelo constituinte, ou ainda em face da nova relação que se estabelece entre sociedade e Estado, em que se conferiu ao Poder Judiciário e a todos os seus atores o papel de fiador dos direitos fundamentais e do regime democrático.

Isto é: o contexto constitucional não consistia em pregar uma democracia meramente institucional, mas a promessa de inclusão social e de maioria como pressuposto de sua efetiva conquista.

O ativismo abrasileirado aproveitou-se fortemente do ativismo norte-americano quanto à intensificação da atividade jurisdicional, potencializada inclusive para que se concretizassem direitos, ou seja, como solução para os problemas sociais e etapa indispensável para o cumprimento do texto constitucional, mas desprovido do necessário debate e problematização sobre o tema.[116]

Em nosso País, a doutrina da instrumentalidade do processo enxergou como natural e positivo o ativismo judicial. Esta doutrina defende um tratamento publicista do processo, com foco na jurisdição enquanto instrumento do Estado para perseguir seus objetivos.[117] Para tanto, o problema da efetividade do processo é resolvido pela redução das formalidades – que teoricamente impedem a realização do direito material em conflito –, por meio do princípio da adequação ou adaptação do procedimento à correta aplicação da técnica processual, reconhecendo ao julgador a capacidade para adequá-lo às especificidades da situação.[118]

Mas quando se diz que a Constituição incorporou valores, isto não quer dizer que poderá ela ser corrigida por juízos morais, até porque há uma diferença ontológica entre normas e valores. Somente

---

Garantismo, hermenêutica e (neo)constitucionalismo: um debate com Luigi Ferrajoli. Porto Alegre: Livraria do Advogado, 2012. p. 113.
[116] TASSINARI, Clarissa. Jurisdição e ativismo judicial: limites da atuação do judiciário, op. cit., p. 26.
[117] DINAMARCO, Cândido Rangel. A instrumentalidade do processo. 12. ed. São Paulo: Malheiros, 2005. p. 51-67.
[118] BEDAQUE, José Roberto dos Santos. Efetividade do processo e técnica processual. São Paulo: Malheiros, 2006. p. 43-45.

as primeiras são dotadas de um conteúdo deontológico a delinear a conduta dos jurisdicionados.

Como "uma hierarquia de valores" não atinge um consenso universal, a percepção moralizante gera decisões solipsistas, pois não pode valer mais do que a Constituição. Inegavelmente, o ativismo fragiliza a autonomia do Direito e a Democracia – e é por isso que se precisa enfrentar o tema.

2.2 O caráter patológico do "ativismo judicial" num Estado Democrático de Direito

O ativismo originou-se no sistema jurídico norte-americano em que os precedentes constituem a principal fonte do direito e, portanto, a atividade jurisdicional implica a própria criação do direito.[119]

Ocorre que o Texto Constitucional norte-americano é extremamente conciso, não possuindo um dispositivo como o rol do artigo 5º da Constituição Federal do Brasil (uma extensa lista de direitos e garantias fundamentais). Neste sentido, a decisão judicial que nos EUA tutela qualquer direito não previsto no Texto Constitucional, já era considerada ativista.

O ativismo norte-americano resultou da tensão entre o *judicial review* e o *self restraint*: grandezas inversamente proporcionais (o aumento da primeira e a diminuição da segunda gera o fortalecimento do ativismo judicial).[120]

A partir do estudo da jurisdição constitucional e das intervenções da Suprema Corte norte-americana, Christopher Wolfe[121] identificou três épocas distintas na história do constitucionalismo norte-americano: a tradicional, a de transição e a moderna.

Na primeira (1787 – 1890), a Suprema Corte posicionava-se para aplicar a Constituição diante das leis ordinárias.[122]

Já no segundo período, designado como de transição (1890 – 1937), houve um declínio da *judicial review* e a Suprema Corte impedia o Estado de interferir nas relações privadas. Configurou uma política

---

[119] TRINDADE, André Karam. Garantismo, hermenêutica e (neo)constitucionalismo: um debate com Luigi Ferrajoli. In: TRINDADE, André Karam; FERRAJOLI, Luigi; STRECK, Lenio. (Orgs). *Garantismo versus neoconstitucionalismo*: os desafios do protagonismo judicial em terrae brasilis. Porto Alegre: Livraria do Advogado, 2012. p. 110.
[120] WOLFE, Christopher. *Judicial activism*: bulwark of freedom or precarious security?, *op. cit.*, p.1.
[121] Idem. Ibidem.
[122] Idem. *The rise of modern judicial review*: from constitucional interpretation to judge-made law. Boston: Littlefiel Adams Quality Paperbacks, 1997. p. 17-119.

judiciária de contenção (*self-restraint*), verdadeira tendência conservadora e que se tornou ainda mais evidente na década de 30, em razão da crise econômica ter levado o Estado a tomar medidas reguladoras para superar o cenário político, econômico e social por qual passava.[123] Finalmente, a última (1937 – hoje) consolidou-se a partir da segunda metade do século XX. Nesta fase, houve uma maior atuação da Suprema Corte e o foco se deslocou da esfera econômica para as liberdades civis. Ficou marcada por decisões que apregoavam a isonomia com o intuito de eliminar discriminações raciais e sexistas, assegurando, inclusive, aqueles que não teriam previsão constitucional.

No Brasil, como visto, notórios juristas atrelam a ideia de ativismo apenas a uma participação mais ampla e intensa do Judiciário na concretização dos valores e fins constitucionais[124] especialmente dada por necessária com a Constituição de 1988. É também por estes entendimentos que a análise majoritária da questão no solo nacional identifica o fenômeno como "bom" para a democracia, por ser concepção oposta ao passivismo judicial.

O mesmo tem ocorrido em outros países latino-americanos, como, por exemplo, na Argentina, como se vê na doutrina de Pablo L. Manili,[125] que identifica o "bom" e o "mau" ativismo, Jorge W. Peyrano, Hernán Carrillo, Carlos Carbone, Marcos Peyrano, Sergio José Barberio, Inés Lépori, Abraham Vargas, Roxana Mambelli e Maria Carolina Eguren, entre outros.

Porém, o fenômeno judicial em estudo constitui uma indevida invasão tanto na esfera legislativa quanto na Administração Pública – ou seja, em funções constitucionalmente estabelecidas a outros Poderes:

> Por ativismo judicial deve-se entender o exercício da função jurisdicional para além dos limites impostos pelo próprio ordenamento que incumbe, institucionalmente, ao Poder Judiciário fazer atuar, resolvendo litígios de feições subjetivas (conflitos de interesse) e controvérsias jurídicas de natureza objetiva (conflitos normativos).[126]

---

[123] *Ibidem*, p. 121-204.
[124] BARROSO, Luis Roberto. *Judicialização, ativismo judicial e legitimidade democrática*. In: COUTINHO, Jacinto N. de Miranda; FRAGALE FILHO, Roberto; LOBÃO, Ronaldo (Orgs.) *Constituição e ativismo judicial*. Rio de Janeiro: Lumen Juris, 2011. p. 279.
[125] MANILI, Pablo. L. El activismo en la jurisprudencia de la Corte Suprema. *Revista Jurídica Argentina La Ley*. Derecho Constitucional. Doctrinas Esenciales, t. I, n° II, p. 1.147-1.153, 2008.
[126] RAMOS, Elival da Silva. *Ativismo judicial*: parâmetros dogmáticos. São Paulo: Saraiva, 2010. p. 117.

Neste sentido, ativismo é o exercício da função jurisdicional para além dos limites a ela impostos. Configura fenômeno produtor de decisões judiciais fundamentadas, muitas vezes, em avaliações subjetivas. Nestes pronunciamentos judiciais, as fontes normativas são substituídas pelo senso de quem as prolatou. Por isso se diz que o ativismo será sempre patológico num Estado que se coloque como Democrático de Direito, para o que é descabido adjetivá-lo como bom.

O resultado prático da decisão não importa: se ativista, nos termos acima colocados, violará a Constituição, a Democracia e a Separação de Poderes, entre muitas outras considerações. Isto porque, em síntese, o Estado Constitucional, *plus* ao Estado de Direito, é contra concepções como a de Jorge Peyrano, que sustenta que "O ativismo judicial confia nos magistrados (...) códigos de procedimentos civis mais recentes, depositam nas mãos dos juízes civis um amplo número de faculdades-deveres para melhor cumprir sua missão de distribuir o pão da Justiça".[127]

Não estaria Jorge Peyrano a crer que os juízes são seres magnânimos e extraordinários, dotados de uma capacidade única e incontestável?

O fenômeno entendido como "bom" relaciona-se com a tradição jurídica da *Common Law*, em que se inserem os EUA e outros países. Mas fato é que o ativismo ultrapassou as fronteiras da *Common Law* e atingiu a *Civil Law*. É um dos reflexos do pós-Segunda Guerra Mundial, produto do avanço significativo no Direito pelo incremento, na dogmática constitucional, da positivação de novos direitos.

André Karam Trindade, estudando a realidade brasileira representada pela atuação do Supremo Tribunal Federal[128] assim como das demais instâncias do Poder Judiciário no concebido Estado Democrático de Direito, propôs a divisão da evolução da jurisprudência constitucional brasileira em três estágios: a fase de ressaca, a fase da constitucionalização e a fase ativista, na qual nos encontramos hoje.[129]

A fase de ressaca iniciou com a promulgação da Constituição de 1988 e a consequente crise de modelo de direito decorrente da

---

[127] PEYRANO, Jorge W. *Activismo y garantismo procesal*. Córdoba: Academia Nacional de Derecho y Ciencias Sociales de Córdoba, 2009. p. 11. Tradução livre: *"El activismo judicial confia en los magistrados (...) códigos de procedimientos civiles más recientes, depositan en manos de los jueces civiles un amplio número de facultades-deberes para mejor cumplir su cometido de distribuir el pan de la Justicia"*.

[128] "Anuário da Justiça de 2009: O Ano da Virada: País descobre que, ao constitucionalizar todos os direitos, a Carta de 1988 delegou ao STF poderes amplos, gerais e irrestritos."

[129] Está-se aqui a utilizar da classificação exposta por André Karam Trindade, apesar de ser uma questão meramente de classificação e metodológicas, apenas para se apresentar o contexto brasileiro.

dificuldade em se compreender o novo paradigma que instituiu o Estado Democrático de Direito. A mudança no sistema gerou a necessidade de se filtrar constitucionalmente o ordenamento jurídico, em especial, pelos mecanismos por ela ampliados no que tange ao controle de constitucionalidade.

Por sua vez, na fase da constitucionalização (década de 90 – 2004), a comunidade jurídica passou a atentar-se à Constituição e seus princípios, com repercussão no papel dos tribunais, que se tornam intérpretes da Constituição. O Supremo Tribunal Federal assumiu a função de guardião do cumprimento da Constituição, momento em que se iniciam os debates sobre o ativismo judicial no País.

Já a atual fase ativista se iniciou com a Emenda Constitucional 45 e caracteriza-se por um crescente estímulo ao ativismo que permeia todas as instâncias judiciais, sob a crença de que posturas pró-ativistas são imprescindíveis para a implementação dos direitos fundamentais.

Obviamente, não se deixa de zelar pela concretização dos direitos fundamentais; muito pelo contrário, implementá-los não é uma escolha a nenhum dos três poderes. Mas, novamente, o resultado prático da decisão não importa para se caracterizar o ativismo: o que importa à caracterização do ativismo é a fundamentação da decisão, não seu resultado. O juiz não pode concretizar direitos fundamentais negando limites semânticos estatuídos no texto legislado, sob pena de se configurar verdadeiro casuísmo:[130] "um juiz ou tribunal pratica ativismo quando decide a partir de argumentos de política, de moral, enfim, quando o direito é substituído pelas convicções pessoais de cada magistrado".[131]

Veja-se o caso da Reclamação Constitucional 4335/AC,[132] em que, a título de mutação constitucional, atribuiu-se efeito *erga omnes* à decisão proferida em sede de controle difuso de constitucionalidade, sob a argumentação de que o Senado, pelo artigo 52, X, da Constituição Federal, apenas cumpre o papel de dar publicidade à decisão.[133]

O voto do Ministro Eros Grau explica, com as palavras abaixo, a suposta mutação feita. A redação do dispositivo é/era: "compete privativamente ao Senado Federal suspender a execução, no todo ou em parte, de lei declarada inconstitucional por decisão definitiva do Supremo Tribunal Federal".

---

[130] STRECK, Lenio Luiz. *Verdade e consenso*, op. cit., cap. 4, §1 e cap. 13, §5.
[131] *Ibidem*, p. 589.
[132] Disponível em: http://www.stf.jus.br/imprensa/pdf/rcl4335eg.pdf
[133] A título explicativo: O controle difuso de constitucionalidade brasileiro tem como regra a atribuição de efeito inter partes para a declaração de inconstitucionalidade. O artigo 52, X, Constituição Federal, prevê a competência do Senado Federal para atribuir efeito *erga omnes* nos casos de declaração de inconstitucionalidade via controle difuso.

Sob a justificativa de "adequar a Constituição ao devir social" e que "o Texto Constitucional está obsoleto", com a mutação resultante do entendimento do Relator, Ministro Gilmar Mendes, outro passou a ser o texto: "compete privativamente ao Senado Federal dar publicidade à suspensão da execução, operada pelo Supremo Tribunal Federal, de lei declarada inconstitucional, no todo ou em parte, por decisão definitiva do Supremo". Isto porque "a própria decisão do Supremo conteria força normativa bastante para suspender a execução da lei declarada inconstitucional".

A decisão confessa que, entre a elasticidade e a rigidez do texto, optou-se pela primeira via. A moldura do texto foi excedida para além do que ao intérprete incumbe. Mas o julgamento entendeu que na mutação constitucional o próprio texto é substituído por outro, não apenas a norma. Como se não bastasse, assumiu que pouco importa a competência privativa atribuído pela Constituição ao Senado no que tange à suspensão da execução de lei declarada inconstitucional pelo STF.

Este é o protagonismo judicial brasileiro. Extrapola o próprio Texto Constitucional. Ativismo não é apenas uma participação mais ampla e intensa do Judiciário na concretização dos valores e fins constitucionais.

2.3 Judicialização da política e ativismo judicial

Direito e Política se interpenetram, mas isto não está necessariamente vinculado a um ativismo. É devido à articulação entre Direito e Política que possivelmente as duas expressões (ativismo judicial e judicialização da política) se confundem.

A constitucionalização do direito pós-Segunda Guerra Mundial – e todo o contexto político neste período – provocou uma maior participação do Estado na sociedade, abrindo espaço para a jurisdição em face da inércia dos demais Poderes. A existência de novos direitos e a remodelagem do Estado desfez o Judiciário inerte às transformações sociais. É o que Luiz Werneck Vianna[134] chama de publicização da esfera privada.

Em outras palavras, "(...) a judicialização é um fenômeno que exsurge a partir da relação entre os poderes do Estado (pensemos, aqui, no deslocamento do polo de tensão dos Poderes Executivo e Legislativo em direção da justiça constitucional)".[135] Logo, o que está atrelado ao

---

[134] VIANNA, Werneck et al. *A judicialização da política e das relações sociais no Brasil*. Rio de Janeiro: Revan, 1999, p.15.
[135] STRECK, Lenio Luiz. *Verdade e consenso, op. cit.*, p. 589.

plantio e cultivo da cultura judicante é a judicialização da política, não o ativismo judicial.

A judicialização é uma questão social a respeito do maior número de demandas decorrentes da consagração de direitos e regulamentações constitucionais, ou seja, não é uma postura positiva ou negativa sem qualquer análise sobre o fortalecimento da jurisdição, não depende do órgão judicante, como o ativismo; pelo contrário, a judicialização deriva de fatores alheios e externos à jurisdição.[136]

Enfim, ela é um fenômeno gerado pela insuficiência dos demais Poderes em determinado contexto social, independentemente da postura de juízes e tribunais, enquanto o ativismo diz respeito a uma postura do Judiciário para além dos limites constitucionais.[137]

2.4 Ativismo *versus* garantismo e a prova oficiosa

Primeiramente, ressaltemos que o ativismo aqui abordado é o exercício da função jurisdicional para além dos limites impostos constitucionalmente, ou ainda, como resultado de decisões judiciais fundamentadas nas convicções pessoais do julgador – ou seja, pronunciamentos judiciais nos quais as fontes normativas são substituídas pelo senso de quem as prolatou. Muitas vezes o grande problema não é o dispositivo decisório, mas a fundamentação que contamina a tomada de decisão:

> O ativismo é gestado no interior da própria sistemática jurídica, consistindo num ato de vontade daquele que julga, isto é, caracterizando uma "corrupção" na relação entre os Poderes, na medida em que há uma extrapolação dos limites na atuação do Judiciário pela via de uma decisão que é tomada a partir de critérios não jurídicos.[138]

Neste sentido, concluiu-se pelo caráter patológico do ativismo no Estado Democrático de Direito, já que sempre violará a Constituição independentemente do resultado prático de uma decisão ativista. Isto porque, em síntese, o Estado Constitucional, *plus* ao Estado de Direito, é contra concepções ativistas, como a de Jorge Peyrano, que sustentam que *"El activismo judicial confia en los magistrados (...) códigos de procedimientos civiles más recientes, depositan em manos de los jueces civiles*

---

[136] *Ibidem*, p. 32.
[137] *Ibidem*, p. 36-37.
[138] STRECK, Lenio. *Verdade e consenso*, op. cit., p. 65.

un amplio número de facultades-deberes para mejor cumplir su cometido de distribuir el pan de la Justicia".[139] No âmbito do direito probatório, o ativismo consagra que os poderes concedidos ao Estado-juiz se destinam à realização do direito objetivo com vistas a proporcionar a pacificação social e realizar justiça. Os poderes judiciais são utilizados para realizar uma atividade investigativa aproximando-se de um juízo de certeza.[140]

Contudo, importante observação faz Daniel Penteado de Castro em sua obra "*Poderes Instrutórios do juiz no processo civil*":

> Há limites do próprio saber humano que impedem uma visão completa da realidade. O conhecimento científico mostra como algo considerado correto atualmente pode ser definido como errôneo no futuro, ao passo que já se afirmou que a característica marcante de uma tese científica é a possibilidade de testabilidade e não de seu acerto absoluto. *O juiz, ao ter a iniciativa probatória, deve tomar a cautela de tornar-se um juiz inquisidor que tente a todo custo obter a certeza absoluta como condição necessária para decidir a demanda*. Portanto, acerta a preocupação para se evitar a postura do juiz que se compromete como um inquisidor e tende de forma desenfreada descobrir a verdade nos autos na ânsia *de fazer justiça*, até porque tal medida pode vir a protelar excessivamente a a tutela jurisdicional. (grifos nossos)[141]

A seu turno, William Santos Ferreira explica que cabe ao Poder Judiciário o descobrimento da verdade, além de ser seu dever, apesar de a impossibilidade de seu alcance por meio do processo ser entendida semanticamente como conformidade com a realidade:

> No processo não se busca "*a verdade*", mas são empregados meios capazes de dar condições para formação do convencimento judicial acerca dos fatos, na medida exata do possível e razoável para permitir um julgamento. Em poucas palavras, *na sentença a verdade não é a meta, mas expectativa, ou, tecnicamente, a máxima probabilidade*. Tanto assim o é que, no caso de *incidência de uma presunção legal relativa*, não havendo prova em contrário, *o juiz julga com base no fato presumido*, o que nada mais é do que julgar de acordo com a probabilidade e não com a demonstração efetiva que resultaria no fato provado. (grifos nossos).[142]

---

[139] PEYRANO, Jorge W. *Activismo y garantismo procesal*, op. cit., p. 11.
[140] PENTEADO DE CASTRO, Daniel. *Poderes instrutórios do juiz no processo civil*: fundamentos, interpretação e dinâmica. São Paulo: Saraiva, 2013. p. 107.
[141] *Ibidem*, p. 107-108.
[142] *Ibidem*, p. 281.

O autor entende que quando o Estado-juiz é chamado a resolver o conflito, somente caberão conclusões conforme os fatos de acordo com a possibilidade de investigação para determinar a produção de provas, ainda que oficiosamente, vez que "deveres-poderes instrutórios do juiz são a ponte entre o dever de julgar (elemento estático) e o livre convencimento motivado (elemento dinâmico)".[143] De maneira cristalina, é possível ver a concepção deste autor consoante o sentimento dos juízes da Civil Law nos termos já expostos nesta obra e que configura a grande diferença com a tradição Common Law: os juízes da Civil Law sentem responsabilidade em achar a verdade e por isso relutam em aceitar as limitações das provas conforme colocadas pelas partes. Vejamos:

> (...) o Estado participando ativamente da relação jurídica processual tem o dever-poder da solução do que lhe foi submetido a julgamento, precisando contar com instrumentos viabilizadores desta participação-julgamento. Em razão disto, um juiz ativo na instrução probatória não é um juiz parcial, porque *seu móvel é o esclarecimento dos fatos voltados a garantir-lhe a convicção para julgamento fundamentado.* (...) *Um juiz pode ser tão ou mais parcial quando é negligente. Imagine-se o juiz que, desejando favorecer o autor, não determina a oitiva de uma testemunha fundamental referenciada pelo réu, mas não arrolada por este. Não estaria sendo parcial ao não determinar a sua oitiva?* Indiscutivelmente sim. A imparcialidade do juiz não é afetada pela sua postura instrutória ativa, mesmo que principal e não apenas subsidiária. *Pode haver parcialidade do juiz durante a instrução, passível de suspeição, mas não será extraída singelamente de uma postura ativa, mas sim de uma postura direcionista em relação a fatos determinados*; são exemplo: a pressão e insistência durante o depoimento de uma testemunha, mesmo quando esta insista em reiterar o fato que declarou, o direcionamento de perguntas sempre num sentido específico, perguntas narrativas aguardando, exclusivamente, respostas monossilábicas (sim ou não).[144]

Também Luiz Guilherme Marinoni e Daniel Mitidiero defendem que:"será parcial o juiz que, sabendo da necessidade de uma prova, julga como se o fato que deve ser por ela provado não tivesse sido provado".[145]
Com o absoluto respeito a esta doutrina,
1. Como é *possível objetivamente saber que o móvel do juiz* ativo na instrução probatória é *o esclarecimento dos fatos voltados a garantir-lhe a convicção para julgamento fundamentado e não a*

---

[143] *Ibidem*, p. 238.
[144] *Ibidem*, p. 241.
[145] MARINONI, Luiz Guilherme; MITIDIERO, Daniel. *Código de Processo Civil comentado artigo por artigo*. São Paulo: RT, 2010. p. 177.

busca por uma hipótese por ele pre-concebida? Dito de outro modo, como a suspeição do juiz parcial que determina oficiosamente a produção de provas seria comprovada, se não é possível adentrar no intelecto do julgador para extrair o que o motivou: se o esclarecimento dos fatos para lhe garantir convicção ou se o favorecimento de uma das partes, por exemplo, da parte vulnerável?

2. Se o juiz deve ser considerado imparcial mesmo quando determina oficiosamente a oitiva de uma testemunha por não saber o resultado da prova, porque ele seria parcial ao não determinar a oitiva justificando que, a contrario sensu, não antevê a utilidade dela? E ao se permitir a conduta judicial oficiosa, como aceitar que o sistema conviva com determinações oficiosas em um caso e abstenções em outro similar? Note: instrução probatória de ofício amplia a condução da causa solipsisticamente, abrindo as possibilidades para que casos análogos sejam julgados de maneiras distintas, o que é contrário ao sistema jurídico.

3. Se o que distingue o juiz ativo do juiz ativista é o direcionismo, a impossibilidade de controlar um direcionismo omissivo, ou seja, um juiz não proativo em determinado caso desconstrói essa argumentação criada unicamente para defender o ativismo.

4. Vamos a um caso prático: um juiz de primeira instância "indeferiu o requerimento (do Agravante) de expedição de ofícios a agências bancárias nas quais o agravado possui conta-corrente e determinou o depoimento pessoal (do Agravante) sem o requerimento do agravado".[146] Ou seja, o julgador indeferiu o requerimento probatório do Recorrente-Agravante e ainda, de ofício (sem pedido das partes), determinou seu depoimento pessoal.

Nítido que o Agravante não possuía armas suficientes para lutar contra a decisão que dificultava seus atos confirmatórios e a conduta judicial configurou verdadeira atividade própria de parte. Além de violar sua imparcialidade, entrou em rota de colisão com o princípio dispositivo. Prostitui-se este quando se o considera não infringido nestes casos pela mera possibilidade de contraprovas! Afinal, parece, o juiz não está interessado em mais provas, mas em confirmar a hipótese mental por ele já pre-concebida.

---

[146] Agravo de Instrumento 1.305.990-6 (Outros números 1305990600). Relator(a): J. B. Franco de Godói; Comarca: Comarca não informada; Órgão julgador: 4ª Câmara (Extinto 1º TAC); Data do julgamento: 25.08.2004; Data de registro: 23.09.2004.

O magistrado de primeira instância possuía um forte fundamento legal para basear sua decisão e dificultar sua atividade instrutória, o art. 130, do Código de Processo Civil, o qual fora entendido como a inexistência de limites ao juiz para exercer, de ofício, seu poder instrutório no processo civil,[147] não assistindo razão à alegação de prejuízo ao Autor já que poderia utilizar o depoimento como meio de defesa, não como meio de confissão.

Agravando da decisão, a 2ª instância rechaçou o argumento de possibilidade de prejuízo à parte que vai depor e de ilegalidade da determinação oficiosa com base na (i) inexistência de prejuízo (já que não se sabia o resultado, ou seja, quem ia com ela se aproveitar, se autor ou réu); (ii) na falta de violação a limites ao juiz para exercer, de ofício, seu poder instrutório no processo civil, pela existência da previsão legal; e (iii) por ser o juiz o destinatário da prova.

Primeiramente, acerca da afirmação de inexistência de um prejuízo, é razoável que se entenda que os termos específicos do prejuízo não são possíveis de se afirmar antes da produção da prova, mas o caráter genérico da concretização de um prejuízo, sim. Quando o juiz diz que não há prejuízo para a parte pela determinação de ofício de uma prova porque não se sabe o resultado – e este poderia ser inclusive favorável a ela –, há aqui um problema fundamental: (i) se produção for inútil para sanar a dúvida, haverá prejuízo à economia processual e à razoável duração do processo; por outro lado, (ii) se a diligência for útil, e se confirmar ou não a alegação do Recorrente, haverá prejuízo à versão contrariada pelo resultado probatório, só que antes de ser produzida apenas não se antevê qual das versões será prejudicada pela diligência.

O prejuízo se dá, primeiramente, ao próprio direito que tem a parte de confirmar suas hipóteses, de cumprir seu ônus probatório, pois o efetivo resultado da produção probatória será contraposto às versões fáticas apresentadas pelas partes e, se útil, impactará a carga probatória! O prejuízo à parte é a sobrecarga ao seu ônus probatório pela atividade instrutória do próprio juiz, e não da parte adversa.

Além disso, é clara a impossibilidade de comprovar um prejuízo futuro. Possível é somente antever o resultado da produção probatória, seja pelos advogados das partes ou pelo magistrado que atua oficiosamente. Ainda que se justificasse a conduta judicial pelo comprometimento do juiz com o "esclarecimento dos fatos" ou "com o escopo objetivo de obter conhecimentos relevantes e úteis para a apuração da verdade",[148] como se demonstrará qual foi o móvel do comportamento

---

[147] Retirado da decisão de 2ª instância do Agravo referido.
[148] TARUFFO, Michele. Uma simples verdade. São Paulo: Marcial Pons, 2012. p. 146.

judicial: a sua preferência com relação a uma das partes ou seu comprometimento com o esclarecimento dos fatos?

Em termos ferrajolianos, a inexistência de "verificabilidade comprobatória" (possibilidade de comprovação irrefutável) da alegação de suspeição do juiz que instrui oficiosamente uma causa já justificaria expurgar do sistema a prova judicial oficiosa. Mas, além de não se conseguir confirmar objetivamente a violação à imparcialidade, os estudos conduzem para a conclusão de que o juiz pode até não saber quem o resultado da prova vai beneficiar, mas sabe quem ele quer beneficiar ao se engajar para confirmar uma hipótese.

Oportunas, então, as lições de Eduardo José da Fonseca Costa, quando conclui que o juiz que se utiliza do expediente da prova de ofício assim o faz porque acometido por uma dúvida, pois, caso contrário, sentenciaria a favor (procedência) ou contra (improcedência) o Autor. Nesta direção, o resultado da produção da prova oficiosa poderá (i) confirmar a existência do direito do Autor; (ii) confirmar a inexistência do direito do Autor; ou (iii) não confirmar a existência nem a inexistência, pelo que a dúvida permanecerá:

> Em ambas as situações, o juiz já escolheu seu favorecido, mas não pode beneficiá-lo, pois não encontra respaldo no quadro probatório oferecido pelas partes. Por isso, ele decide abandonar a equidistância e abraçar precipitadamente a causa de uma das partes, coadjuvando-a. Ele sente-se estimulado a complementar as provas para que outro resultado desponte no processo. Enfim, ele tenta forçar uma vitória que, embora esperada por ele, até então não vingou. Daí por que a assimetria de forças é manifesta. Afinal, uma parte conta consigo e com o juiz; a outra, tão apenas consigo.[149]

Tenho utilizado as conclusões de Eduardo Costa em artigos publicados na internet por meio de exemplos específicos indicando a espécie de defesa de mérito direta ou indireta e o ônus da prova. Nesse tocante, Ziel Ferreira Lopes e Lucio Delfino fazem acertada espécie de reforma nas palavras de Eduardo, sem tirar qualquer mérito por sua conclusão sobre a indiferença do juiz saber ou não o resultado da prova:

> Daí o arremate peremptório de Fonseca Costa: é indiferente se o juiz sabia ou não qual seria o resultado da prova porque, diante da incerteza sobre os fatos envolvidos, a determinação oficiosa de provas só será mesmo capaz de favorecer o autor. Ao buscar a verdade, o juiz é

---

[149] COSTA, Eduardo José da Fonseca. Algumas considerações sobre as iniciativas judiciais probatórias. In: *XIII Congresso Nacional de Direito Processual Garantista*.

mesmo incapaz de prever o resultado da prova por ele determinada, mas compreende perfeitamente a quem a atividade probatória quer (e pode) beneficiar. Concluída a instrução probatória, e permanecendo o estado de incerteza, eventual ativismo probatório está irremediavelmente a serviço da procedência.

A nosso ver, a tese ora mencionada merece sutil ajuste, o que decerto não afeta em nada sua base conclusiva. É que casos há em que a iniciativa judicial probatória funcionará em prol da improcedência. Em outros termos: o juiz vez ou outra não sabe de antemão a quem favorecerá a prova por ele determinada de ofício, mas tem ciência de que o resultado da referida prova somente tem potencial para beneficiar o réu. Não raro o juiz estará trabalhando, de forma consciente, em favor da improcedência, quando a atividade probatória, desempenhada para eliminar seu estado de dúvida, só não terá sido inútil se beneficiar o réu. Não será capaz de vaticinar o resultado da prova que determinou por iniciativa própria, mas sabe que ela somente atende a improcedência. Duas hipóteses que elucidam o que ora se defende: i) quando o réu confirma fato constitutivo do direito do autor, porém alega fato impeditivo, modificativo ou extintivo; e ii) inversão do ônus probatório, quando a prova de fato constitutivo do direito do autor é transferida para o réu.

A violação à imparcialidade conduz ao reconhecimento de sua inconstitucionalidade, afinal, é requisito da jurisdição a existência e atuação de um órgão integrante do Poder Judiciário dotado de imparcialidade.[150]

Este posicionamento não muda em se tratando da prova pericial, ao contrário do que faz João Batista Lopes, diante da complexidade da matéria fática. Por exemplo, suponha-se que, para demonstrar o cumprimento de obrigações contratuais, exiba o réu, na contestação, numerosos demonstrativos contábeis cuja compreensão escape ao conhecimento do juiz. Para o autor, "Nessa hipótese, mesmo que o réu não requeira perícia contábil, caberá ao juiz determiná-la para perfeito esclarecimento dos pontos controversos", e assim, para ele, poder-se-ia dizer que "a prova pericial deve ser produzida sempre que se mostrar necessária, haja ou não sido requerida pelas partes".[151]

Mas somos enfáticos em afirmar que, se há pontos controversos ou a serem esclarecidos, deverão as partes confirmá-los ou clareá-los consoante seus próprios interesses. A não explicitação e confirmação de suas alegações recairão na improcedência de seus pedidos, se assim

---

[150] CARNEIRO, Athos Gusmão. *Jurisdição e competência*. São Paulo: Saraiva, 2010. p. 11.
[151] BATISTA LOPES, João. Iniciativa instrutória do juiz e os arts. 130 e 333 do CPC. *Revista de Processo*, v. 716, p. 41-47, jun. 1995.

apontar o ônus da prova. Isto porque o sistema processual civil concebe o ônus da prova com relação às alegações das partes em consonância com a previsão do art. 373, I do Novo Diploma Processual (art. 333, I do CPC de 1973). Neste sentido, a apresentação de documentos sem as devidas explicações implica a não confirmação dos fatos, e, se o quanto alegado não é confirmado/provado, o juiz terá que assim considerar os fatos quando se suas conclusões na sentença. Afinal, fazer alegações e confirmá-las é tarefa das partes, não do julgador.

Nossa conclusão pode ser reforçada pelo estudo empírico das ilusões cognitivas em decisões judiciais, já apresentado. Viu-se que, em se tratando da tendência de se autoavaliarem, os psicólogos chamam de propensões egocêntricas, as pessoas tendem a supervalorizarem-se e a se autoapresentarem como superiores à média em termos de conhecimento e qualificações. Além disso, de acordo com ela, *as pessoas se engajam em buscas mentais confirmatórias por uma teoria em que elas querem acreditar*.

As conclusões da Psicologia não podem ser ignoradas ou menosprezadas. É uma tendência psicológica que o juiz valorize muito mais o resultado de uma prova por ele determinada do que daquele advindo de uma prova requerida pela parte. Esta tendência egocêntrica, por exemplo, pode ser vista em casos nos quais o juiz determina o depoimento de uma parte, acreditando que trará um resultado útil para o esclarecimento dos fatos, mas indefere o requerimento de produção de prova da parte. A conduta instrutória de um magistrado que assim age condiz com a autovalorização de suas habilidades.

Em suma, o intérprete já antevê o resultado possível de sua pesquisa, de maneira que não poderá determinar provas, ainda que adicionais, tendo em vista a impossibilidade de não possuir hipóteses acerca do resultado da prova. O juiz determina a prova de ofício numa busca mental de confirmação de uma hipótese por ele formulada.

Então, reconheça-se que a autorização para a atividade probatório de ofício coloca a possibilidade de que o juiz esteja a buscar confirmações para hipóteses que ele próprio formulou. Quando o Código prevê a prova oficiosa, está a passar a mensagem de que as decisões de mérito devem estar adequadas aos fatos ocorridos, e se poucas provas podem conferir uma probabilidade pequena, a solução encontrada será a busca por mais provas. Por isso se diz que a iniciativa judicial probatória parece esconder a irresignação do juiz quanto à improcedência por falta de provas.

Daí a necessidade do juiz com amplos poderes: não apenas para aumentar a probabilidade, mas também para igualar substancialmente as partes e equilibrar suas armas, como ocorre em ações ajuizadas por vulneráveis.

O raciocínio feito, condizente com a abordagem neoconstitucionalista, advém da ponderação entre um direito fundamental e social tutelado por um princípio e o princípio da imparcialidade. O resultado será tachar de passivo, liberal e insensível o juiz que preferir não ser parcial. No jogo de forças, acaba-se relativizando a imparcialidade judicial.

Claro que não se defende um Estado que ignore problemas sociais brasileiros, mas a desigualdade das partes terá que ser resolvida de maneira que não viole a garantia democrática de se ter um julgamento por órgão imparcial.

Como soluções parciais para estes problemas, Eduardo José da Fonseca Costa coloca "a importância do advogado dativo, do defensor público e do representante do Ministério Público: como curadores do devido processo legal, eles podem evitar que o juiz, no afã de fazer "justiça", deixe de ser imparcial".

Estas colocações negam, vejamos, a posição consolidada na doutrina brasileira de que o juiz tem não apenas o poder, como também o dever de participar ativamente da relação jurídica processual, pois como terá que solucionar o que lhe foi submetido a julgamento, o julgador precisa contar com instrumentos viabilizadores desta participação-julgamento. William Santos Ferreira e Celso Antônio Bandeira de Mello, ademais, ressaltam que melhor se designa a atividade do juiz como "deveres-poderes" para enfatizar a subordinação do poder em relação ao dever.

De outra forma, a iniciativa judicial probatória seria um dever, além de um poder, defende essa corrente, porque não poderia ser uma faculdade, vez que isto resultaria em condutas judiciais distintas: como a faculdade nega o dever, o juiz não estaria obrigado a tomá-la. Exemplifica:

> A situação fica mais clara quando comparadas duas condutas judiciais distintas para casos similares: uma em que o juiz, independentemente de iniciativa das partes, determina, por exemplo, a realização de prova pericial (caso 1) e em outro em que o juiz, pelo não requerimento de prova técnica indispensável, prolata sentença aplicando as regras de distribuição do ônus da prova (caso 2). Se é correto, como já se demonstrou, que o juiz ativo não é parcial, pois objetiva apenas o esclarecimento da questão fática para formação de seu convencimento (caso 1), por outro lado, o juiz que, por inércia, não determina a realização da prova pericial (caso 2), considerando o fato não provado e aplicando o ônus da prova, é representativo da situação em que o juiz pode ser parcial, porque, conhecendo de antemão a solução abstrata dada pela lei (art.

333, p. ex.) e quem dela se beneficiará, não exercerá seus "poderes" instrutórios e julgará o processo, em postura incompatível com a atividade judicante inspirada nos princípios trazidos nos arts. 130 e 131 do CPC. (Refere-se o autor ao CPC/73, dispositivos que encontram correspondência no CPC/15.[152]

Primeiramente, inserir a "atividade judicial probatória" na categoria de faculdade ou de dever não evitará que casos análogos sejam conduzidos de formas distintas. Isto seria crer que todos os juízes anteveem as mesmas coisas diante de casos parecidos, o que jamais poderia ser realizável. A classificação auxilia didaticamente, mas o risco de julgamentos conflitantes continua ao se considerar que a indispensabilidade é critério subjetivo em se tratando de atividade instrutória oficiosa. Ademais, data máxima vênia, é absurdo julgar incorreto o juiz que prolata sentença aplicando as regras de distribuição do ônus da prova (caso 2) quando não houve requerimento de prova técnica. Se o ônus era da parte, esta que deveria ter requerido a produção de prova, qualquer que fosse, ainda mais se indispensáveis! Neste sentido, a iniciativa judicial probatória não pode ser um dever-poder, alias, sequer é compatível com a Constituição de 1988.

Notemos: o processo judicial precisa ter como parâmetro as regras estabelecidas antes do pleito. Pela mesma razão é que se prima pelo juiz natural. Aliás, é o conhecer as regras previamente ao pleito que norteia a tomada de decisão de ingressar em juízo após calcular os riscos diante dos dados prévios e daqueles que poderão vir a ser confirmados em juízo. É inconcebível, num Estado Democrático e Constitucional de Direito, contar com a sorte de um juiz ativo (ou não), pois o objetivo da atividade judicial tem que ser garantir o procedimento com a observância da lei.

O que faz com que casos similares sejam conduzidos de formas parecidas deve depender da conduta das partes, seus requerimentos e a pró-atividade de seus procuradores, somado isto a uma mesma conjuntura legislativa e ao nunca "instruir oficioso" do juiz. A postura ativa mudará de juiz para juiz, constituindo em algo imprevisível e subjetivo, de modo que, impor sobre a magistratura um dever, não garantirá que conduzam da mesma maneira procedimentos que cuidem de fatos e direitos semelhantes, *quiçá* quando não se vislumbra uma específica sanção para seu descumprimento.

Ademais, consoante o quanto já exposto neste livro, o autor parte de uma premissa errônea para sua conclusão, qual seja, a de que

---

[152] FERREIRA, William Santos. *Princípios fundamentais da prova cível, op. cit.*, p. 244.

o juiz que determina a produção de uma prova de ofício é imparcial. É parcial porque
(i) busca confirmar uma hipótese mental por ele preconcebida;
(ii) pode estar movido pelo sentimento de favorecimento de uma das partes, como a mais vulnerável;
(iii) se o motivo determinante de sua iniciativa instrutória não for este, a impossibilidade de se adentrar no mundo intrapsíquico do juiz e saber se houve vontade de beneficiar uma das partes ou confirma uma hipótese sua subjetivamente formulada já nos coloca contra o dispositivo legal que a permite por fomentar arbitrariedades;
(iv) se o que lhe move é a verdade dos fatos ou a justiça de sua decisão, justiça e verdade não são requisitos de jurisdição, mas sim sua imparcialidade. Melhor explicando, acreditar que só há justiça quando se conhece a verdade dos fatos é ignorar o primordial: justiça e verdade não são elementos essenciais da jurisdição, mas a imparcialidade sim. Afirmar sobre o justo ou verdadeiro é avaliar opinativamente a este respeito. Os percalços pela doutrina de Ferrajoli e sua colocação da verdade fática como uma verdade histórica recaem exatamente na impossibilidade de o juiz reconstruir o passado fragmentado de um direito material controvertido num conflito, independentemente de todo o esforço que possa o juiz realizar (mesmo que não esteja de acordo com a dicotomia verdade real e verdade formal); e, por fim
(v) consoante os estudos empíricos psicológicos, as influências egocêntricas poderão levar o juiz a valorizar resultados probatórios obtidos pela determinação de provas oficiosas superestimando suas habilidades.

Disto se conclui que a jurisdição não pode proteger qualquer das partes, podendo somente a lei fazê-lo, e que é inconstitucional a determinação de produção de provas de ofício pelo juiz, posto que viola a imparcialidade judicial integrante do devido processo legal previsto constitucionalmente do artigo 5º, inciso LIV: "ninguém será privado da liberdade ou de seus bens sem o devido processo legal".

CAPÍTULO 3

A COOPERAÇÃO PROCESSUAL E O NOVO CÓDIGO DE PROCESSO CIVIL BRASILEIRO

3.1 Do processo liberal ao processo social

Em solo brasileiro, a discussão processualística atual tem abordado um terceiro modelo designado como cooperativo e que seria aquele adequado ao Estado Democrático de Direito.

Por ser apontado como um produto do esgotamento e das degenerações dos dois modelos típicos do Estado Liberal e do Estado Social, far-se-á uma breve apresentação histórica dos dois "modelos processuais" clássicos, analisando também seu desenrolar no contexto brasileiro.

O Estado Liberal, resumidamente, desincumbia-se dos domínios econômicos e sociais, abstendo-se em prol do predomínio da liberdade individual e concorrencial. Coerentemente, no processo liberal, predominava a igualdade formal dos cidadãos, a escritura[153] e o princípio do dispositivo em consonância com a imparcialidade do juiz e com o comportamento passivo deste. Ademais, neste modelo de processo, o contraditório se reduzia a uma mera bilateralidade de audiência.

---

[153] Para Mauro Cappelletti, o princípio da escritura, *"segundo o qual o juiz devia julgar apenas com base nos escritos, sem nunca entrar em contato direto (e, por conseguinte, oral) (...) Era, na realidade, a barreira, o diafragma que separa o juiz do processo e daqueles que do processo são os verdadeiros protagonistas privados"*. In CAPPELLETTI, Mauro. *O processo civil no direito comparado*. Belo Horizonte: Cultura Jurídica, 2002. p. 39-40.

Considerando este conjunto, resta clara a predominância do protagonismo processual das partes e a posição de mero espectador que possuía o juiz, mero aferidor do resultado do duelo dos litigantes.

Era assim que o liberalismo processual permitia a manipulação do processo pelas partes, o que gerou claras insatisfações e degenerações sistêmicas, resultando no seu consequente esgotamento no curso do século XIX.

Concomitantemente à percepção dos problemas que o modelo liberal de processo gerava e à progressividade das mazelas da sociedade industrial do século XIX, vieram legislações sociais e a defesa do direito como instrumento de transformação social.

Em busca da melhoria da técnica processual, no final do século XIX começou a se fortalecer o modelo de processo socializador na doutrina austro-germânica.[154] Esta mudança ganhou força a partir do delineamento do paradigma de Estado de bem-estar social.

Como não poderia deixar de ser, esta nova linha teórica defende uma maior intervenção estatal, criticando a lógica liberal de abstenção da esfera pública. Seus maiores inspiradores são Anton Menger, Franz Klein e Oskar Von Bülow.

Em síntese, Anton Menger criticava os ideais liberais, respaldando-se na conclusão de que, na luta de classes, os ricos sempre eram privilegiados ao se tomar por base a ótica da igualdade formal.[155]

Para Menger, o juiz possuía um duplo papel, quais sejam, extraprocessualmente, o de educador – pelo qual deveria o juiz instruir todo cidadão acerca do direito vigente, de modo a auxiliá-lo na defesa de seus direitos – e, endoprocessualmente, o de representante dos pobres.

Estas considerações foram decisivas para o Código Processual Civil Austríaco de Franz Klein,[156] considerada a primeira legislação tipicamente socializadora (OZPO de 1895). Franz Klein, advogado nascido em Viena, em 1854, em sua experiência profissional, observou a prática de abusos e condutas maléficas. Aliás, recebeu a *"vênia legendi"*, por um importante trabalho sobre a conduta processual maliciosa das partes.

É importante notar o que antecedeu a obra Magna deste jurista: desde o ano de 1781, vigorava o chamado Código Josefina, também chamado de Código General dos Tribunais – Allgemeine Gerichtsordnung

---

[154] THEODORO JÚNIOR, Humberto et al. *Novo CPC:* fundamentos e sistematização. Rio de Janeiro: Forense, 2015. p. 63.
[155] MENGER, Anton. *El derecho civil e lós pobres.* Atalaya: Buenos Ayres, 1947. p. 69 *apud* NUNES, Dierle José Coelho. *Processo jurisdicional democrático.* Belo Horizonte: Juruá, 2012. p. 80.
[156] NUNES, Dierle José Coelho. *Processo jurisdicional democrático.* Belo Horizonte: Juruá, 2012. p. 81.

(AGO), ou Josephinische Gerichtsordnung –, que estabelecia o procedimento civil aplicável ao Império Austro-Húngaro, implantando um sistema baseado na escritura, no sigilo e no sistema de prova legal ou tarifada.[157] Os processos tinham uma excessiva duração no tempo e ao juiz faltava poder para coordenar o processo e, por fim, era absolutamente irrelevante qualquer aspecto relacionado com a verdade, de modo que permitia o êxito da parte mais forte e com maior poder para influenciar no caso.[158]

Assim, Klein defendia uma reestruturação do papel das partes e dos juízes com acentuação da função social do processo, diverso, portanto, dos modelos reformistas liberais. Visionava no processo escopos político, social e jurídico:

(...) o juiz, na esteira do pensamento mengeriano, deveria auxiliar as partes buscando o clareamento dos requerimentos obscuros, sugerindo o preenchimento de detalhes incompletos e impedindo que o engano ou desconhecimento na sua elaboração inviabilizassem o julgamento.[159]

Por sua vez, a linha de Oskar Bulow proporcionou a autonomia do estudo do direito processual, inaugurando o "processualismo científico" no final do século XIX, já parcialmente sistematizado ainda àquele tempo por Adolf Wach.[160]

Neste sentido, ao estruturar a autonomia da ciência processual a partir do desenvolvimento da concepção de relação jurídica, concebe-se uma relação publicística lastreada primordialmente na figura do juiz. Desta maneira, as partes seriam meros colaboradores ao se buscar uma aplicação livre e subjetiva do Direito.

Conforme o exposto, é evidente que esta linha teórica idealizada e sistematizada por Menger, Klein e Bülow, entre outros, assume uma posição estatalista (socializadora), enfraquecendo o papel das partes e fortalecendo o protagonismo judicial.

---

[157] RAGONE, Álvaro J. D. Pérez. Retrato del revisionismo garantista en el proceso civil através de Klein y Wach: algunas precisiones sobre eficiencia y derechos procesales. *Revista de Processo*, v. 233, p. 241-269, 2014.
[158] RAGONE, Álvaro J. D. Pérez. *Retrato del revisionismo garantista en el proceso civil através de Klein y Wach: algunas precisiones sobre eficiencia y derechos procesales*, op. cit., p. 241-269.
[159] NUNES, Dierle José Coelho. *Processo jurisdicional democrático*, op. cit., p. 83.
[160] RAGONE, Álvaro J. D. Pérez. *Retrato del revisionismo garantista en el proceso civil através de Klein y Wach: algunas precisiones sobre eficiencia y derechos procesales*, op. cit., p. 241-269.

No Brasil, a tendência socializadora que formula o papel ativo do juiz foi implementada pelo Código de Processo Civil de 1939,[161] e construiu seus próprios contornos:

de fato, o único aspecto da socialização que se implementou no Brasil foi o de se reforçar o papel da magistratura e a credulidade de sua superioridade ao se partir de um suposto privilégio cognitivo que encontra suas bases no âmbito da teoria do processo, no pensamento de vários autores, mais notadamente, Oskar Von Bulow.[162]

O ápice do movimento socializador se deu com o Projeto Florença de Acesso à Justiça[163] (que resultou em Relatório Geral, mais conhecido simplesmente por "Acesso à Justiça", redigido por Mauro Cappelletti e Bryant Garth), momento em que ocorreram, no Brasil, reformas do processo civil brasileiro, com a introdução em nossos sistemas de algumas novidades, como a ação civil pública – além de alterações no sistema já em vigor em prol da socialização processual.[164]

Houve, no plano acadêmico, um incentivo ao estudo acerca das finalidades da jurisdição e do reforço do papel dos juízes, enquanto no plano doutrinário apareciam obras a respeito da instrumentalidade do processo e dos poderes do juiz com tendências socializadoras. No modelo reformista brasileiro, houve uma alteração das próprias ideias socializadoras (entre eles as de Dinamarco), com a colonização do Direito pelos imperativos do Mercado pelo aqui chamado neoliberalismo processual.[165]

Apostou-se na virtude de um órgão decisor para captar uma ordem concreta e homogênea de valores compartilhados pela comunidade, ou seja, para identificar os sentimentos e as vontades de todos os membros.

Deste modo, o processo se torna mero instrumento de aplicação de um ideal já predefinido e de acordo com os sentimentos da comunidade que tocam o julgador. Olvida-se, neste contexto, da estrutura

---

[161] NUNES, Dierle José Coelho. *Processo jurisdicional democrático*, op. cit., p. 98.
[162] *Ibidem*, p. 98.
[163] *Ibidem*, p. 115. Ademais, nesta mesma obra, Dierle Nunes relata que o movimento de acesso à Justiça surgiu exatamente no momento histórico em que a crise do Welfare State estava plenamente implementada pela incapacidade do Estado provedor de cumprir e aplicar as suas promessas.
[164] O Projeto Florença de Acesso à Justiça, que envolveu 23 países representados por grandes juristas nacionais, do qual decorreu o movimento pelo acesso à justiça com o desenvolvimento de ondas de reforma voltadas à assistência judiciária, à tutela efetiva dos interesses difusos e coletivos e à simplificação de procedimentos.
[165] NUNES, Dierle José Coelho. *Processo jurisdicional democrático*, op. cit., p. 155.

complexa e plural de nossa sociedade, que impossibilita a própria captação destes valores por um sujeito isolado.

Partindo da premissa de que o perfil democrático de um Estado, transportado ao contexto processual, exige a inexistência de qualquer forma de protagonismo, seja o das partes ou o do juiz, a doutrina cooperatista sustenta que tal modelo é o único adequado à Democracia brasileira.

3.2 Apresentando a cooperação/colaboração

Os movimentos reformistas iniciados no final do século XIX serviram como ponte de um processo liberal a um processo social, permitindo o fortalecimento dos poderes judiciais para regular e promover a ordem e o ritmo dos atos do processo e ofertando ao órgão judicial a iniciativa probatória oficiosa e o controle do recolhimento do material que formará o objeto de juízo sobre o mérito.

Neste século, o Novo Código de Processo Civil brasileiro instaura o denominado modelo cooperativo com raízes em Portugal e Alemanha.

A doutrina brasileira já se depara com contribuições de consideráveis estudiosos sobre o tema, como a tese de doutoramento de Daniel Mitidiero, estudioso do formalismo-valorativo de Carlos Alberto Álvaro de Oliveira; as contribuições de Dierle Nunes sobre o "Processo Jurisdicional Democrático", e o estudo de pós-doutoramento de Fredie Didier, a respeito dos "Fundamentos do princípio da cooperação no Direito Processual Civil Português".

Neste sentido, iniciar-se-á com breve exposição do pensamento de parcela da ilustre doutrina brasileira a respeito do tema.

3.2.1 A colaboração em Daniel Mitidiero

A extração do posicionamento de Daniel Mitidiero se deu pela leitura da segunda edição de sua obra "Colaboração no processo civil – pressupostos sociais, lógicos e éticos". Esta ressalva é feita porque somente a partir desta edição o autor levou em consideração produções bibliográficas ainda não acessadas quando da primeira edição de seu livro, como os textos de Lúcio Grassi, a tese de Dierle Nunes, o relatório de pós-doutoramento de Fredie Didier Júnior, a jurisprudência que progressivamente se formou a partir da ideia de colaboração no processo civil e as regras que intentam concretizá-la na Lei 13.105/2015.

Assumindo que modelos processuais civis correspondem a modelos de organização social, Daniel Mitidiero parte da ideia de formalismo processual¹⁶⁶ e relata as três soluções dadas ao problema da divisão do trabalho entre juiz e partes pelo modelo de organização política de determinada sociedade.

Então, do estudo de três modelos de organização social o autor identificou três maneiras diferentes de conceber o formalismo processual no que tange ao papel reservado aos juízes e às partes: (i) o modelo paritário; (ii) o modelo hierárquico; e (iii) o modelo colaborativo.

Neste sentido, o estudo de Mitidiero defende que o modelo de processo civil conforme as exigências do Estado Constitucional corresponde ao processo cooperativo, considerando-o como uma decorrência do formalismo – valorativo, por compreender que os deveres de colaboração do juiz para com as partes e das partes para com o juiz só podem ser identificados a partir da visão total do fenômeno processual, isto é, de seu formalismo.

Para o autor, não há processo justo sem colaboração – e este princípio assenta-se no Estado Constitucional. Espera-se deste não só abstenções como a que vigia no Estado Legislativo dos Oitocentos, mas prestações que viabilizem o alcance de todos os fins inerentes à pessoa humana; o que, em termos processuais, significa organizar um processo justo – de formalismo cooperativo – e muito especialmente idôneo para prestação de tutela jurisdicional adequada, efetiva e tempestiva aos direitos, o que repercute na posição do juiz no processo.

Então, o que é colaboração para Mitidiero? Um modelo de processo civil e um princípio.

É um modelo de processo civil que visa a organizar o papel das partes e do juiz na conformação do processo,¹⁶⁷ isto é, objetiva dar feição ao formalismo do processo, dividindo de forma equilibrada o trabalho entre todos os seus participantes.¹⁶⁸ Em síntese, baseia a cooperação processual no direito fundamental ao contraditório, mas redimensionado, para incluir o órgão jurisdicional no rol dos sujeitos do diálogo

---

[166] Daniel Mitidiero entende a expressão "formalismo do processo" no sentido de formalismo ou forma em sentido amplo, como algo que abrande "a totalidade formal do processo, compreendendo não a forma, ou as formalidades, mas especialmente a delimitação dos poderes, faculdades e deveres dos sujeitos processuais, coordenação de sua atividade, ordenação do procedimento e organização do processo, com vistas a que sejam atingidas suas finalidades primordiais", investindo-se assim na "tarefa de indicar as fronteiras para o começo e o fim do processo, circunscrever o material a ser formado, estabelecer dentro de quais limites devem cooperar e agir as pessoas atuantes no processo para o seu desenvolvimento", consoante o formalismo-valorativo de Carlos Alberto Alvaro de Oliveira.

[167] MITIDIERO, Daniel Francisco. Colaboração no processo civil como prêt-à-porter: um convite ao diálogo para Lenio Streck. *Revista de Processo*, ano 36, n. 194, abr. 2011.

[168] *Ibidem*.

processual, não mais como mero espectador do duelo travado entre os litigantes – desta forma, o processo não configuraria o modelo inquisitório nem seria conduzido pela vontade das partes.

Trata-se, então, de modelo estruturado a partir de pressupostos culturais que podem ser enfocados sob o ângulo social, lógico e ético.

Pelo ponto de vista social, o Estado não pode ter um papel de pura abstenção e cumpre com seus deveres constitucionais por meio de prestações positivas.

Pela perspectiva lógica, reconhece-se o caráter problemático do Direito, o que enfatiza a sua feição argumentativa. Ou, melhor dizendo, o Direito "deixa de ser visto como um objeto que o homem tem de conhecer para alcançar a verdade e passa a ser encarado como um problema que o jurista tem de resolver em uma atividade dialética, comunicativa, visando à obtenção do consenso".[169]

No entanto, sob o ângulo ético, o processo busca, tanto quanto possível, a verdade sob a observância da boa-fé objetiva por todos os seus sujeitos.

O autor sustenta a existência de uma nova dimensão do papel do juiz na condução do processo: o juiz do processo cooperativo é um juiz isonômico na condução do processo e assimétrico no momento da decisão das questões processuais e materiais da causa – o que, aliás, é uma colocação diferente dos demais autores que abordam o tema, como se verá.

Assim, para Daniel Mitidiero, o juiz desempenha duplo papel, pois ocupa dupla posição: paritária no diálogo e assimétrico na decisão.

Paritária no diálogo porque, embora o juiz dirija processual e materialmente o processo, ele integra o contraditório e age ativamente, mas o faz de maneira dialogal, colhendo a impressão das partes a respeito dos eventuais rumos a serem tomados no processo.

Nota-se que o órgão jurisdicional é um dos participantes do processo igualmente gravado pela necessidade de observar o contraditório ao longo de todo o procedimento. A proposta do modelo cooperativo é que o juiz dirija o processo isonomicamente, cooperando com as partes por meio dos deveres de esclarecimento, prevenção, consulta e auxílio para com os litigantes. Entretanto, destoando-se de grande parte da doutrina, afirma Mitidiero que a colaboração no processo civil não implica colaboração entre as partes. Não obstante, recorde-se que o

---

[169] MITIDIERO, Daniel Francisco. O problema da invalidade dos atos processuais no direito processual civil brasileiro contemporâneo. *Revista Ajuris*, Porto Alegre, n° 96, p. 70, dez. 2004.

artigo 6º do Novo Código de Processo Civil estabelece que "Todos os sujeitos do processo devem cooperar entre si". Todavia, no momento da decisão, há uma assimetria que advém de seu caráter obrigatório. Esta organização traria um "ponto de equilíbrio" na organização do formalismo processual, conformando-o como uma verdadeira "comunidade de trabalho"[170] entre as pessoas do juízo. Segundo Mitidiero, esta é a forma pela qual o magistrado possibilita as partes de participarem do processo, influenciando-o a respeito de suas possíveis decisões (de modo que o *iudicium* acabe sendo efetivamente um ato *trium personarum*, como se entendeu ao longo de toda a praxe do Direito comum). Por fim, além de um modelo processual, Mitidiero considera a cooperação um princípio jurídico, já que impõe um estado de coisas a ser promovido: "O fim da colaboração está em servir de elemento para a organização de um processo justo, idôneo a alcançar a decisão justa".[171]

3.2.2 O que é isto? – A cooperação processual com Lenio Streck e Lúcio Delfino

Ao contrário da doutrina de Mitidiero, Lenio Streck não considera a "cooperação" um princípio jurídico, tampouco um modelo processual:

> "A 'cooperação processual' não é um princípio; não está dotada de densidade normativa; as regras que tratam dos procedimentos processuais não adquirem espessura ontológica em face da incidência deste *standard*. Dito de outro modo, a 'cooperação processual' – nos moldes que vem sendo propalada – 'vale' tanto quanto dizer que todo processo deve ter instrumentalidade ou que o processo deve ser tempestivo ou que as partes devem ter boa-fé. Sem o caráter deontológico, o *standard* não passa de elemento que 'ornamenta' e fornece 'adereços' à argumentação. Pode funcionar no plano performativo do direito. Mas, à evidência, não como 'dever ser'".[172]

---

[170] A expressão "comunidade de trabalho" aplicada ao processo fora cunhada por Leo Rosenberg.
[171] MITIDIERO, Daniel; OLIVEIRA, Álvaro. *Curso de processo civil*. São Paulo: Atlas, 2010. v. I, p. 16.
[172] STRECK, Lenio Luiz. Um debate com (e sobre) o formalismo valorativo de Daniel Mitidiero ou "colaboração no processo civil" é um princípio? *Revista de Processo*, v. 213, p. 13-34, nov. 2012.

Por outro lado, também é contra a cooperação das partes entre si, afirmando não ser constitucional "atribuir aos contraditores o dever de colaborarem entre si a fim de perseguirem uma "verdade superior", mesmo que contrária àquilo em que acreditam e postulam em juízo, sob pena de privá-los da sua necessária liberdade para litigar.[173] Dito de outro modo, é inconcebível parte e contraparte atuarem de mãos dadas a fim de alcançarem a pacificação social por meio do processo.

Juntamente com Lúcio Delfino, Rafael Giorgio Dalla Barba e Ziel Ferreira Lopes, sugere que o Novo Código acredita no homem bom em descompasso com a realidade do Estado brasileiro. Os autores acreditam que, em realidade, sob a insígnia da cooperação, a prática processual poderá fortalecer o protagonismo judicial e incrementar ativismos e arbitrariedades, pois:

> As palavras "entre si" do artigo 6º podem servir para uma instrumentalização epistemológica do processo pelo Estado-juiz, numa ética narrativa tão penosa e desventurada que não é endossada nem mesmo por um Michelle Taruffo — entusiasta da "discricionariedade racionalizada" (= livre convencimento motivado) e do ativismo processual como método *truth acquiring* centrado no juiz.[174]

Para eles:

> Uma *comunidade de trabalho* com a finalidade de regulamentar o diálogo entre juiz e partes é algo bem diferente de inserir a todos num mesmo patamar, como se o primeiro exercesse juntamente com as últimas o contraditório, debatendo teses, argumentando e rebatendo argumentos, levando fatos (ou obrigando as partes a levá-los) para o processo, produzindo provas e contraprovas.[175]

Ressalva-se: estes estudiosos não são contra o papel de cada sujeito para a formação de um provimento, mas rechaçam absolutamente que as partes entre si cooperem: "cooperação ou colaboração não parecem mesmo ser os melhores *nomen juris* para designar o processualismo

---

[173] STRECK, Lenio et. al. Disponível em: http://www.conjur.com.br/2014-dez-23/cooperacao-processual-cpc-incompativel-constituicao. Acesso em: 08 maio 2015.
[174] *Idem. Ibidem.*
[175] STRECK, Lenio et al. Disponível em: http://www.conjur.com.br/2014-dez-23/cooperacao-processual-cpc-incompativel-constituicao. Acesso em: 08 maio 2015.

pós-liberalista e pós-socialista, ora sob recomposição paradigmática no Estado Democrático de Direito".[176]

Os autores propõem uma apropriação indevida dos que defendem a cooperação/colaboração/comparticipação e claramente apoiam a garantia de influência e de não surpresa na doutrina de Dierle Nunes, pois as partes têm direito fundamental de participar do provimento jurisdicional.

Por outro lado, questionam seriamente o redimensionamento do contraditório inserindo nele o órgão jurisdicional contrariamente à previsão do artigo 5º, inciso LIV da Constituição Federal, que somente assegura aos litigantes, em processo judicial ou administrativo, e, aos acusados em geral, o contraditório e ampla defesa, com os meios e recursos a ela inerentes, pela legislação infraconstitucional neste dito modelo cooperativo, que nele insere o órgão jurisdicional no rol dos sujeitos do diálogo processual.

Enfim, o juiz não pode intervir na defesa técnica de uma parte e dirigir o processo obrigando as partes a cooperarem, sob pena de não obterem uma decisão justa.

3.2.3 A doutrina cooperatista de Lúcio Grassi

Para Lúcio Grassi, a legitimidade da decisão judicial advém da "efetiva oportunidade dos agentes processuais participarem ativamente de sua construção. Agentes que interagem, dialogam, participam e cooperam".[177]

Utiliza-se da expressão "cooperação intersubjetiva", que significa trabalho em comum, em conjunto, de magistrados, mandatários judiciais e partes, visando à obtenção, com brevidade e eficácia, da justa composição do litígio.

Como princípio, dita cooperação intersubjetiva é uma orientação para a atividade de todos os sujeitos processuais, não só a do intérprete-aplicador, para a interpretação dos demais dispositivos legais contidos na legislação processual civil.

Então, o princípio da cooperação intersubjetiva é coparticipação dos sujeitos processuais para formação da decisão com a efetiva participação de todos, respaldando-se no "princípio da participação", constante do art. 5º, LV, da Constituição Federal.

---

[176] Idem. Ibidem.
[177] GRASSI, Lúcio. A função legitimadora do princípio da cooperação intersubjetiva no processo civil brasileiro. Revista de Processo, v. 172, p. 32-53, jun. 2009.

Por fim, Lúcio Grassi concorda com a impossibilidade de cooperação entre as partes (entre si). Para ele, a cooperação possui dois aspectos: "(a) dever das partes de cooperarem com o juízo ou tribunal; (b) dever do juízo ou tribunal de cooperar com as partes.".[178] Ou seja, não considera a cooperação entre as partes (entre si).

Neste sentido, o autor é certeiro em aproximar a cooperação com o processo social, entendendo que tem ela a finalidade de atingir um sistema de "processo social, dirigido por um juiz ativo, responsável (...) processo nitidamente com caráter publicístico e dialógico, aproximando-se do que Klein qualificou como um instituto de bem-estar social".[179]

3.2.4 O princípio da cooperação na análise de Fredie Didier Jr. e os influxos do Direito Processual Civil Português

O modelo reformista português sempre inspirou o processo brasileiro – e é inegável que a cooperação processual acabou positivada no Código de Processo Civil de 2015, por influência do direito estrangeiro.

A partir das reformas dos anos 90, o sistema português tende a afastar-se do caráter social (ou seja, de um modelo com predominância do controle judicial gerado pela degeneração do processo liberal), aproximando-se de um modelo de repartição da direção do processo entre partes e juiz, por meio da aplicação da cooperação, a partir do exemplo alemão.

Neste sentido, considerando a reconhecida importância do diploma processual civil português aos sistemas de *Civil Law*, bem como a influência da legislação portuguesa sobre o sistema brasileiro, necessário se faz analisar seu ordenamento em razão do artigo 266.º, 1, do Código de Processo Civil Português, que consagra a cooperação.

Mas, ao contrário do que pensa Lúcio Grassi, Miguel Teixeira de Sousa acredita que o princípio da cooperação constitui linha do processo civil não liberal, de cunho social, destinado a transformar o processo em uma comunidade de trabalho.[180]

O autor português aduz que o princípio da cooperação gera os poderes-deveres de (i) esclarecimento; (ii) consulta (das partes sobre

---

[178] *Ibidem*, p. 32-53.
[179] *Ibidem*, p. 32-53.
[180] SOUSA, Miguel Teixeira de. *Estudos sobre o novo processo civil*. 2. ed. Rio de Janeiro: Lumen Juris, 2006. p. 62.

os pontos fáticos e jurídicos que cercam a demanda); (iii) prevenção; e (iv) auxílio, resultantes estes de regras específicas e previstas no ordenamento que concretizam aquele princípio.

Aliás, Miguel Teixeira de Sousa divide tais regras que concretizam o princípio da cooperação em "fechadas" – que são aquelas que não deixam margem de verificação ao tribunal e cuja inobservância acarreta invalidade processual – e em "abertas" – constituídas por aquelas que dão discricionariedade ao julgador, cujas ofensas não implicam qualquer sanção.

Por sua vez, para Ana Paula Costa e Silva, a previsão legal do princípio da cooperação é a opção legislativa de estabelecer o modelo processual civil cooperativo, em que pese não admitir a eficácia direta, assumindo que "o conteúdo do princípio da cooperação será estritamente aquele que resultar da justaposição do conteúdo dos deveres em que se manifesta",[181] de modo que sempre que a lei impuser uma intervenção, deverá o tribunal assim atuar.

A respeito do dever de esclarecimento, consiste no dever de o julgador esclarecer junto às partes quanto às dúvidas que tenham sobre as suas alegações, pedidos ou posições em juízo.[182]

Claramente, possui o dever de esclarecimento um duplo sentido, já que permite ao magistrado esclarecer fatos e situações jurídicas em consonância com a premissa de máximo aproveitamento do mérito, além de viabilizar às partes a potencialidade de obter do magistrado decisões que sejam fruto do debate em contraditório, desprovidas de dúvidas e obscuridades.[183]

Quanto a este dever, observa Fredie Didier, que "parece que o dever de esclarecimento não se restringe ao dever de o órgão jurisdicional esclarecer-se junto das partes, mas também o dever de esclarecer os seus próprios pronunciamentos para as partes", e neste sentido, conclui que "o dever de motivar contém, obviamente, o dever de deixar claras as razões da decisão", não havendo, assim, "necessidade de buscar o fundamento do dever de esclarecer as decisões no princípio da cooperação, visto que ele já está muito bem delimitado no dever de motivar".[184]

---

[181] Ibidem, p. 591.
[182] SOUSA, Miguel Teixeira de. Estudos sobre o novo processo civil, op. cit., p. 65.
[183] DIDIER JR., Fredie. Fundamentos do princípio da cooperação no direito processual civil português. Coimbra: Coimbra Editora, 2010. p. 20-21.
[184] Ibidem, p. 20-21.

Há, também, o dever de consulta, pelo qual o magistrado deve consultar as partes sobre eventual questão fática ou de direito, para que possam manifestá-la, mesmo que possa ser conhecida de ofício.[185] Ainda, tem o magistrado o dever de prevenção, que, conforme os ensinamentos de Teixeira de Sousa, persiste em todas as situações nas quais o sucesso em favor do interesse de uma parte esteja em risco pelo uso inadequado do processo, devendo ser aplicado para a explicitação de pedidos pouco claros, em eventuais lacunas de fatos relevantes, para a adequação necessária do pedido à situação concreta e ainda como aconselhamento de conduta à parte.[186] Adota o autor a compreensão do dever de prevenção do Direito alemão, identificando um dever geral de prevenção.[187] Contudo, neste tocante, Ana Paula Costa e Silva lamenta não ter sido ele consagrado como cláusula geral porque previsto para determinada situação, qual seja, "a complementação ou clarificação na exposição da matéria de facto".[188] Neste sentido, mais adequado seria falar em "dever de determinar a complementação ou clarificação da exposição fática", vez que aquela constitui designação mais genérica.[189]

Diferentemente é o dever de prevenção no âmbito brasileiro. Corolário do máximo aproveitamento e da primazia do mérito, ele consiste no dever do magistrado em apontar as deficiências das postulações das partes para que possam ser supridas. É concretizado no dever de convite ao aperfeiçoamento pelas partes dos seus articulados.[190]

Por fim, existe o dever de auxílio que assegura às partes o efetivo exercício de seus direitos, faculdades, ônus ou deveres, valendo-se elas sempre da necessária providência por parte do juiz para a superação de dificuldades e obstáculos que o impeça.[191] Este dever pode ser também chamado de "dever de auxílio" e constitui o dever de o juiz auxiliar, sempre que possível, eventuais dificuldades que impeçam o exercício de direitos ou faculdades ou o cumprimento de ônus ou deveres processuais.[192]

---

[185] SOUSA, Miguel Teixeira de. *op. cit.*, p. 65-66.
[186] *Ibidem*, p. 66.
[187] DIDIER JR., Fredie. *Fundamentos do princípio da cooperação no direito processual civil português*, *op. cit.*, p. 20.
[188] Artigo 508º, 1, b, CPC português:
[189] DIDIER JR., Fredie. *Fundamentos do princípio da cooperação no direito processual civil português*, *op. cit.*, p. 20.
[190] *Ibidem*, p. 20-21.
[191] SOUSA, Miguel Teixeira de. *Estudos sobre o novo processo civil*, *op. cit.* p. 67.
[192] DIDIER JR., Fredie. *Fundamentos do princípio da cooperação no direito processual civil português*, *op. cit.*, p. 20-21.

Também de modo distinto do Código brasileiro, o sistema português prevê como ilícito processual o que melhor seria se a omissão bastasse para configuração de ilícito.[193] No que diz respeito às sanções, José Lebre de Freitas aduz que o descumprimento do dever de cooperação gera a obrigação de indenização, multa e o ônus da prova quando a violação impossibilitar eventual produção de prova pela parte prejudicada.

Imputa, ainda, duas dimensões (sentidos) ao princípio da cooperação: a dimensão material – em que o princípio da cooperação apontaria para a apuração da verdade sobre a matéria fática –, e a dimensão formal – que consiste na justa composição do litígio no menor tempo possível, sem protelações indevidas.

Esse terceiro modelo, então[194] consiste:

> Em suma, o modelo adversarial assume a forma de competição ou disputa, desenvolvendo-se como um conflito entre dois adversários diante de um órgão jurisdicional relativamente passivo, cuja principal função é a de decidir. O modelo inquisitorial (não adversarial) organiza-se como uma pesquisa oficial, sendo o órgão jurisdicional o grande protagonista do processo. No primeiro sistema, a maior parte da atividade processual é desenvolvida pelas partes; no segundo, cabe ao órgão judicial esse protagonismo. (...)Fala-se que, no modelo adversarial, prepondera o princípio dispositivo, e, no modelo inquisitorial, o princípio inquisitivo.[195]

Assume o surgimento de um princípio baseado nos princípios do devido processo legal, da boa-fé processual e do contraditório, a saber, o princípio da cooperação, que define o modo como o processo civil deve estruturar-se no Direito brasileiro.

Ao contrário de Daniel Mitidiero, para Fredie Didier não há paridade no momento da decisão, porque as partes não podem decidir com o juiz. Trata-se de função exclusivamente sua, mas a decisão judicial é fruto da atividade processual em cooperação por ser resultado

---

[193] Artigo 456, 2, c, do CPC português: 2 – *Diz-se litigante de má fé quem, com dolo ou negligência grave:c) Tiver praticado omissão grave do dever de cooperação.*

[194] A distinção do terceiro modelo, que é o cooperativo, além dos dois modelos de estruturação do processo comumente identificados pela civilização ocidental resultantes das influências do Iluminismo, quais sejam, o modelo dispositivo (também chamado pelo autor como modelo adversarial) e o modelo inquisitivo (denominado também de não adversarial). DIDIER JR, Fredie. *Os três modelos de direito processual: inquisitivo, dispositivo e cooperativo.* Disponível em: https://d24kgseos9bn1o.cloudfront.net/editorajuspodivm/arquivos/ativismo%20soltas%20fredie.pdf. Acesso em: 13 jun. 2015.

[195] *Ibidem*, p. 209.

das discussões travadas ao longo de todo o arco do procedimento. Assim, a assimetria se faz necessária porque a decisão jurisdicional é essencialmente um ato de poder, no entanto, no processo autoritário/inquisitorial, esta assimetria existe também na condução do processo, e assim, o autor afirma que assimetria, aqui, não significa que o órgão jurisdicional está em uma posição processual composta apenas por poderes processuais, distinta da posição processual das partes que é recheada de ônus e deveres.[196] Assimetria significa apenas que o órgão jurisdicional tem uma função que lhe é própria e que é conteúdo de um poder, que lhe é exclusivo.[197]

Por fim, este seria o modelo de Direito Processual Civil, que o autor considera adequado à cláusula do devido processo legal e ao regime democrático.

3.2.5 A cooperação em seu perfil coparticipativo e o contraditório como garantia de influência e de não surpresa: as contribuições de Dierle Nunes e a Escola Mineira de processo

As contribuições de Dierle Nunes e da Escola Mineira de Processo são inegáveis para a ideia de contraditório que se debate no Novo Código de Processo Civil brasileiro. Propõem um nova semântica à expressão "cooperação".

Esta doutrina prega que a estruturação de um espaço com técnicas de fomento ao debate somente pode ser efetivamente atendida sob a perspectiva democrática de Estado na qual se percebe não haver predominância de qualquer aspecto, seja público ou privado.[198] Nesta perspectiva – e em direção à efetiva democratização jurídica do processo jurisdicional – deve-se permitir o controle recíproco entre o julgador e as partes – uma responsabilidade compartilhada entre os sujeitos processuais.

Foi neste sentido que o Novo Código de Processo Civil implementou um sistema cooperativo (cooperação/coparticipação),[199] no qual todos os sujeitos processuais possuem responsabilidades na construção do provimento final por meio de uma comunicação ativa,

---

[196] Ibidem, p. 213.
[197] Ibidem, p. 213.
[198] NUNES, Dierle José Coelho. Processo jurisdicional democrático, op. cit., p. 49.
[199] Chamada pela doutrina alemã de "comunidade de trabalho". NUNES, Dierle José Coelho. Processo jurisdicional democrático. Belo Horizonte: Juruá, 2012. p. 212 et seq.

ao prever em seu artigo 6º que "Todos os sujeitos do processo devem cooperar entre si para que se obtenha, em tempo razoável, decisão de mérito justa e efetiva".

Fala-se da cooperação policentrista sob um perfil coparticipativo.[200] Aliás, o autor entende que a visão procedimental de Estado Democrático de Direito impõe uma necessária coparticipação na implementação legislativa e jurisdicional. Assume também a concepção de Elio Fazzalari[201] na teoria do processo, que problematiza:

> (...) o significado do aumento dos poderes dos juízes no processo, em face de uma aplicação forte dos princípios constitucionais, tentando verificar o modo de estabelecer contrapesos a esta atuação salvadora dos juízes que impeçam a redução do papel das partes a uma mera sujeição e o processo a mero instrumento técnico.[202]

Fazzalari inaugurou a defesa da procedimentalidade como necessária para as decisões a partir da concepção de processo como um procedimento em contraditório e não mais como uma relação jurídica processual (permissiva da subordinação entre os sujeitos processuais com predominância do papel do juiz tal como demonstrado pelo pensamento de Oskar Von Bülow).

Este estudioso buscou uma forma de legitimação decisória pelo debate e pelo procedimento que não ignora que as partes são as destinatárias do ato emanado, velando este primeiramente pelo interesse delas e apenas secundariamente pelo do Estado. Por isso não partia da jurisdição, superando, então, o estudo baseado nos institutos da ação e da jurisdição ao centralizar-se na categoria processo. Neste sentido, o processo permite que os mesmos destinatários do ato possam participar da concretização do poder por ele representado pela possibilidade de influência na formação dos provimentos proporcionada pela procedimentalidade, uma necessidade da pluralidade das sociedades

---

[200] Nunes, p. 50. A tese coparticipativa é vista em Dierle Nunes a partir de uma reconstrução historiográfica e comparatística dos sistemas processuais, apresentando as principais características e degenerações dos processos liberal e social. Na defesa de sua tese, Dierle Nunes assumiu como marco teórico no campo da teoria do processo do primeiro Fazzalari, afastando assim a adoção da teoria da relação jurídico-processual, dando ênfase ao procedimento na formação das decisões e no controle do exercício das funções estatais. Na teoria do Direito, adotou a teoria procedimental de Estado Democrático de Direito de Jurgen Habermas, "que defende uma tensão entre os argumentos liberais e sociais apontando suas inconsistências teóricas e permitindo a busca de uma legitimidade alicerçada na relação interna entre direitos fundamentais e soberania do povo". NUNES, Dierle José Coelho. *Processo jurisdicional democrático*. Belo Horizonte: Juruá, 2012. p. 51-52.
[201] O pensamento Fazzalariano foi propagado pela obra pioneira de Aroldo Plínio Gonçalves.
[202] NUNES, Dierle José Coelho. *Processo jurisdicional democrático, op. cit.*, p. 202.

complexas. Assim, o fluxo discursivo dará margem a um procedimento a partir dos princípios fundamentais do processo, e que permite refletir a respeito do aumento dos poderes dos juízes no processo, em prol de uma possibilidade de não se diminuir o papel das partes para que não fique resumido a uma mera sujeição.

Neste contexto, conclui sobre a existência de uma estrutura dialética de procedimento, ou seja, a existência do processo pelo contraditório existente na formação de um ato. Para tanto, partiu da concepção de Feliciano Benvenutti, de que o processo e o procedimento pertencem a um mesmo gênero, pois, como os atos do procedimento são pressupostos de validade e eficácia do ato final, cada provimento é necessariamente precedido de um procedimento, que deixa de ser um simples procedimento e se torna um processo quando:

> (...) um ou mais atos de um dos sujeitos (v.g. o Estado) encontram as suas razões de ser ou o seu limite em atos de outro sujeito (v.g. o particular). E quando esta razão de ser ou este limite surge ou é colocado no interesse do sujeito diverso daquele que emana o ato e que é deste o destinatário, está-se na presença não mais de um simples procedimento, mas de um processo.[203]

Todavia, se a participação das partes for pontual, não se configurará processo, mas somente mero procedimento:

> (...) processo é um procedimento do qual participam (estão habilitados a participar) também aqueles em cuja esfera jurídica o ato final é destinado a desenvolver efeitos: em contraditório e de modo que o autor do ato não possa impedir as suas atividades.[204]

A título de comparação, tendo em vista que a doutrina de Dierle Nunes e da escola mineira de processo é anti-ativista, e nesta direção, também pode ser chamada de garantista, para Adolfo Alvarado Velloso o processo é também um procedimento. Partindo do conceito de instância como o direito que tem toda pessoa ou ente de dirigir-se à autoridade para dela obter uma resposta, o objeto da instância é sempre um procedimento, enquanto o objeto do procedimento é a resolução da

---

[203] BEVENUTTI, Feliciano. Funzione amministrativa, procedimento, processo. *Rivista Trimestrale di Diritto Pubblico*, Milano, p. 118-145, 1952. *apud* NUNES, Dierle. *Processo jurisdicional democrático*. Curitiba: Juruá, 2012. p. 205.

[204] FAZZALARI, Elio. Diffusione del processo e compiti della dottina. *Rivista Trimestrale di Diritto e Procedura Civile*, n. 3, p. 873. *apud* NUNES, Dierle. *Processo jurisdicional democrático*. Curitiba: Juruá, 2012. p. 206.

autoridade. Em outras palavras, entre o instar e a resolução final existe um procedimento a ser seguido. Entre as 5 instâncias categorizadas pelo jurista argentino, uma delas é a ação processual (além da denúncia, petição, recurso ou reconsideração e queixa) que se diferencia das demais por seu caráter bilateral, já que, para cumprir a atividade, necessita da presença simultânea de três sujeitos: quem insta, quem recebe o instar e quem deve efetuar a prestação pretendida. Em síntese, o objeto da ação é obter um procedimento que, por dar-se entre três e não entre duas pessoas, receberá a denominação de processo. Destarte, para Alvarado, processo é um procedimento específico que se dá, no mínimo, entre três sujeitos, cuja causa é a necessidade de alcançar o acolhimento da pretensão contida no instar. Assim, esta teoria garantista processual coloca o foco na obtenção da decisão, que, então, será correta desde que se observe a série lógica. Ou seja, os fins não justificarão os meios, tampouco predomina a meta sobre o método.

Similarmente, na teoria de Fazzalari,[205] a participação técnica das partes na formação das decisões configura elemento estrutural e legitimante das atividades processuais.

Contudo, residem algumas diferenças entre a concepção cooperativa de Dierle Nunes e sua base doutrinária, Elio Fazzalari. Primeiramente, nesta, o prolator do provimento não integra o contraditório.[206] Além disso, esta também não demonstrou uma aplicação dinâmica dos princípios constitucionais, de maneira que a teoria fazzalariana permite, a partir da sua concepção sobre a relevância da participação técnica das partes no processo, somada às bases do constitucionalismo (contemporâneo) e da teoria do direito, o alcance de uma procedimental democratização do processo.

No campo da teoria do direito, Dierle Nunes adotou a teoria procedimental de Estado Democrático de Direito de Jürgen Habermas, que, a partir das inconsistências dos argumentos liberais e sociais, permitiram a busca de uma legitimidade baseada na relação interna entre direitos fundamentais e soberania do povo.[207]

Os procedimentalistas, como Dierle Nunes, capitaneados pela tese procedimental de Habermas, pretendem a superação da oposição entre os paradigmas liberal e social de Direito. Enquanto os liberais acreditam que as liberdades fundamentais devem prevalecer sobre a soberania popular, os comunitaristas pregam a sobreposição da

---

[205] FAZZALARI, Elio. *Diffusione del processo e compiti della dottina*, op. cit., p. 873. *apud* NUNES, Dierle. *Processo jurisdicional democrático*, op. cit., p. 206.
[206] NUNES, Dierle. *Processo jurisdicional democrático*, op. cit., p. 206.
[207] *Ibidem*, p. 52.

vontade da comunidade em relação aos direitos humanos, e numa terceira via, Habermas sustenta que autonomia privada e autonomia pública são interdependentes, de maneira que devem ser asseguradas simultaneamente.[208]

Propõem, assim, o abandono aos modelos solipsistas típicos de viés positivista ou axiológico, objetivo que poderá ser alcançado, acreditam, por uma leitura forte e dinâmica dos princípios formadores do modelo constitucional de processo a servirem como diretrizes normativas para as decisões e que geram responsabilidades a todos os sujeitos processuais, sem o protagonismo de qualquer um destes. Em termos diversos, um modelo de Democracia constitucional baseado em procedimentos que asseguram a formação democrática da opinião e da vontade, e que exige uma identidade política não mais ancorada em uma "nação de cultura", mas em uma "nação de cidadãos".

Para Habermas, uma interpretação da Constituição baseada em valores, em seu sentido teleológico, desconhece o pluralismo das democracias contemporâneas e a lógica do poder econômico e administrativo. E, neste sentido, entende que a função da justiça constitucional deve limitar-se a compreender procedimentalmente a Constituição, ou seja, a proteger o processo de criação democrática do Direito, não devendo guardar uma suposta ordem suprapositiva de valores substanciais.[209]

Então, o processo, na perspectiva coparticipativa e policêntrica, dá-se como um espaço público no qual se apresentam as condições comunicativas para que todos os envolvidos, assumindo a responsabilidade de seu papel, participem na formação de provimentos legítimos, que permitirá a clarificação discursiva das questões fáticas e jurídicas.[210]

Desta forma, o jurisdicionado, por meio do processo, expõe as razões relevantes sobre o tema a ser julgado conforme o modelo constitucional de processo e os princípios processuais constitucionais, que fixam limites de atuação e asseguram a possibilidade de participação de todos os sujeitos processuais na discussão para a formação da decisão mais adequada ao caso.

Esse é o modelo cooperativo proposto por Dierle Nunes e que entende ele ter sido adotado pelo Novo Código de Processo Civil Brasileiro, em consonância, ainda, com os deveres impostos ao

---

[208] LEITE, Roberto Basilone. Hemenêutica constitucional como processo político comunicativo: a crítica de Jürgen Habermas às concepções liberal e comunitarista. In: LOIS, Cecília Caballero (Org.). *Justiça e democracia*: entre o universalismo e o comunitarismo. São Paulo: Landy, 2005. p. 197-230.
[209] HABERMAS, J. *Direito e democracia*: entre faticidade e validade. Rio de Janeiro: Tempo Brasileiro, 1997. v. I, p. 297 *et seq.*
[210] NUNES, Dierle. *Processo jurisdicional democrático, op. cit.*, p. 211.

magistrado abordados pela doutrina de Fredie Didier: um modelo e de democratização processual que assume um perfil coparticipativo e policentrista, sob o pilar de inexistência de qualquer protagonismo, o que só poderá ocorrer pela divisão de atuação entre partes e julgador a partir de um contraditório dinâmico, como garantia de influência e de não surpresa e como princípio fundante do processo, um elemento normativo estrutural da coparticipação envolvendo todos os sujeitos processuais.

3.3 Nossas conclusões sobre dito modelo cooperativo

Vimos que a cooperação é repisada por alguns autores brasileiros com uma semântica específica. Para eles, cooperar não significa ajudar a outra parte no pleito desta, forçando-a a renunciar a interesses seus como se estivessem em um processo civil dos ursinhos carinhosos ou no caminho de um arco-íris processual. Esta seria uma tese sem nexo, afinal, só há "processo (em jurisdição contenciosa) porque há crise, conflito de interesses qualificado por uma pretensão resistida e levado à resolução pelo Poder Judiciário. Cada sujeito assume nele uma diferente função e representa um diferente interesse".[211]

Deixemos desde já consignado que "cooperação" não é, nem de longe, o melhor *nomen iuris* para se defender um modelo misto focado no contraditório como garantia de influência e de vedação da decisão surpresa.

Como se sabe, no ambiente processual prevalecem os interesses não cooperativos de todos os sujeitos processuais. O juiz mantém-se concentrado em metas impostas que envolvem o número de seus julgados, enquanto as partes atêm-se ao agir estratégico com a finalidade de obtenção de êxito.

Ou seja, é legítimo que um litigante não busque uma decisão desfavorável para si, incluindo aquela que não seria justa, tampouco colabore para que o processo seja célere, pois o próprio Estatuto da Advocacia estabelece em seu artigo 2º, §2º, que o objetivo direto da advocacia é a postulação de uma decisão favorável ao seu constituinte.[212]

Para Marcelo Pacheco Machado, cooperação "configura apenas um limite imposto ao exercício dos direitos processuais,

---

[211] MACHADO, Marcelo Pacheco. Disponível em: http://jota.info/novo-cpc-principio-da-cooperacao-e-processo-civil-do-arco-%C2%ADiris. Acesso em: 12 maio 2015.
[212] *Ibidem.*

especialmente, ao contraditório. Limite que é, no mínimo, tão velho quanto a Constituição Federal de 1988".[213]

Para Leonardo Carneiro da Cunha, a cooperação impõe deveres para todos "os intervenientes processuais, a fim de que se produza, no âmbito do processo civil, uma 'eticização' semelhante à que já se obteve no direito material, com a consagração de cláusulas gerais como as da boa-fé e do abuso de direito".[214]

Cooperação, no sentido da Lei 13.015/2015 (NCPC), designaria o fomento ao diálogo, à participação, ao debate instrutório, à formulação de teses fundamentadas contra as afirmações e provas trazidas e contra seus interesses. A colaboração das partes será uma efetiva participação na defesa de seus interesses com as melhores armas que tiverem, para influenciar a convicção do julgador a favor de seus interesses. A colaboração do juiz será utilizar seus poderes para fomentar o debate entre as partes e a participação destas. A cooperação se dá como serviço ao diálogo por seu viés democrático no qual todas as esferas de exercício do poder encontrariam um controle compartilhado, uma blindagem de mão dupla em um espaço de problematização incessante que impediria o subjetivismo e o autoritarismo judicial, de um lado, e a má-fé e a procrastinação por parte do advogado, do outro.

É interessante que no histórico legislativo do dispositivo que consagra a cooperação houve uma grande mudança. Na redação do Projeto de Lei da Câmara 8.046/2010, o dispositivo que consagra a cooperação era diferente e nele constava que "as partes têm direito de participar ativamente do processo, cooperando com o juiz". No entanto, a alteração da redação induz que a cooperação instituída inclui: (i) a cooperação das partes para com o juiz; (ii) do juiz para com as partes;e (iii) das partes entre si, ou seja, colaboração entre todos os sujeitos processuais entre si. Isto posto, deve ser afastada a compreensão de que o dispositivo voltou-se somente ao juiz, designando somente garantir-lhe subsídios para que profira decisões.

A doutrina, aliás, aponta dispositivos cooperativos/coparticipativos que já existiam no regime processual de 1973 e que foram somente otimizados. Um exemplo é a emenda da petição (*emendatio libeli*), como permissão de correção da parte autora a corrigir defeito expressamente apontado pelo juiz previamente ao indeferimento da exordial. Decorre da observância do dever de prevenção sob pena de nulidade da decisão em consideração ao máximo aproveitamento da atividade processual.

---

[213] *Ibidem*.
[214] Disponível em: http://www.leonardocarneirodacunha.com.br/artigos/o-principio-contraditorio-e-a-cooperacao-no-processo/. Acesso em: 19 jul. 2015.

Mas no artigo 321, do Novo Código, o magistrado terá que ir além ao "indicar com precisão o que deve ser corrigido ou completado".

Mas, se um dos requisitos intrínsecos para a apresentação da demanda é que seu conteúdo seja eficiente, o cumprimento deste requisito é de capital importância, pois ele é viabilizador da defesa do demandado.[215] Dito de outra forma, para cada litígio cumprir a garantia constitucional do devido processo como meio para chegar a uma solução heterocompositiva legítima e eventualmente justa, faz-se necessário que desde o próprio escrito da demanda se possibilite um adequado e pleno contraditório, dentro do marco de regras de debate que devem ser respeitadas. Para que o demandado possa efetivamente se defender, é preciso que o autor exponha inequivocamente o conteúdo de sua pretensão: 1) quem pretende; 2) de quem se pretende; 3) o que se pretende (com as exceções quando isto não é possível, claro); e 4) o porquê se pretende (sujeitos, objeto e causa da pretensão). É para isto que as leis processuais preveem os requisitos gerais (intrínsecos e extrínsecos) e os específicos da demanda.

No Direito argentino, caso tais requisitos não sejam respeitados, o demandado pode apresentar uma exceção de defeito legal no modo de propor a demanda (*excepción del defecto legal en el modo de proponer la demanda*), cujo objeto é paralisar o processo pela existência de fato impeditivo da continuação do processo. No caso destas exceções, algumas são solucionáveis pelo autor no mesmo procedimento e este pode prosseguir, enquanto outras exigem o arquivamento do procedimento autuado e o posterior ingresso do autor, com nova demanda, adequando-se aos pressupostos que regulam sua utilidade.[216]

Então, se um dos requisitos da demanda diz respeito à exposição fática, deve esta ser feita com clareza. Se o processo se dá entre as partes, então deixe que elas resolvam suas questões. Se a parte não apresentou a exceção, é porque não viu prejuízo ao seu direito de defesa. Se o viu, apresentará a exceção. A possibilidade de o magistrado imiscuir-se em problema que a parte, que é quem se defende, não entendeu que prejudica a si, é inconcebível. Assim, a imposição ao juiz do dever de apontar os defeitos ou omissões da petição inicial é revestido de caráter inquisitorial. Se o magistrado indicar com precisão o que deve ser corrigido ou completado na petição, como exigido por dito dispositivo

---

[215] VELLOSO, Adolfo Alvarado. *Accion procesal, pretensión y demanda, acumulación y eventualidad: el derecho de defensa em juicio del actor*. Paraguay: [S.n], 2014. p. 121.
[216] VELLOSO, Adolfo Alvarado. *Contestación y excepción: el derecho de defensa del demandado civil y del reo penal*. Paraguay, [S.n], 2014. p. 67.

cooperativo no NCPC, além de ultrapassar o seu papel de julgador estará auxiliando uma das partes.

Ademais, a cooperação também poderá levar ao estímulo de ativismos interpretativos como já ressalvado nesta obra. Por exemplo, no que tange à tutela provisória, parte da doutrina brasileira, como Luiz Guilherme Marinoni, tem sustentado a possibilidade de o juiz consultar a parte que poderá se beneficiar da tutela provisória, apesar do NCPC dispor sobre a necessidade de requerimento da parte para sua concessão. Neste sentido, o juiz, por um papel mais participativo condizente com o modelo cooperativo, consultaria a parte a fim de que ela manifeste expressamente se deseja ou não a sua concessão.

O antigo CPC dispunha somente da concessão de ofício da tutela cautelar (art. 797 do CPC/73: *Só em casos excepcionais, expressamente autorizados por lei, determinará o juiz medidas cautelares sem a audiência das partes.*), mas quanto à antecipação de tutela, o *caput* do art. 273 do CPC/73 não deixava espaço para dúvidas: o requerimento da parte era condição necessária ao deferimento da medida. Todavia, houve a flexibilização da norma pela doutrina e jurisprudência, vencendo o entendimento segundo o qual seria possível o deferimento *ex officio* da tutela antecipada em situações excepcionais, diante do risco iminente de perecimento do Direito, desde que dele houvesse verossimilhança.

Outro exemplo é o art. 139, VIII, que constitui mecanismo para a cognição ao prever a possibilidade de determinar, a qualquer tempo, o comparecimento pessoal das partes, para inquiri-las sobre os fatos da causa, hipótese em que não incidirá a pena de confesso. A não admissão da determinação de produção probatória oficiosa consoante a teoria processual garantista já foi abordada aqui, juntamente com toda a questão da verdade real e do juiz justiceiro. O julgador justiceiro, com toda honestidade de espírito, faz tudo o que está a seu alcance para chegar à verdade real dos fatos submetidos a julgamento. Depois de árdua busca, acredita ter alcançado a verdade, com base no que emitirá sua decisão. Assim, o que está por trás do juiz que determina o comparecimento pessoal das partes é a busca da verdade absoluta sobre o que "realmente" aconteceu até atingir a certeza de como os fatos ocorreram.[217] Foi retirado do antigo art. 342 do CPC a expressão

---

[217] "Verdade" é, aliás, palavra muito citada no Código de Processo de 2015. Por exemplo, o artigo 319, IV, prevê que "A petição inicial indicará (...): IV – as provas com que o autor pretende demonstrar a verdade dos fatos alegados"); o artigo 369 estabelece que "Todos os meios legais, bem como os moralmente legítimos, ainda que não especificados neste Código, são hábeis para provar a verdade dos fatos, em que se funda a ação ou a defesa" e o artigo 378 asserta que "Ninguém se exime do dever de colaborar com o Poder Judiciário para o descobrimento da verdade".

"de ofício".²¹⁸ Isto exposto, notemos que a cooperação é um modelo misto no qual, comparativamente com o modelo do CPC/73, ilumina a importância do contraditório para o processo.

Possui institutos que fortalecem a participação das partes, como a previsão dos negócios jurídicos processuais no art. 190 que possibilita às partes plenamente capazes estipular mudanças no procedimento para ajustá-lo às especificidades da causa e convencionar sobre os seus ônus, poderes, faculdades e deveres processuais, antes ou durante o processo que verse sobre direitos que admitam autocomposição. Por outro lado, também não se afastou de tendências socializadoras, como o dever de esclarecimento constituidor do dito princípio da cooperação, o qual cumpre dupla função nos processos alemão e italiano: a de facilitar a obtenção de elementos de convencimento e a de proporcionar uma assistência à parte débil, eventualmente suprindo uma defesa deficiente num viés assistencial cumprindo a técnica do processo com finalidade social. Veja-se, inclusive, que, com Miguel Teixeira de Sousa, o princípio da cooperação constitui linha do processo civil não liberal de cunho social, destinado a transformar o processo em uma comunidade de trabalho.²¹⁹

Observemos também que o redimensionamento do contraditório proposto pela doutrina cooperativista ultrapassa os limites semânticos fornecidos pelo art. 5º da Constituição Federal, que impõe esta garantia aos litigantes e acusados em geral. Elio Fazzalari, aliás, não inclui o prolator do provimento no contraditório, ao contrário do quanto sustentado pela doutrina mineira que nele se baseia.²²⁰

Se a intenção foi rechaçar aspectos do processo social, isto não parece ter sido conquistado pelo NCPC/15, tanto pelo histórico de alguns de seus textos, quanto porque a diferença entre o texto e a mentalidade, em solo brasileiro, faz-nos, inconscientemente, olhar o novo com os olhos do velho, e isto nos leva a conclusões iguais às que já tínhamos no sistema anterior, apesar de textos distintos. Mudamos apenas a argumentação porque continuamos com a mentalidade estatalista.

Portanto, o modelo cooperativo é um modelo misto, com aspectos privatísticos e outros publicísticos, com passagens inquisitivas e outras acusatórias. Outrossim, seria possível dizer que este modelo misto é um equilíbrio entre os extremos e, portanto, o melhor para nosso

---

²¹⁸ Art. 139. O juiz dirigirá o processo conforme as disposições deste Código, incumbindo-lhe:
VIII – determinar, a qualquer tempo, o comparecimento pessoal das partes, para inquiri-las sobre os fatos da causa, hipótese em que não incidirá a pena de confesso.
²¹⁹ SOUSA, Miguel Teixeira de. *Estudos sobre o novo processo civil*. 2. ed. Rio de Janeiro: Lumen Juris, 2006, p. 62.
²²⁰ NUNES, Dierle. *Processo jurisdicional democrático*, op. cit., p. 206.

Estado Democrático. Parece-me, contudo, que este juízo de adequação é a conclusão de um juízo valorativo sobre o que é melhor para nossa Democracia, e assim, não nos atemos a esta preocupação. Nosso foco está na adequação com os ditames constitucionais.

Ressaltamos, entretanto, que o modelo constitucional para um Estado Constitucional e Democrático de Direito é o acusatório. No entanto, é compreensível, pela história e contexto político e social de nosso País, que optemos por um modelo misto, afinal, convivemos muito bem, por exemplo, com as mudanças de partidos ideologicamente opostos por um mesmo político, o que já não se vê nos EUA entre democratas e republicanos, por exemplo.

A História brasileira demonstra que não somos um País de extremos, de posições rígidas, mas moderado, isto é, de flexibilizações e relativizações. Por exemplo, conta a História que nosso País foi o escolhido para sempre inaugurar o evento mais importante da ONU para evitar as tensões entre Estados Unidos e União Soviética, que começavam a se estranhar na famosa Guerra Fria, já que o Brasil era um país considerado neutro. É bem verdade que uma outra vertente alega que esta foi uma compensação para o fato de nosso País ter ficado de fora do Conselho de Segurança, um posto que o Itamaraty (o ministério das Relações Exteriores) ainda quer.

Entre os extremos acusatório/inquisitório, o modelo misto parece conveniente culturalmente. Aliás, um estudo pela América Latina evidencia que esta tendência é regional, não apenas nacional.

Todavia, considerando que diversos sistemas podem ser criados a partir da utilização dos principais de um sistema, é sempre necessário realizar uma filtragem constitucional.

Tendo em vista a Constituição Democrática de 1988, o princípio político fundamental que deve nortear todo processo democrático é o de que todo cidadão tem o direito de ser julgado por um juiz que não se envolva com a acusação, o que é a síntese do sistema acusatório. O juiz democrático não é aquela figura que acusa, produz prova, julga e executa – porque juiz democrático é juiz que decide. É por isso, aliás, o cuidado que precisa ter com o "princípio do livre convencimento motivado".

É por meio do processo formado pela participação dos demais interessados que se podem concretizar os direitos fundamentais, jamais fugindo para a consciência isolada de um bom e justo julgador ou para poderes instrutórios oficiosos. Não se está diante de um Estado Liberal ou Social, mas de um Estado Constitucional e Democrático de Direito.

CAPÍTULO 4

REFLEXÕES HERMENÊUTICAS

Esta obra é resultado de uma missão: conhecer a arbitrariedade na esfera judicial e entender as soluções apresentadas pela corrente garantista. Nesta estrada, esperamos ter mostrado que garantismo não se presta somente ao âmbito penal e que não existe apenas uma escola garantista.

Nesta missão antiarbitrariedade, ou melhor, contra-ativismos, deparamo-nos com lições do garantismo ferrajoliano; a força do garantismo processual alvaradiano e suas importantíssimas reflexões no campo do direito probatório; as considerações aos estudos comportamentais e empíricos apresentados por Eduardo José da Fonseca Costa e o contraditório como garantia de influência e de não surpresa tão repisado pela Escola Mineira de Processo.

Os questionamentos enfrentados nos demonstraram a relevância de uma teoria da decisão para reduzir o arbítrio e reforçar a racionalidade das decisões jurídicas. Aliás, o próprio Luigi Ferrajoli, juspositivista, reconheceu a importância da teoria da decisão trabalhada por Lenio Streck e André Karam Trindade como uma opção legítima na luta antiativista.

Vamos, então, ao tema.

4.1 Da hermenêutica jurídica clássica à filosófica

Na hermenêutica jurídica clássica, a interpretação se dá segundo uma relação sujeito-objeto, na qual o conjunto normativo é tido como algo totalmente despido de sentido e que receberá, da nossa compreensão subjetiva, determinada significação, como se esta significação fosse determinada pelo sujeito.

Neste sentido, a linguagem é um meio pelo qual o sujeito conhece o sentido dos textos – o intérprete só revela o sentido do texto. A interpretação é ato de conhecimento "e toda preocupação está voltada para que seja garantida a objetividade da interpretação ou um caráter de neutralidade do intérprete em relação à lei (ou à vontade do legislador)".[221] Isto é visto na teoria ferrajoliana.

O sujeito se põe frente ao objeto, passivamente, para apreender a realidade. E, para esta apreensão, são necessários métodos que condicionam a atividade do sujeito perante o texto – nela, é inconcebível que o sujeito venha a ocupar os dois polos da relação (por isso chamamos de esquema sujeito-sujeito). Busca-se, assim: (i) a pretensão de totalidade de apreensão de sentidos do texto; e (ii) a possibilidade de métodos que garantam a objetividade do sentido do texto atribuído por seu autor, como os conhecidos gramatical, lógico, sistemático, histórico e teleológico[222] (este preconiza que a interpretação deve ser realizada tendo em vista a *ratio legis* ou *intentio legis* – isto é, conforme a intenção da lei, buscando-se entender a finalidade para a qual a norma foi editada; a razão de ser da norma).

Ocorre que a noção de círculo hermenêutico (no interior do qual o intérprete fala o ser na medida em que o ser se diz a ele, e onde a compreensão e explicitação do ser já exigem uma pré-compreensão) trabalhada na hermenêutica jurídica filosófica incompatibiliza a autonomia de tais métodos de interpretação e/ou seu desenvolvimento em partes e/ou fases. Neste sentido, se não existe um método dos métodos, será arbitrário e, portanto, autoritário e voluntarista o uso de um deles. Além disso:

> (...) toda interpretação sempre será gramatical (porque, à evidência, deve partir de um texto jurídico); será inexoravelmente teleológica (seria viável pensar em uma interpretação que não fosse voltada à finalidade da lei, com a consequente violação à firme determinação do art. 5º da Lei de Introdução ao Código Civil, que determina que o juiz, na aplicação da lei, atenderá aos fins sociais a que ela se destina e às exigências do bem comum?); será, obrigatoriamente, sistemática (porque é impossível conceber que um texto normativo represente a si mesmo, sem se relacionar com o todo) (...).[223]

---

[221] ABBOUD, Georges. *Introdução à teoria e à filosofia do direito*, op. cit., p. 395.
[222] "Posteriormente, Jhering – para muitos o fundador intelectual da chamada jurisprudência dos interesses – introduz o método teleológico, tão caro à instrumentalidade do processo" *Ibidem*, p. 394.
[223] STRECK, Lenio Luiz. *Hermenêutica jurídica e(m) crise*: uma exploração hermenêutica da construção do Direito. 11. ed., p. 285.

Há na hermenêutica jurídica clássica uma separação entre interpretação e aplicação do Direito, o que leva ao entendimento de que a interpretação é ato de conhecimento, do qual (se espera que) o sujeito reproduzirá o sentido exato extraído do texto legal.

Ademais, a hermenêutica jurídica clássica objetifica a Constituição ao promover sua interpretação de uma forma distinta daquela atinente aos preceitos infraconstitucionais. Contrariamente, Lenio Streck não concebe a possibilidade de falar de uma hermenêutica especificamente constitucional, porque esta não pode ser regionalizada depois de a Filosofia ter percebido a impossibilidade de se chegar diretamente aos objetos, isto é, pós-giro linguístico ou reviravolta linguística.

Lenio Streck refere-se, ainda, a um giro ontológico-linguístico, pois, além do problema da linguagem, faz remissão ao deslocamento da questão ontológica para um plano concreto e fático legado por Heidegger à Filosofia no âmbito da hermenêutica filosófica. Este giro ontológico supera a ontologia da coisa pela ontologia da compreensão, a partir do deslocamento do ser humano para o interior da problemática ontológica.[224] O acesso se dá pela linguagem, já que "temos acesso às coisas e chegamos a conhecê-las porque temos palavras para mencioná-las".[225]

Na mesma direção, Hans-Georg Gadamer, aluno de Heidegger, atravessou todo o século XX (1900-2002) e teve por objetivo demonstrar o estado da arte em que se encontrava a hermenêutica neste século, propondo um modelo de hermenêutica filosófica. Gadamer critica (i) a crença na racionalidade, (ii) a aposta no método como forma de chegar à verdade, (iii) a radical reação iluminista à tradição e aos preconceitos (concebidos sempre negativamente), e (iv) à separação entre sujeito e objeto – que é conhecido pelo sujeito cognoscente, concebendo a compreensão a partir dos juízos que já estão historicamente no próprio intérprete, jamais o afastando da tradição e da moralidade na qual se encontra mergulhada, a todo momento e lugar.

---

[224] Heidegger denominou de Metafísica a tradição anterior, apontando ter investigado o ente algo que seria do ser, pensado o ente ao invés do ser, ou seja, relegado a um plano ôntico algo ontológico. Pontua que a metafísica não pensou o vínculo necessário entre homem e ser (Dasein). Ela pensava a ontologia fora do homem, pois era uma ontologia do objeto, da coisa, do ente, e não dirigia-se ao ser. Heidegger coloca o homem dentro da ontologia (ontologia da compreensão) designando-a de ontologia fundamental, que recebe a forma de uma analítica existencial, e que possibilita todas as demais ontologias por compreender o ente que compreende o ser e se compreende. Cf. *Hermenêutica Jurídica e(m) crise*: uma exploração hermenêutica da construção do direito. 8. ed. Porto Alegre: Livraria do Advogado, 2009. Cap. 10-11.

[225] ABBOUD, Georges. *Introdução à teoria e à filosofia do direito, op. cit.*, p. 403.

Como foi aluno de Martin Heidegger, sofreu enorme influência de seu professor, tanto que, em sua obra, "Verdade e Método", destina um item à análise da descoberta heideggeriana sobre a estrutura prévia da compreensão e apresenta a descrição heideggeriana do círculo hermenêutico, noção acima mencionada. Para Gadamer, é em consideração à historicidade e à temporalidade que Heidegger constrói a estrutura prévia e circular da compreensão a partir da análise da atividade de todo compreender, generalizadamente.

Como Heidegger e Gadamer se preocupavam com a arbitrariedade na compreensão, "toda interpretação correta tem que se proteger da arbitrariedade de intuições repentinas e da estreiteza dos hábitos de pensar imperceptíveis e voltar seu olhar para 'as coisas elas mesmas'".[226] A noção heideggeriana da coisa mesma aparece em Gadamer no sentido de que a coisa já antecipa o seu sentido.[227]

Obviamente, o afastamento das opiniões prévias indevidas ou dos mal-entendidos é tarefa difícil. E é por isso que Gadamer sequer aceita a possibilidade de ignorar as opiniões prévias pessoais, necessárias para a compreensão. O que o autor ensina é que, para evitar o mal-entendido, deve-se abrir para a opinião do texto e colocá-la em conflito com as opiniões do próprio intérprete. Isto é: a compreensão deve "elaborar os projetos corretos e adequados às coisas, que, como projetos, são antecipações que só podem ser confirmadas nas coisas".[228]

Nessa tarefa, Gadamer concebe a "distância temporal" como elemento essencial de compreensão. A distância temporal é necessária para avaliar criticamente os prejuízos advindos da tradição e que recuperam

---

[226] GADAMER, Hans-Georg. *Verdade e método I:* traços fundamentais de uma hermenêutica filosófica. 7. ed.. Tradução Flávio Paulo Meurer. Petrópolis/ Bragança: Paulista Vozes/ Editora Universitária São Francisco, 2014. p. 355.

[227] Gadamer explica que "as coisas elas mesmas" é para os filólogos os textos com sentido que tratam, por sua vez, de coisas: "*Este deixar-se determinar assim pela própria coisa, evidentemente, não é para o intérprete uma decisão heroica, tomada de uma vez por todas, mas verdadeiramente a tarefa primeira, constante e* última. *Pois o que importa é manter a vista atenta* à *coisa através de todos os seus desvios a que se vê constantemente submetido o intérprete em virtude das ideias que lhe ocorrem.*" Ibidem, p. 355-356. Note-se, então, que a coisa mesma não significa a coisa em si, até porque a hermenêutica filosófica gadameriana não concebe a compreensão sem antecipação de sentidos, sem pré-compreensão, de modo que um prejuízo ilegítimo só se retifica quando confrontado com outra antecipação de sentido, não é confrontando com a coisa em si, perceba, mas com outra antecipação de sentido acerca da coisa mesma, o texto, por exemplo: "*Quem quiser compreender um texto, realiza sempre um projetar. Tão logo apareça um primeiro sentido no texto, o intérprete prelineia um sentido do todo. Naturalmente que o sentido somente se manifesta porque quem lê o texto lê a partir de determinadas expectativas e na perspectiva de um sentido determinado. A compreensão do que está posto no texto consiste precisamente na elaboração deste projeto prévio, que, obviamente, tem que ir sendo constantemente revisado com base no que se dá conforme se avança na penetração do sentido.*" Ibidem, p. 356.

[228] Ibidem, p. 356.

a historicidade[229] do sentido (que proporcionam a compreensão), para que não se produzam mal-entendidos.

Assim, logo que projeta um primeiro sentido do texto, este é revisado conforme o intérprete se aprofunda na própria leitura textual (círculo hermenêutico), ou seja, os sentidos produzidos pelo intérprete adquirem validade na medida em que são compatíveis com a coisa ela mesma ou com a coisa em si presente no texto. Se esta alteridade entre texto e intérprete se mostrar incompatível com a coisa em si, há a substituição dos sentidos atribuídos pelo intérprete por outros mais autênticos, e assim sucessivamente. Se não houver essa predisposição em prol dos sentidos mais autênticos, o intérprete recairá na arbitrariedade da compreensão.

Isto demonstra que a interpretação está desde sempre condicionada pelos pré-juízos e pela pré-compreensão do intérprete, decorrentes da tradição histórica na qual ele – intérprete – está linguisticamente mergulhado. Portanto, o que guia o intérprete são seus projetos de sentido que emanam do confronto de seus pré-juízos/pré-compreensão com o próprio texto. Não são métodos.

Nesse contexto, ensina Georges Abboud:

> Com Heidegger e Gadamer, então, a hermenêutica deixa de ser normativa/metodológica, constituída a partir de metafísicos esquemas dedutivos-subsuntivos em que o objeto é construído pelo *cogito* ou refletido na consciência; e passa a ser filosófica, na medida em que está estruturada na *antecipação de sentido* presente na base do círculo hermenêutico acima descrito. Desta forma, o caráter da interpretação será sempre produtivo. É impossível reproduzir um sentido. A atividade criativa/produtiva do intérprete no trabalho hermenêutico é parte inexorável do sentido da compreensão e de sua estrutura prévia.[230]

Com estas considerações a respeito da questão da pré-compreensão e da antecipação de sentido, conclui-se que a hermenêutica não pode ser método, mas sim Filosofia. A hermenêutica, com o objetivo de esclarecer as condições nas quais surge a compreensão – condições estas que não se buscam no método –, dá-las pelos preconceitos transmitidos pela tradição, diferentemente do que sugere o garantismo ferrajoliano (Direito e razão), que se baseia na crença de que o homem deveria afastar-se de suas concepções prévias e usar criteriosamente a

---

[229] A historicidade do sentido, e que não se confunde com conhecimento dos eventos do passado (historie é diferente de Geschichte, que é a história enquanto acontecer humano), refere-se ao caráter de acontecência que reveste a própria existência humana.
[230] ABBOUD, Georges. *Introdução à teoria e à filosofia do direito, op. cit.*, p. 422.

razão para atingir a verdade processual. Aliás, neste específico tocante, ele se configura como um cético absoluto.[231] Enquanto, para ele, a verdade jamais é o objetivo, porque inatingível e utópico, para Taruffo ela sempre é. Vejamos: a verdade no processo é possível, mas não é medida obrigatória.

Com Gadamer:

> (...) é certo que não existe compreensão que seja livre de todo preconceito, por mais que a vontade do nosso conhecimento tenha de estar sempre dirigida, no sentido de escapar de nossos preconceitos. No conjunto desta investigação evidencia-se que, para garantir a verdade, não basta o gênero de certeza, que o uso dos métodos científicos proporciona. Isto vale especialmente para as ciências do espírito, mas não significa, de modo algum, uma diminuição de sua cientificidade, mas, antes, a legitimação da pretensão de um significado humano especial, que elas vêm reivindicando desde antigamente. O fato de que, em seu conhecimento, opere também o ser próprio daquele que conhece, designa certamente o limite do método(...).[232]

Para este autor, a aplicação (*applicatio*) e interpretação se dão no mesmo processo. A interpretação passa a ser uma atividade criativa de atribuição de sentido, não de reprodução do sentido unívoco presente no texto normativo, ou seja, rompe com a interpretação reprodutiva. Em outras palavras, a hermenêutica jurídica filosófica encampa a interpretação da lei de cunho produtivo, como uma tarefa eminentemente criativa.

4.2 Neoconstitucionalismo e Pós-Positivismo: distinguindo-os.

O termo neoconstitucionalismo foi importado do Direito Constitucional espanhol como novo paradigma científico para estudarmos este ramo jurídico e vem sendo empregado para se referir às tentativas de explicar as transformações ocorridas no campo do Direito a partir da Segunda Guerra Mundial como as novas Constituições que passaram a positivar diversas garantias fundamentais como novos limites para a atuação do Poder Público.

---

[231] É dele a frase: "verdade objetiva ou absolutamente certa é, na realidade, uma ingenuidade epistemológica, que as doutrinas jurídicas iluministas do juízo, como aplicação mecânica da lei, compartilham com o realismo gnoseológico vulgar".
[232] GADAMER, Hans-George. *Verdade e método I, op. cit.*, p. 709.

Miguel Carbonell o utiliza para se referir: (i) a uma série de fenômenos evolutivos resultantes do paradigma do Estado Constitucional; e (ii) a uma determinada teoria do Direito que sustenta estas mudanças e/ou delas trata.²³³ A expressão designa a tradição na qual a Constituição é o topo normativo de perfil dirigente e compromissório. Nesta concepção, o Direito transforma o social por meio da concretização de direitos com assento constitucional. E assim, Francisco José Borges Motta bem expõe que "a adesão a esta corrente de pensamento exige que reconheçamos, entre outras coisas, a interlocução que se dá entre a Moral e o Direito (...) através, significativamente, da positivação dos direitos fundamentais".²³⁴

Luís Flávio Gomes, por sua vez, cita o neoconstitucionalismo como a (neo)constitucionalização do Direito, com o risco de superposição da Moral sobre o Direito vigente.²³⁵ Não adotamos, contudo, as teorias que não reconhecem a autonomia do Direito nem trabalham com a co-originariedade entre Direito, Moral e Política, apesar de se dizerem neoconstitucionalistas.

Outra coisa é o pós-positivismo: um paradigma filosófico estruturado sob a base do giro linguístico e ontológico-linguísitico²³⁶ e que possui berço na obra pioneira de Friedrich Muller²³⁷ e sua Metódica estruturante do direito cujo intento é superar as deficiências do positivismo conforme os avanços da Filosofia da linguagem e da hermenêutica.

Advertemos sobre o uso inadequado de séria e respeitada doutrina que utiliza os conceitos "neoconstitucionalismo" e "pós-positivismo" como sinônimos sem discriminação do que sejam de fato tais fenômenos, como a que afirma, com simplicidade, que neoconstitucionalismo é a fase atual do pensamento jurídico, mas que "há quem denomine esta fase de pós-positivismo, o que também não quer dizer muita coisa, a não ser o fato de que é um estágio posterior ao positivismo".²³⁸

Como já mencionado no início da obra, o positivismo exclui qualquer conteúdo transcendente ao Direito Positivo (por isso opõe-se

---

²³³ CARBONELL, Miguel. *Neoconstitucionalismo(s)*. Madrid: Trotta, 2003. p. 09-10.
²³⁴ MOTTA, Francisco José Borges. *Levando o direito a sério:* uma crítica hermenêutica ao protagonismo judicial, *op. cit.*, p. 53.
²³⁵ *Idem, apud* GOMES, Luis Flávio. Candidatos fichas-sujas: STF afasta o risco da hipermoralização do direito. *Carta Forense*, p. 11, dez. 2008.
²³⁶ ABBOUD, Georges. *Discricionariedade administrativa e judicial:* o ato administrativo e a decisão judicial, *op. cit.*, p. 85.
²³⁷ MÜLLER, Friedrich. *O novo paradigma do direito:* introdução à teoria metódica estruturante do direito. 3. ed. São Paulo: RT, 2013. n° 1, p. 10-11.
²³⁸ DIDIER JR, Fredie. *Curso de direito processual civil*. Salvador: Juspodivm, 2015. v. I, p. 43.

ao jusnaturalismo), e sustenta a separação entre Direito e Moral. Mas as teorizações positivistas oscilam em torno do seu objeto de estudo. Em síntese: se o objeto de estudo está nos códigos produzidos nos novecentos, chamamos de positivismo legalista ou exegético, ou, por Ferrajoli, paleojuspositivista; se na norma jurídica, positivismo normativista.

Já o paradigma pós-positivista possui três pontos: (i) a diferença entre texto e norma; (ii) a interpretação do direito deixa de ser ato revelador da vontade da lei ou do legislador; e (iii) a sentença deixa de ser processo silogístico.[239] Dito de outro modo, em síntese: para que se classifique uma teoria como pós-positivista, é necessário distinguir norma e texto normativo, e então, diante de uma nova concepção de norma, não mais aplicar o direito pela via do silogismo. Isto implica dizer que a norma jurídica não é prévia ao caso nem existe em abstrato, pois passa a ser concreta, produto da linguagem e da atividade interpretativa, e por isso ela é mais do que o texto, pois resulta da problematização do caso concreto, seja real ou fictício (observemos o equívoco brasileiro em entender a súmula como "norma acabada"). A norma é concreta não apenas porque produzida a cada processo individual de decisão jurídica, mas porque produto da perspectiva do intérprete em relação ao caso, real ou fictício, único e irrepetível.

Ou seja, o paradigma pós-positivista não concebe a resolução de nenhuma questão jurídica sem a intermediação da hermenêutica. Assim, a interpretação dos conceitos jurídicos precisa levar em conta toda a dimensão histórica interpretativa que está por trás de cada um de tais conceitos. Interpretar e aplicar são realizações que se dão no mesmo momento. Enfim, se não é possível admitir a solução de questões jurídicas sem concomitante atividade interpretativa, porque texto normativo e norma jurídica não se confundem – já que o primeiro é pontapé para a segunda –, a atividade do Judiciário na resolução de questões jurídicas tem que ser criativa, além de produtiva de normas, para o que o silogismo subsuntivo não funciona.

Feita esta distinção, abordaremos a seguir o paradigma pós-positivista mais detidamente.

4.3 O paradigma pós-positivista

A breve abordagem já feita sobre o pós-positivismo apresentou os aspectos essenciais do paradigma pós-positivista[240] e nos remeteu à

---

[239] ABBOUD, Georges. *Jurisdição constitucional e direitos fundamentais*. São Paulo: RT, 2011. p. 61.
[240] (i) a diferença entre texto e norma, (ii) a interpretação do Direito deixa de ser ato revelador da vontade da lei ou do legislador, e (iii) a sentença deixa de ser processo silogístico.

Friedrich Muller e sua Metódica Estruturante do direito (constando o termo já na primeira edição de seu *Juristiche Methodik* em 1971), quem teorizou um modelo para superar as deficiências do positivismo conforme os avanços da Filosofia da linguagem e da própria hermenêutica.

Aprofundando-nos em sua contribuição para nosso estudo, Friedrich Muller distinguiu norma jurídica e texto normativo por dois elementos: (i) o programa normativo, que configura os dados linguísticos do processo concretizador, ou seja, seu teor literal; e (ii) o âmbito normativo, composto pelos elementos não linguísticos, um recorte da realidade social criado pelo programa da norma como seu âmbito de regulamentação.

Notemos que a prescrição juspositivista é apenas o pontapé inicial na estruturação da norma, já que a prescrição literal, na teoria de Friedrich Muller, serve para a elaboração do programa da norma – mas esta não se resume aqui, pois a normatividade[241] (aptidão de normar) não é produzida pelo texto: "O texto determina os limites extremos das possíveis variantes em seu significado".[242] Este é apenas o caminho de entrada, muito importante, diga-se, no processo de concretização da norma.

Mais além, o âmbito normativo traz a realidade, o caso concreto e o intérprete para a produção da norma. É por isso que examina a norma jurídica numa perspectiva pós-positivista mediante a qual não existe uma cisão entre o estudo do Direito e a realidade.[243] O texto possui normatividade por ter aptidão para produzir a norma em conjunto com o caso concreto. Assim, a normatividade "significa a propriedade dinâmica da ordem jurídica de influenciar a realidade e de ser, ao mesmo tempo, influenciada e estruturada por este aspecto da realidade".[244]

---

[241] Ensina Friedrich Müller que a normatividade "*não é nenhuma qualidade (estática, dada, substancial) de textos de normas. Ela é um processo baseado no trabalho comprometido com o Estado de Direito e a Democracia. Este processo parte dos textos das normas (e dos casos jurídicos) e encontra neles os seus limites*". MÜLLER, Friedrich. *Metodologia do direito constitucional*. 4. ed. São Paulo: RT, 2011. p. 124-125.

[242] MÜLLER, Friedrich. *Postpositivismo*. Cantabria: TDG, 2008. p. 166-167. "*Não obstante o texto normativo não carregar a norma em si, obviamente que ele constitui um dos limites para as variantes interpretativas a serem alcançadas. Ou seja, não se pode considerar legítima e correta qualquer interpretação alcançada do texto normativo. Esse ponto da Teoria Estruturante é fundamental para demonstrar que a importância dada à prescrição literal busca impossibilitar que a atividade produtora da norma jurídica possa sempre ser socorrida por elementos discricionários ou arbitrários. Portanto, ainda que a norma seja diferente do texto normativo, o resultado alcançado pela atividade interpretativa deve obrigatoriamente ser comportável pelo programa normativo.*" ABBOUD, Georges, *Discricionariedade administrativa e judicial*: o ato administrativo e a decisão judicial, p. 74.

[243] *Ibidem*, p. 55.

[244] ABBOUD, Georges et al. *Introdução à teoria e à filosofia do direito, op. cit.*, p. 349.

Então, neste paradigma, norma é a interpretação conferida a um texto (enunciado), parte de um texto ou combinação de um texto, de forma que os significados jurídicos são trabalhados concomitantemente com seu uso prático. Daí que a solução das questões jurídicas, tanto pelo Judiciário quanto pela Administração Pública, produz norma, uma vez que ela não pode mais ser reduzida a uma determinação normativa mediante silogismo subsuntivo. Em outras palavras, "o texto deve ser compreendido em cada momento e em cada situação de uma maneira nova e distinta, justamente porque ele não é a norma pronta a ser aplicada ao caso concreto".[245]

Diferentemente, Robert Alexy teorizou uma diferença estrutural entre regras e princípios. Alexy filia-se à matriz teórica do racionalismo discursivo: ele divide as normas de direito fundamental entre as diretamente estatuídas pela Constituição e as que são a estas adstritas conforme o Direito, seja pela própria positivação ou pela possibilidade de desenvolvimento de uma fundamentação jurídica correta. Percebamos, então, que os dados da realidade social estão no âmbito da argumentação, não no âmbito normativo, explicando que é mais útil separar aquilo que o legislador impôs como norma e as razões do intérprete em uma determinada aplicação. Ao distinguir a norma semântica dos dados da realidade social que fornecem argumentos para sustentá-la, Alexy cinde fato e Direito, o que já não se encontra no paradigma hermenêutico filosófico.

Já Friedrich Muller, como dito, ensina que o texto determina somente os limites extremos das possíveis variantes em seu significado, e assim, a interpretação jurídica de todo o texto legal conterá a historicidade de maneira que será alterada conforme o momento histórico em que é realizada.

Ou seja, a atividade interpretativa será sempre histórica e sofrerá a interferência das pré-compreensões do intérprete, porque o texto, quando abordado, o é a partir do intérprete, do seu momento histórico, da sua realidade.

Assim, conforme Müller, a norma não é prévia e abstrata, ao contrário, é concreta e produzida perante um caso jurídico, real ou fictício:

> Neste novo paradigma, a norma deixa de ser um ente abstrato, ou seja, ela passa a inexistir *ante casum*, uma vez que não se equipara mais ao texto legal, consequentemente, a norma passa a ser constitutiva da formulação do caso concreto. Esta nova concepção de norma jurídica

---

[245] ABBOUD, Georges. *Discricionariedade administrativa e judicial:* o ato administrativo e a decisão judicial, *op. cit.*, p. 66.

demanda uma visão do Direito que abandone os dualismos irrealistas tais como norma/caso e direito/realidade, bem como o silogismo como mecanismo de aplicação do Direito.[246]

Então, parece mais correto falar em hierarquia de textos normativos, não de normas, pois estas são o resultado da interpretação. Por esta hierarquia, somente é permitido afastar-se do texto normativo infraconstitucional pelo controle de constitucionalidade, até mesmo para que se conforme a interpretação daquele para com o Texto Constitucional. Ocorre que o pensamento jurídico dominante em nosso País ainda incorre no equívoco de equiparar texto e norma. Nossos Tribunais afirmam a desnecessidade de se interpretar enunciados ditos "claros", como cláusulas contratuais ou súmulas vinculantes, por conterem uma prescrição literal e objetiva.[247] Ora, as palavras da lei não contêm um sentido em si. A teorização é que dará sentido ao texto – vem de fora. Nesta toada, o simples fato de se superar o entendimento de que direito está na lei (positivismo exegético), não faz adentrar no pós-positivismo. A constatação de que a lei não contém a resposta em si mesma é apenas a mais elementar.

A partir da distinção entre texto e norma teorizada por Friedrich Muller, Lenio Streck, numa dimensão compreensiva, tematiza-a na perspectiva da diferença ontológica no sentido heideggeriano, já que norma será o sentido do texto, o sentido do ente. Como já dito, a filosofia de Heidegger colocou o homem dentro da ontologia, que antes era uma ontologia da coisa, de essências e objetos. A filosofia heideggeriana, pretendendo responder à questão sobre o sentido do "ser", que é diferente do "ente", constitui a diferença ontológica, sobre o que Gadamer explica:

> Nenhum homem sabe no fundo o que o conceito 'o ser' designa, e, apesar disso, nós todos temos uma primeira pré-compreensão ao ouvirmos a palavra 'ser' e compreendermos que aqui o ser, que cabe a todo ente, é

---

[246] ABBOUD, Georges. *Discricionariedade administrativa e judicial:* o ato administrativo e a decisão judicial, *op. cit.*, p. 56.
[247] 1. Apelação 9173261-09.2007.8.26.0000. Relator(a): Torres de Carvalho; Comarca: São Paulo; Órgão julgador: 10ª Câmara de Direito Público; Data do julgamento: 09.03.2009; Data de registro: 06.04.2009; Outros números: 6699565000. 2. Apelação 9173261-09.2007.8.26.0000. Relator(a): Ericson Maranho; Comarca: Comarca não informada; Órgão julgador: 6ª Câmara de Direito Criminal; Data de registro: 23.03.2007; Outros números: 10001523600. 3. Apelação 9084065-67.2003.8.26.0000. Relator(a): Windor Santos; Comarca: Comarca não informada; Órgão julgador: 6ª Câmara (Extinto 1º TAC); Data do julgamento: 06.04.2004; Data de registro: 03.05.2004; Outros números: 1207881800.

elevado desde então ao nível do conceito. Com isto, ele é diferenciado de todo ente.

Entender a distinção entre texto e norma e a diferença ontológica é fundamental para dar continuidade às conclusões deste paradigma, pois:

> *Ignorar a diferença ontológica (diferença entre ente e ser) e todos seus desdobramentos é condição para diversos equívocos que ainda permeiam nossa dogmática jurídica*, merecendo destaque alguns: não compreensão da distinção entre vigência e validade; crença equivocada na possibilidade de se descobrir vontade na lei ou no legislador; ingênua crença de que ainda há silogismo; falsa suposição de que é possível decidir, depois buscar o fundamento; cisão pura entre questão de fato e questão de direito; ato de decidir é ato de vontade etc.[248] (grifos nossos)

A diferença ontológica e o círculo hermenêutico compõem fundamentalmente a fenomenologia hermenêutica: "Sabemos, então, que o homem (Ser-aí) compreende a si mesmo e compreende o ser (Círculo hermenêutico) na medida em que pergunta pelos entes em seu ser (diferença ontológica)".[249] Nesse sentido, Heidegger demonstra que se compreende para se interpretar, pois a interpretação deriva da compreensão que se tem a respeito do ser dos entes na medida em que "na interpretação procuramos manifestar onticamente aquilo que foi resultado de uma compreensão ontológica. A interpretação é o momento discursivo-argumentativo em que falamos dos entes pela compreensão que temos de seu ser",[250] contrariando o paradigma anterior, no qual primeiro se interpreta para depois compreender. Nisto reside o vínculo entre homem e ser, e uma co-originariedade entre ser e mundo, não havendo primeiro o Ser-aí e depois o mundo como uma ponte entre consciência e mundo. O Ser-aí é Ser no mundo – rompendo-se com os dualismos da tradição metafísica de consciência e mundo, palavras e coisas, conceitos e objetos etc.

É de acordo com tais considerações que se conclui que o método não funciona como elemento interpretativo, porque o que organiza o pensamento é a diferença ontológica, não uma estrutura metodológica.

Na Filosofia do conhecimento, o método é um procedimento de regras pré-definidas, uma estrutura para que o homem conheça e

---

[248] Ibidem, p. 61.
[249] Idem. Introdução à teoria e à filosofia do Direito, p. 415.
[250] Idem. Introdução à teoria e à filosofia do Direito, p. 415.

interprete textos e objetos, coisas em suas essências. Aliás, é matemático aquilo que se conhece por um método. Neste sentido, pelo método teorizado largamente por Ferrajoli, as significações jurídicas obtidas das proposições acoplam os fatos e as respectivas confirmações, levando à produção a decisão judicial. Ocorre que esta legitimação da decisão por um raciocínio dedutivo, para que seja ela menos criticável (ou seja, este racionalismo, herdado do cartesianismo, no âmbito do Direito), esconde a dimensão hermenêutica do fenômeno jurídico.

É que, quando um intérprete se depara com um texto, os fatos e as provas, não conseguirá desvincular-se de sua própria história, mesmo que queira, pois quando se acessa um objeto já se dá uma compreensão antecipadora do ser, e quando se diz que algo é, já se pretende dizer como ele é.

Não cair nestes equívocos é que faz situar uma teoria no paradigma pós-positivista.

Então, se os textos não possuem um sentido íntimo que contenha as normas prontas para aplicação, isto é, se texto e norma não se confundem, pois as normas são construídas a cada caso a ser decidido, ainda que apenas ficcionalmente, a concepção de decisão judicial como simples silogismo formulado a partir de um procedimento lógico-formal apresenta-se defasada:

> (...) um dos principais equívocos que o conceito de sentença como silogismo proporciona é a confusão entre texto normativo e norma, porque, ao se considerar a sentença como silogismo, o enunciado legislativo e a norma se confundem, uma vez que a sentença passa a ser ato meramente declarativo, e não criador do direito.[251]

Para Adolfo Alvarado Velloso, em razão do mandamento de o legislador nem sempre ser claro e completo, já que o ordenamento não prevê todas as condutas possíveis de acontecer na realidade da vida, a prática diária ensina, a seu ver, que:

> 1) *A lei se aplica como está emitida pelo Parlamento* quando o juiz encontra nela a solução que deseja aplicar ao caso concreto e, ademais, compreende cabalmente e aceita as palavras do legislador; 2) *quando o julgador entende que a norma é obscura para os fins de poder cumprir a atividade de subsunção dos fatos e provas aceitados, a interpreta em função de certas regras de hermenêutica. E, agora, a aplica*; 3) quando ao ingressar no plexo legislativo o julgador adverte que a norma é insuficiente para realizar a

---

[251] Idem. *Jurisdição constitucional e direitos fundamentais*. São Paulo: RT, 2011. p. 66.

subsunção já antes aludida, deve integrá-la a partir de sua comparação com outras normas análogas; 4) finalmente, se o julgador não decide a norma que necessita para resolver o caso judicial, *deve criá-la a partir da aplicação ao caso dos princípios gerais do Direito e, então, subsumi-lo nela* (grifos nossos).[252]

Esta transcrição merece bastante atenção: consoante os ensinamentos já expostos, apenas para situar a doutrina do autor, ele está a falar de hermenêutica como técnica de interpretação, e assim, hermenêutica clássica, não de hermenêutica filosófica, aquela que se preocupa com as condições prévias da interpretação. Note que o autor só concebe a interpretação a partir do momento em que o texto seria obscuro para o que seriam necessárias as técnicas hermenêuticas. Cinde interpretação e aplicação. A obscuridade estaria impedindo a compreensão, para o que seria necessário interpretá-la.[253]

Além disso, entende a sentença como ato de subsunção, e consequentemente, a interpretação como busca pela vontade da lei e do legislador. Ao aceitar, no item 2 transcrito, a interpretação em função de certas técnicas de hermenêutica, o autor admite que a norma interpretada pelo julgador, para que seja aplicada ao caso concreto, não é a mesma norma emitida pelo legislador. Por isso reconhece a latente subjetividade do sentenciar.[254] Parece aceitar a impossibilidade de se afastar a discricionariedade. Esta necessidade advém, como disse o autor, da obscuridade da "norma" produzida pelo Legislativo, em realidade, obscuridade do texto com o qual se depara o julgador, de maneira que é por isso que propõe a objetividade no Texto Legal e se preocupa com as semânticas.[255]

De modo diverso, contudo, a hermenêutica filosófica não fala em descobrir a norma, mas em produzir/atribuir um sentido à norma, diante da problematização de um caso concreto, de forma que a

---

[252] VELLOSO, Adolfo Alvarado. *La terminación del proceso, la sentencia judicia, las costas, op. cit.*, p. 82-83.

[253] Recorde-se passagem anterior em que o autor concebe a aplicação sem a interpretação do texto: "(...) *el juez siempre norma: ora aplicando em concreto la ley abstracta, con o sin interpretación de su texto; ora integrando la norma abstracta mediante la emisión de uma norma concreta; ora creando la norma concreta en caso de inexistencia de norma abstracta*".*Ibidem*, p. 85.

[254] Note-se: o autor, quando chega à conclusão de que a norma do julgador será diferente da norma do legislador, não está concebendo que toda interpretação é produtiva, mas sim que a norma do julgador será específica ao caso concreto, por isso diferente da do legislador, que é geral e abstrata.

[255] VELLOSO, Adolfo Alvarado. *La terminación del proceso, la sentencia judicia, las costas, op. cit.*, p. 83-85.

concepção subsuntiva produto do positivismo mecanicista é algo irreal e inconcebível num paradigma pós-positivista.

Os enunciados jurídicos, ou seja, os textos normativos, derivam, entre muitos fatores, da interpretação existencial do intérprete, de maneira que tal enunciado ou texto nunca está pronto para ser aplicado silogisticamente como solução para os casos futuros, mas apenas um elemento constitutivo da norma para a solução destes casos. "O dispositivo da sentença consistirá na norma, porque possui uma motivação e uma fundamentação, derivada da compreensão histórica e fática do intérprete".[256]

Neste sentido, se a norma não pode ser considerada como entidade abstrata, separada de um caso (seja real ou fictício), não há como ser representadora da vontade da lei ou do legislador, pois o texto nunca está pronto para ser aplicado.

O exposto dá margem à consideração de Georges Abboud, que menciona três transformações na Filosofia do século XX: o giro linguístico que leva à superação do esquema sujeito-objeto; o declínio de um modelo matemático de fundamentação; e o giro ontológico, transformando o que tradicionalmente se tinha de Hermenêutica (qual seja, a de teoria ou arte da interpretação de textos), ao tratar como objeto dela a compreensão do ser. E, assim, "aquilo que tinha um caráter ôntico, voltado para textos, assume uma dimensão ontológica visando à compreensão do ser do Ser-aí"[257] (que em Heidegger é o ser humano, em alemão *Dasein*, o único ente que existe porque compreende o ser). É que o homem compreende o ser na medida em que pergunta pelo ente, ou seja, interroga-se o ente pelo seu ser, mas, apesar de compreendê-los numa unidade, claramente restam aqui distintos na diferença ontológica. Nota-se no pensamento heideggeriano o círculo hermenêutico em que já se pressupõe uma compreensão do ser ao dizer que algo é e só se relaciona com algo quando, ao compreendê-lo, na medida em que aquele que compreende o ser, assim só o faz porque em sua própria faticidade.

Isto é, como já referido aqui, a hermenêutica desde Heidegger deixa de ser "arte da interpretação" e passa a relacionar-se com as condições prévias da interpretação de textos e de todo pensamento e atividade humana. Ela deixa de ser uma técnica interpretativa ou uma ferramenta metodológica para determinar a correta interpretação da legislação, já que, no interior deste paradigma, a linguagem deixa de

---

[256] Idem. *Discricionariedade administrativa e judicial:* o ato administrativo e a decisão judicial, *op. cit.*, p. 63.
[257] Idem. *Introdução à teoria e à filosofia do direito*, p. 413.

ser uma terceira coisa que se interpõe entre um sujeito e um objeto e passa a ser condição de possibilidade.²⁵⁸ A linguagem, constituinte e constituidora do mundo do homem, passa a ser um modo de ser daquele que compreende o Direito.²⁵⁹ Diante disto, se linguagem e compreensão estão coimplicadas, pelo que se chama de círculo hermenêutico, e se hermenêutica passa a ser um modo de ser daquele que compreende o Direito, a sentença deixa de ser um ato silogístico do sujeito que pretensamente revela a norma presente na vontade do legislador ou na vontade da lei.

Essa reviravolta linguística já mencionada, como bem sintetiza Francisco José Borges Motta:

> consiste em que a linguagem deixa, a partir da Filosofia Hermenêutica, de ser relegada a uma terceira coisa que se interpõe entre um sujeito (o intérprete) e um objeto (a realidade), para ser alçada à cimeira condição de possibilidade do nosso modo-de-ser-no-mundo; supera-se, assim, a metafísica relação cognitiva sujeito-objeto, desmistificando, consequentemente, a ideia de que a verdade possa ser produto de um procedimento cognitivo (quase sempre, um método).²⁶⁰

Em outras palavras, a reviravolta linguística significou novo paradigma para a Filosofia em que a linguagem passa de objeto da reflexão filosófica para a esfera dos fundamentos de todo pensar.²⁶¹

A doutrina aponta que a primeira metade do século XX produziu revoluções importantes para a Filosofia e para o Direito. Pautou-se: (i) o problema do conceito absoluto de verdade e sua consequente implicação no fundamento; e (ii) o problema do método para a revelação da verdade.²⁶²

O problema do fundamento tentou ser resolvido pela Filosofia no século XX com o giro linguístico. O fundamento restava apontado ou na coisa objeto do conhecimento, e que se relaciona com a verdade como produto da correspondência da coisa ao intelecto-paradigma da adequação, objetivista ou verdade correspondencial; ou no sujeito

---

[258] STRECK, Lenio Luiz. *Jurisdição constitucional e hermenêutica:* uma nova crítica do direito, *op. cit.*, p. 197.
[259] ABBOUD, Georges. *Discricionariedade administrativa e judicial:* o ato administrativo e a decisão judicial, *op. cit.*, p. 62.
[260] MOTTA, Francisco José Borges. *Levando o direito a sério:* uma crítica hermenêutica ao protagonismo judicial, *op. cit.*, p. 42.
[261] ARAÚJO DE OLIVEIRA, Manfredo. *Reviravolta linguístico-pragmática na filosofia contemporânea.* 2. ed. São Paulo: Loyola, 2001. p. 12-13.
[262] ABBOUD, Georges. *Discricionariedade administrativa e judicial:* o ato administrativo e a decisão judicial, *op. cit.*, p. 57.

cognoscente e que se relaciona com a verdade como construção subjetiva deste sujeito-paradigma subjetivista ou verdade subjetivista, e que torna impossível a noção de adequação entre a inteligência e a coisa baseada na concepção unitária da verdade agora rompida. Note-se: a questão do fundamento relaciona-se com o conceito de verdade, na medida em que admitir determinado fundamento deve estar de acordo com a opção pelo conceito de verdade de que se faz uso.

Assim, com o giro linguístico, a questão do fundamento da verdade[263] é deslocada para a linguagem, uma estrutura constituidora do mundo. Para Gadamer, a linguagem não é um dos meios pelos quais a consciência se comunica com o mundo, como um terceiro instrumento ao lado do signo e da ferramenta, em que pese que estes dois façam parte da caracterização essencial do homem. Há a percepção de que a linguagem já está em tudo que pensamos, e não como ferramenta, não como instrumento. Não é possível guardar a linguagem como se guarda um instrumento, porque jamais estamos desprovidos de linguagem[264] – e a compreensão do fenômeno jurídico não pode ignorar a análise da linguagem. Ou seja, o Direito, a partir de então, não pode ser instrumentalizado como se pudéssemos fazê-lo dizer o que queremos.

O Direito visualizado como linguagem[265] toma uma dimensão interpretativa que obriga o intérprete a levar em consideração toda a dimensão histórico-interpretativa que está por trás de cada conceito jurídico:

> Quando se diz que a Constituição deve fundamentar todas as leis e proposições jurídicas, que os princípios constitucionais devem sempre ser observados, que os direitos fundamentais são limites intransponíveis para os particulares e principalmente para o Estado, que no Estado Constitucional há obrigação de se fundamentar as decisões da

---

[263] A ausência de fundamento na Filosofia se inaugura com a subjetividade e se desenvolve como Filosofia transcendental. É através da Filosofia Transcendental que se mantém a ausência de fundamento para a verdade: ela deixará de ser adequação com o real. Na ciência, na práxis, bem como na Filosofia, verdade será construção. É por isso que se introduz, nas três áreas, o niilismo, isto é, a perda do fundamento. A verdade (formalização) nas ciências, a verdade (tecnocracia) na práxis e a verdade (transcendentalidade) na Filosofia tornam-se três áreas interligadas, pois sua fonte é a mesma: a subjetividade. (...) Neste quadro, a busca da verdade pode ser realizada somente como tarefa. Perdemos a convicção de que ela nos foi dada como um todo. Cf. ABBOUD, Georges. *Discricionariedade administrativa e judicial*: o ato administrativo e a decisão judicial, *op. cit.*, p. 57.

[264] GADAMER, Hans-Georg. *Verdade e método II*: complementos e índice, *op. cit.*, p. 174.

[265] Como Castanheira Neves ensina, "*o direito é linguagem e terá de ser considerado em tudo e por tudo como uma linguagem. O que quer seja e como quer que seja (...) propõe-se sê-lo numa linguagem*". NEVES, Antônio Castanheira. *Metodologia jurídica*: problemas fundamentais. Coimbra: Coimbra Editora, 1993. p. 90.

Administração e do Judiciário, há toda uma estrutura de sentido que se antecipa e possibilita dizê-los.[266]

Se interpretação e compreensão são concomitantes, faz-se impossível primeiro se decidir e depois se buscar o fundamento. Tal interpretação não seria autêntica, pois o intuito de uma fundamentação destas é tão somente a de preencher formalmente um dos elementos da sentença, mas não a aplicação do Direito ao caso sob uma perspectiva hermenêutica. Decidir e depois buscar o fundamento consiste em fórmula que não se coaduna com o Estado Democrático de Direito, haja vista se tratar de uma forma de maquiar verdadeira arbitrariedade, porque decidir conforme o intérprete quer e depois buscar o fundamento configura uma simples manobra para disfarçar arbitrariedades.

Por todo o exposto, repisa-se: para que uma teoria situe-se no paradigma pós-positivista, faz-se necessário: (i) diferenciar texto e norma; (ii) afastar a concepção de interpretação como revelação da vontade da lei e do legislador; e (iii) também a via silogística quando da aplicação do direito.[267]

4.4 A teoria das fontes do direito e a distinção entre princípios gerais do direito e princípios constitucionais

As considerações do tópico anterior nos levam a revisitar sucintamente o tema da teoria das fontes do Direito, diferenciando positivismo e pós-positivismo, em razão, também, do fenômeno do constitucionalismo.

Com fulcro em Castanheira Neves, podem ser considerados fontes os processos, atos ou modos constitutivos de positivação do Direito.[268]

A tradicional classificação divide as fontes do Direito em diretas – a lei e o costume –, e indiretas – a jurisprudência e a doutrina. Está alçada, perceba-se, no paradigma positivista, em que a lei é a fonte jurídica por excelência. Contudo, é preciso questionar se no atual sistema

---

[266] ABBOUD, Georges. *Discricionariedade administrativa e judicial*: o ato administrativo e a decisão judicial, *op. cit.*, p. 61.

[267] ABBOUD, Georges et al. *Introdução à teoria e à filosofia do direito*. São Paulo: Revista dos Tribunais, 2014. p. 346-353.

[268] NEVES, Antônio Castanheira. *Fontes do direito. Digesta*: escritos acerca do direito do pensamento jurídico da sua metodologia e outros. Coimbra: Coimbra Editora, 1995. v. 2, p. 53.

jurídico brasileiro esta classificação não se encontra defasada ao se considerar institutos como súmulas vinculantes e precedentes judiciais.

Castanheira Neves identificou três mudanças que afetam esta classificação: (i) a concepção do Direito, tendo em vista que o Direito não deve mais ser considerado puramente estatista (do positivismo legalista) já que, com o pós-guerra, deu-se o constitucionalismo que, além de racionalizar o poder, inseriu nos ordenamentos jurídicos os princípios constitucionais e os direitos fundamentais; (ii) a realização do Direito ao tornar-se instrumento de promoção de direitos e construção da Democracia, não podendo mais ser encarado como mera aplicação da legalidade vigente; e (iii) o sentido do sistema jurídico, já que o Direito precisa referir-se à realidade histórico-social, não mais apenas ao sistema legislativo vigente.[269]

O autor se refere à história do constitucionalismo. Enquanto o constitucionalismo nasceu como fenômeno histórico-político, cuja função consistia em limitar e racionalizar o poder político por meio da previsão de regras acerca da atividade do Estado, impondo limites ao poder soberano pela divisão de poderes (afinal o Direito Constitucional não surgiu no século XX, mas se desenvolveu por séculos visando coibir os excessos do Poder Público), no constitucionalismo democrático do século XX, a partir de Weimar, as Constituições foram além, como a Constituição Federal Brasileira de 1988, com o objetivo primordial de assegurar a existência de alguns princípios constitucionais fundamentais.

Vale relembrar, ainda, que o século XIX colheu os frutos do desenvolvimento do Estado funcionalizado por meio de uma Administração Pública, assentado no Estado Absolutista do medievo em que as funções governamentais começaram a se especificar,[270] e foi dominado pela ideia liberal de uma forma de governo constitucional e parlamentar. Entretanto, no século XX, com a transformação da ordem social, política e jurídica ocasionada pelas desastrosas consequências da Segunda Guerra Mundial, fortes práticas constitucionais direcionadas ao estabelecimento do Estado-providência modificaram parte dos modelos liberais da Europa.

O período posterior à Segunda Guerra representa uma mudança paradigmática no Direito mundial. Para superar as atrocidades nela cometidas, a revolução ensejada pelo segundo pós-guerra envolveu a concepção de um Texto Constitucional marcado pela existência de um

---

[269] Ibidem, p. 45-53.
[270] Surge a figura do funcionário e dos elementos do conceito moderno de Estado, quais sejam, povo, território e soberania.

texto compromissório, visando o bem-estar social.²⁷¹ Então, o fenômeno jurídico passou a ser visto sob a perspectiva de substancialidade/ materialidade, por meio da força normativa da Constituição, a qual condicionou materialmente a legalidade e a incorporação de novos direitos com seus respectivos meios assecuratórios.

O sentido de "lei", além do aspecto meramente formal, atinge uma dimensão material pela qual é um enunciado de caráter geral e abstrato advindo dos órgãos legislativos, com observância da Constituição, a fim de promover a igualdade dos cidadãos.

Como a complexização das estruturas constitucionais demandou uma intervenção bem mais efetiva do Poder Judiciário para dar conta deste novo modelo de Estado baseado nos direitos fundamentais (individuais e sociais), a jurisdição constitucional passou a tomar forma.²⁷²

No caso europeu, a inexistência de uma efetiva jurisdição sobre a Constituição, somada à necessidade de respeitar a hierarquia constitucional desde a Constituição de Weimar, fez dar vida aos Tribunais Constitucionais, que fundamentavam suas decisões respaldando-se na jurisprudência dos valores. Neste contexto, além do Tribunal Constitucional Federal alemão, outros excelentes exemplos de Cortes Constitucionais instituídas no segundo pós-guerra para a realização da chamada jurisdição constitucional com vistas ao controle de constitucionalidade das leis e da interpretação da Constituição, são o Tribunal Constitucional espanhol, a Corte Constitucional italiana e o Tribunal Constitucional português.

Já na Latino-América, os avanços constitucionais se deram como ruptura aos regimes ditatoriais de forma tardia. Especificamente no Brasil, o movimento constitucionalizante foi definitivamente assimilado com a promulgação da Constituição de 1988, a chamada Constituição Cidadã. Neste sentido, vejamos que a Constituição Federal brasileira, em seu artigo 5º, relaciona os direitos fundamentais, e seu §2º prevê a não exclusão de outros decorrentes do regime e dos princípios por ela estabelecidos, ou dos tratados internacionais de que a República Federativa do Brasil seja parte. E, ainda, seu §1º estabelece a aplicação imediata de tais direitos, de maneira que asseguram ao cidadão uma posição jurídica subjetiva de buscá-los junto ao Poder Público, independentemente de lei ordinária regulamentadora, deficiente ou inadequada, prevendo inclusive o mandado de injunção como garantia

---

[271] Luigi Ferrajoli. *Revista de Estudos Constitucionais*.
[272] PINHO, Ana Cláudia Bastos de. Para além do garantismo: uma proposta hermenêutica de controle da decisão penal. Porto Alegre: Livraria do advogado Editora, 2013, p. 19.

de sua aplicabilidade quando da inexistência de lei infraconstitucional que o regulamente. Trata-se da imediatez dos direitos fundamentais.

Por outro lado, a promulgação de um Texto Constitucional com o extenso rol de garantias criou um ambiente de maior procura do Judiciário em busca da efetivação das promessas não atendidas pelo Estado, isto é, a fim de concretizar o bem-estar social e as garantias previstas.[273] Contudo, as ideias neoliberais de 1990 fragilizaram o constitucionalismo dirigente, pois, com a invasão da "Análise Econômica do Direito", a esfera jurídica viu-se contaminada pelas expectativas predominantes no campo econômico, em especial por um ideal de eficiência que manipulava o critério de justiça -, o que também levou ao desprivilegio dos direitos sociais e enfraquecimento do Estado Democrático de Direito.

O cenário piora quando se verifica a tendência da tutela de direito pela via do litígio individual numa sociedade complexa – cuja produção, consumo e distribuição apresentam-se massificados – em que a pluralidade deveria ser tutelada pela via coletiva.

Então, a tradicional teoria das fontes tornou-se ultrapassada por estar assentada na quase exclusividade do dogma da lei como sua fonte máxima,[274] concepção incompatível com a evolução do constitucionalismo. É necessário adequá-la ao atual contexto jurídico, em que o Direito (não o juiz) possui a função de instrumento de proteção e de promoção dos direitos fundamentais do cidadão, bem como da igualdade. Esta adequação é imprescindível até mesmo para que seja possível concretizar os ditames do Constitucionalismo Contemporâneo, evitando decisionismos, arbitrariedades e discricionariedades interpretativas.

Juízes que jamais tiveram de lidar em demandas de tamanha complexidade, já que acostumados com demandas individuais, viram-se diante de uma Constituição recheada de princípios que apontava para uma inexorável mudança de postura. Como descreve Ana Cláudia Bastos de Pinho:

> Juízes formados na tradição positivista e acostumados a (só) decidir com base em regras de tudo ou nada, efetuando aplicações silogísticas e operando a partir de métodos tradicionais de interpretação, teriam, agora, de trabalhar com princípios e acudir em questões da mais alta relevância, envolvendo direitos e garantias fundamentais.

---

[273] Idem, p. 20.
[274] GARCÍA FIGUEROA, Alfonso. Las tensiones de uma teoria cuando se declara positivista, quiere ser crítica, pero parece neoconstitucionalista. In Garantismo – Estudios sobre el pensamiento jurídico de Luigi Ferrajoli.

E o que são princípios? Na doutrina brasileira, o termo é designado de diversas formas: como normas fundantes e nucleares de um sistema, o ponto inicial dos estudos de uma disciplina jurídica, normas de normas, normas utilizadas para colmatar lacunas, etc.

Para não cairmos no erro de utilizarmos a linguagem jurídica sem precisá-los, far-se-á uma distinção entre os princípios gerais do direito dos princípios constitucionais, pois os primeiros não podem ser considerados como sucedâneo dos outros. Não é correto trabalhar com a tese da continuidade entre princípios gerais do Direito e princípios constitucionais.[275]

A utilização dos princípios gerais do Direito remonta ao século XIX e ao ideal de completude dos sistemas codificados de Direito privado (codificação francesa e à fórmula dedutivista da pandectista alemã), nos casos das aparentes lacunas legislativas.[276]

Para Nélson Nery Júnior, os princípios gerais do Direito são "regras de conduta que norteiam o juiz na interpretação da norma, do ato ou negócio jurídico".[277]

Por sua vez, Henrique Garbellini Carnio, Rafael Tomaz de Oliveira e Georges Abboud, definem-os como "tipos argumentativos e consistem em sistematização de métodos e regras utilizadas para a solução de antinomias, em grande parte advindas da evolução do próprio Direito Privado".[278]

Diferentemente, os princípios constitucionais remontam ao final da Segunda Guerra Mundial e se associam à Constituição, com um forte elemento pragmático.

Para Castanheira Neves, princípios constitucionais "são agora princípios normativamente materiais fundamentantes da própria juridicidade, expressões normativas de 'o direito' em que o sistema jurídico cobra o seu sentido e não apenas a sua racionalidade".[279]

---

[275] STRECK, Lenio. *Verdade e consenso*, op. cit., p. 518.
[276] Sobre o tema, veja-se que "*O sistema seria sempre completo, uma vez que os princípios gerais do Direito seriam postulados racionais que estariam pressupostos pelo sistema codificado. Sua aplicação a casos particulares, além de excepcionalíssima, obedeceria ainda às regras do método dedutivo axiomático. O apelo à razão é significativo aqui porque denota, de forma expressiva, como tais "princípios gerais" representavam uma espécie de reminiscência jusnaturalista dentro do sistema positivo de Direito privado, plasmado nas codificações.*" ABBOUD, Georges et al. Introdução à teoria e à filosofia do direito. São Paulo: Revista dos Tribunais, 2014. p. 283.
[277] NERY JR., Nélson; NERY, Rosa Maria de Andrade. *Código Civil comentado*. 9. ed. São Paulo: RT, 2012. p. 230.
[278] ABBOUD, Georges et al. *Introdução à teoria e à filosofia do direito*, op. cit., p. 285.
[279] Ibidem, p. 291.

O contexto das consequências nefastas da guerra e a percepção da fragilidade do Direito em frente à política propiciaram a procura por uma solução para a qual o âmbito jurídico fez-se importante. A superação dos aspectos formais positivistas era necessária. E, então, ganhou importância o contexto material do Direito, o que implicava a afirmação de um Direito distinto da lei, ou seja, de elementos normativos além da lei, constitutivos da normatividade. Note-se: aqui se dá a perda da exclusividade da lei como fonte jurídica.

É que o discurso para superar o legalismo enfatizou os princípios como componente libertário para a interpretação do Direito, extremamente importante para a decisão dos juízes. E, neste sentido, discursos que enfatizavam os princípios para que o juiz deixasse de ser a boca da lei, revelavam a consideração a eles como sucedâneo dos princípios gerais do Direito ou como positivação dos valores da sociedade.

Neste contexto:

> Os juízes são colocados perante tarefas de indagação de métodos racionais de conhecimento de valores, a partir da problemática oferecida pelo caso que será julgado, abrindo espaço para a chamada discricionariedade judicial. A incorporação desta nova tarefa jurisdicional e inserção de dimensões valorativas no âmbito das questões jurídicas obriga a teoria do direito a analisar reflexivamente seus próprios conceitos, mormente os princípios jurídicos e o dever de motivação das decisões. Isto, por si só, começa a demonstrar o esgotamento do modo tradicional de se olhar para o Direito.[280] – (grifos nossos)

Na Alemanha, a Lei Fundamental, outorgada pelos Aliados, com a aplicação do Tribunal Constitucional Federal Alemão, leva à conhecida Jurisprudência dos Valores com argumentos axiológicos para legitimá-la em frente à sociedade alemã e em prol da demonstração de ruptura com o regime político do nazismo.

A aplicação do princípio geral do direito *tempus regit actum* envolvendo os fatos ocorridos sobre a égide do nazismo significaria dar vigência às leis nazistas num contexto já democrático. E, então, para afastar as leis nazistas, o Tribunal construiu argumentos fundados em princípios "axiológicos-materiais". Advieram disso as fundamentações "fora da lei" remetidas às cláusulas gerais, "enunciados abertos" e também "princípios".

É que o caráter aberto de textos principiológicos permitiu grande margem interpretativa, possibilitando a adequação das

---

[280] *Ibidem*, p. 291.

decisões à nova realidade histórica concreta. Caiu-se no relativismo interpretativo-decisório.

No momento em que a jurisprudência dos valores procura construir mecanismos para justificar o não relativismo dos valores e da discricionariedade do Tribunal, a ponderação teorizada por Robert Alexy será o elemento decisivo para o significado do conceito de princípio. Em sua teoria da argumentação, a mais incorporada pela doutrina e jurisprudência brasileira, o autor buscou criar um procedimento para a aplicação destas "cláusulas de abertura", a partir da crítica à jurisprudência do Tribunal Constitucional Alemão, baseado no discurso racional prático.

Todavia, devemos ter em mente que os princípios, ao invés de abrirem, fecham a interpretação.[281] Os princípios advêm da vivência da comunidade política, e, por isso, são deontológicos: "os princípios não são princípios porque a Constituição assim o diz, mas a Constituição é principiológica porque há um conjunto de princípios que conformam o paradigma constitucional, de onde exsurge o Estado Democrático de Direito".[282]

Em outras palavras, "a Constituição é considerada materialmente legítima justamente porque fez constar em seu texto toda uma carga principiológica que já se manifestou no mundo prático, no seio de nossa comum-unidade".[283]

No Direito brasileiro, os princípios gerais do Direito constam no artigo 4º da Lei de Introdução às Normas do Direito Brasileiro, juntamente com a analogia e os costumes, como critérios para solução de lacunas do ordenamento. Não se pode confundir estes princípios, reminiscentes dos Códigos dos oitocentos, em que eram chamados para atuar quando as regras não eram suficientes, com os princípios constitucionais, presentes em toda e qualquer decisão judicial hermeneuticamente correta e que não precisam estar expressos na Constituição para assumirem esse *status*, até mesmo em atenção aos direitos fundamentais numa dimensão maior do que aquela expressa pelo Texto Constitucional, no sentido aqui já atribuído, cujo caráter é deontológico e não axiológico (os princípios não são valores).

4.5 Reflexões hermenêuticas sobre princípios

A distinção entre regras e princípios reside num nível puramente semântico, não num nível pragmático-existencial ou hermenêutico.

---

[281] STRECK, Lenio Luiz. *Verdade e consenso, op. cit.*
[282] Idem. *Neoconstitucionalismo, positivismo e pós-positivismo, op. cit.*, p. 70.
[283] Idem. *Verdade e consenso, op. cit.*, p. 495-496.

Como dito, Robert Alexy teorizou uma diferença estrutural entre regras e princípios. Ele divide as normas de Direito fundamental entre as diretamente estatuídas pela Constituição e as que são a estas adstritas conforme o Direito, seja pela própria positivação ou pela possibilidade de desenvolvimento de uma fundamentação jurídica correta. Percebamos, então, que o autor coloca os dados da realidade social no âmbito da argumentação, considerando mais útil separar aquilo que o legislador impôs como norma e as razões do intérprete em uma determinada aplicação. Ao distinguir a norma semântica dos dados da realidade social que fornecem argumentos para sustentá-la, Alexy cinde fato e Direito, o que já não se encontra no paradigma hermenêutico filosófico.

Por sua vez, Ronald Dworkin – este, sim, no paradigma hermenêutico –, a partir da observação da atividade judicial, notou um componente além das regras (*rules*) que influenciavam as decisões dos tribunais: eram os princípios (*general principles of Law*). Mas seu conceito de norma não comporta enquadramento como gênero de regras e princípios, pois regras e princípios, para ele, são interpretação. O tudo ou nada na regra de Dworkin refere-se ao modo de sua justificação argumentativa, não à maneira de sua aplicação, porque o esforço argumentativo é menor quando se argumenta por regras do que quando se argumenta por princípios, já que neste tipo de argumentação se deve demonstrar a coerência com o contexto e com a integridade do Direito. Para ele, o princípio é um padrão de julgamento ligado a uma justificativa moral – lembre-se que Dworkin sustenta que Direito é um ramo da Moral e trata a teoria jurídica como parte da moral política, inserida nela, como se o argumento jurídico fosse um tipo específico de argumento moral, pois a Moral é o local de onde a interpretação jurídica retira sua origem – que deve ser aplicado na defesa do direito e que, diferentemente das regras, não determina imediatamente um comportamento, apesar de seu perfil deontológico (pretensão de eficácia), enquanto as regras retiram justificativas nos princípios que integram o Direito:

> Colocando o problema de forma mais clara, a regra não subsiste sozinha, não retira validade de si própria. Ela deve ter algum "sentido", que não é prévio, que não é fixo, que não pode ser aferido proceduralmente, chamamos princípio! (...) os princípios trazem o mundo prático de volta para o Direito (...) e nessa conjuntura, temos que, mais do que um campo de ponderação, o decantado princípio da proporcionalidade melhor servirá ao projeto democrático se for compreendido como o 'nome a ser dado à necessidade de coerência e integridade de qualquer decisão'.[284]

---

[284] MOTTA, Francisco José Borges. *Levando o direito a sério*: uma crítica hermenêutica ao protagonismo judicial. Porto Alegre: Livraria do Advogado, 2012. p. 160.

Para Dworkin, a diferença entre regra e princípio decorre do comportamento quando da argumentação num caso jurídico, tratando-se ponderar como refletir. De outro modo, para Alexy, os princípios jurídicos fornecem uma abertura do sistema que lhe outorga discricionariedade por via da ponderação (como técnica para equilibrar os valores). Por isso Francisco José Borges Motta afirma que o autor alemão acaba incorrendo em muitos resvalos que serviram já para denunciar as insuficiências do positivismo jurídico:

> Em primeiro lugar, temos de ter presente que qualquer distinção *a priori* que se faça entre regras e princípios (seja ela lógica ou estrutural, não importa) assume o risco de dar mãos com a metafísica. Principalmente se esta separação se der (como se dá em Alexy) com o escopo de distinguir a forma de solucionar casos "jurídicos" (estes também divididos em fáceis ou difíceis). Neste sentido, impressiona a naturalidade com que se afirma que alguns (ou muitos) problemas (do Direito!) podem ser resolvidos mediante "subsunção" da prescrição normativa (naturalmente abstrata) à realidade social. Essa consideração, ao reconhecer um espaço próprio para (meras) inferências lógico-dedutivas na prática do Direito, é visivelmente atrelada ao paradigma representacional (pressupõe uma espécie de naturalismo, ou seja, admite a possibilidade de explicações emergentes de raciocínio dedutivos), exatamente aquele que sustentou, filosoficamente, o "sistema de regras". Encontramos então, nesta proposição, muito mais do positivismo jurídico de Hart do que Alexy julga ter deixado para trás. (...) Apesar disso, o fato é que as teorias da argumentação (dentre elas, a desenvolvida por Alexy), enquanto projeto de superação do positivismo jurídico, não têm condições de avançar o suficiente. Há uma barreira a impedi-las, não tanto de perfil normativo (ou "jurídico", em sentido estrito), mas, antes, de cariz filosófico. Alheios à guinada linguístico-ontológica que conduz o nosso estudo, os argumentativistas seguem reféns, como vimos, do paradigma representacional (significando que não escapam da aposta ora numa espécie de suficiência ôntica da regra, receptáculo dos sentidos, ora nas condições subjetivistas privilegiadas do sujeito, que então assujeita o objeto conforme as possibilidades de sua consciência).[285]

Mas, para Dworkin, preocupado com as bases do dever judicial, princípio é um "padrão que deve ser observado, não porque vá promover ou assegurar uma situação econômica, política ou social considerada desejável, mas porque é uma exigência de justiça ou equidade ou alguma outra dimensão da moralidade".[286] Para ele, o dever do juiz

---

[285] *Ibidem*, p. 150.
[286] DWORKIN, Ronald. *O império do direito*. 2. ed. São Paulo: Martins Fontes, 2003. p. 36.

consiste em interpretar a história jurídica que encontra, como em um romance em cadeia, sendo-lhe vedado inventar uma história melhor. Desta forma, não pode o juiz romper com o passado. Trata-se das amarras do intérprete construtivo de Dworkin (também a "autoridade da tradição" de Gadamer):

> (...) trata-se, em última análise, da compreensão de algo (um texto, por exemplo) que deve levar em conta fatores históricos (como a "intenção do autor"), mas que, uma vez dirigida por um "interesse" (como a atribuição de um sentido "jurídico" ao texto) do intérprete (também ele "situado" historicamente), resultará na "construção de um "sentido" novo, mas ainda assim "fiel" ao texto (ou seja, nem por isso deixará de ser uma interpretação "correta"). Cuida-se de reconhecer a impossibilidade de reconstruir as intenções históricas, e de ainda assim, mantermo-nos fiéis à tradição à qual aderimos.[287]

Ou seja, quando Dworkin diz que o juiz deve decidir por argumentos de princípio e não de políticas, está apontando os limites no ato de aplicação judicial, para o que não importam as convicções pessoais do juiz. Importa, sim, o que passa pelo compromisso da reconstrução da história institucional do Direito e pelo momento de colocação do caso julgado dentro da cadeia da integridade do Direito de maneira que a decisão não seja uma escolha, mas uma interpretação, aquela mais adequada, de acordo com o sentido do Direito projetado pela comunidade política.

Vimos, então, as latentes diferenças de uma distinção semântica entre regras e princípios, como a de Robert Alexy, e a concepção hermenêutica, como a Ronald Dworkin.

A conclusão a que se quis chegar é que princípios não são construções dogmáticas como coisas que se colocam no texto da lei para encaixar práticas judiciais, tendo em vista a abertura de sentido causada pela principiologia. Os princípios advêm das práticas sociais, no caso brasileiro, da nossa tradição democrática.

4.6 "Questão de fato" x "questão de direito".

Castanheira Neves, em estudo dedicado especificamente ao tema, afirma que esta distinção é tão somente dogmática, e não metodológica, já que a questão de direito não pode subsistir sem a influência

---

[287] MOTTA, Francisco José Borges. *Levando o direito a sério*: uma crítica hermenêutica ao protagonismo judicial, op. cit., p. 92.

da questão de fato, pois o fato ganha relevância jurídica quando com relação a ele é que se aplica o Direito.[288] Os operadores do Direito bem sabem que, quando se pensa o fato já se visualiza, sobre ele, a matéria do Direito, e do inverso, quando pensa o Direito já o reposiciona sobre o fato.

Do ponto de vista metodológico, a separação entre questão de fato e questão de direito não se sustenta porque, para ser operacionalizado, um não prescinde do outro, ou seja, o fenômeno jurídico, "não se apresenta puramente em abstrato, ele não pode prescindir do caso concreto".[289] Em realidade, o que se quer afirmar quando se aborda o tema do julgamento antecipado da lide ou a teoria da causa madura, afirmando-se que "a matéria controvertida é unicamente de direito", é que a dilação probatória é desnecessária. Aliás, o antigo 285-A do CPC/73, que se utilizava desta expressão, foi substituído no CPC/15, no artigo que trata da improcedência liminar do pedido, pela expressão "nas causas que dispensem a fase instrutória", em que pese o artigo 976 que prevê o incidente de resolução de demandas repetitivas falar em "controvérsia sobre a mesma questão unicamente de Direito".

Ou também, como ensina Teresa Arruda Alvim Wambier,[290] o mais correto seria falar em questões que sejam predominantemente de fato e predominantemente de Direito, pois todo fenômeno jurídico tem sempre uma questão de fato e de direito, já que, de acordo com Castanheira Neves,[291] toda questão de Direito é jurídica porque juridiciza um fato, o qual somente é relevante por seus reflexos jurídicos.

Oportunas são as considerações de Luiz Guilherme Marinoni e Júlio César Goulart Lanes[292] que, em vendo a inseparabilidade entre as questões de fato e as questões de direito, concluem que o debate prévio sobre os elementos fático-jurídicos junto à ideia de inseparabilidade entre fato e norma desautoriza a motivação que empregue a máxima *iura novit curia*.

---

[288] NEVES, Antônio Castanheira. *Questão de facto:* questão de direito: ou o problema metodológico da juridicidade – ensaio de uma reposição crítica. Coimbra: Almedina, 1967. p. 55-56.
[289] ABBOUD, Georges. *Discricionariedade administrativa e judicial:* o ato administrativo e a decisão judicial, *op. cit.*, p. 80.
[290] WAMBIER, Teresa Arruda Alvim. *Distinção entre questão de fato e questão de direito para fins de cabimento de recurso especial.* Revista de Processo, v. 92, São Paulo, p. 52, 1998.
[291] NEVES, Antônio Castanheira. *Fontes de Direito. Digesta: escritos acerca do pensamento jurídico da sua metodologia e outros, op. cit.,* p. 483-522.
[292] MARINONI, Luiz Guilherme; LANES, Júlio Cesar Goulart. *Fato e direito no processo civil cooperativo.* São Paulo: Revista dos Tribunais, 2014. p. 214.

Enfim, o que ser quer registrar é que fato e direito não são independentes, muitos confundindo a desnecessidade de dilação probatória com a suposta separação entre questões fáticas e jurídicas.

4.7 Verdade e Hermenêutica

Desde já, deixa-se registrada a profunda dificuldade da doutrina brasileira em tratar do tema. É que a questão da verdade está longe de ser algo a ser tratado apenas dogmaticamente.

No âmbito da dogmática jurídica, a importância da viragem linguística para a Filosofia do século XX ainda não ganhou todo o seu prestígio. Em uma visão ligada ao processo em geral, utilizando a matriz teórica da hermenêutica filosófica e da crítica hermenêutica do Direito, ressaltamos as doutrinas de Lenio Streck, Rafael Tomaz de Oliveira, Georges Abboud, Francisco J. Borges Motta, Adalberto Hommerding e Maurício Ramires.

Primeiramente, boa parte da doutrina processual – especialmente a penal -, ainda se prende à dicotomia da busca da verdade real na esfera criminal e da verdade formal nos ramos não penais.

Para outros, o juiz deve buscar sempre a "verdade real", o que nos remete ao socialismo processual e ao protagonismo judicial, sendo traduzida como aquela capaz de recompor os fatos tais como ocorreram em prol da justiça e da certeza. Mas a expressão acabou sendo utilizada como um artifício retórico para justificar uma "verdade formal", uma verdade da consciência do julgador, que não se dá ao trabalho ou na verdade não possui os fundamentos que ele gostaria para sua decisão.

Fica clara esta conclusão especialmente diante de defesas da atividade investigativa por parte do juiz mesmo quando os fatos forem incontroversos.

(...) e ainda agora exclusivamente para o processo penal tradicional, indica *uma verdade a ser pesquisada mesmo quando os fatos forem incontroversos, com a finalidade do juiz aplicar a norma de direito material aos fatos realmente ocorridos*, para poder pacificar com justiça.[293]

Esta defesa encontra adeptos porque invoca um interesse maior, o público. Mas esconde o que realmente ocorre:

---

[293] GRINOVER, Ada Pellegrini. A iniciativa instrutória do juiz no processo penal acusatório. *Revista Forense*, v. 347, Rio de Janeiro, p. 7 *et seq* , jul./set. 1999.

Embora, no plano filosófico, não fique claro este delineamento paradigmático, tudo está a indicar que o sistema inquisitório é um corolário da Filosofia da consciência (não vejo a doutrina processual penal reconhecer isso). E por quê? Porque a ideia de "sistema inquisitivo" representa uma profissão de fé na tese de que o sujeito (do esquema S-O) é "senhor dos sentidos", de modo que este sujeito – e não a sociedade – é que deve se "convencer", ter a "certeza" de seu julgamento etc.[294]

Contudo, como a verdade é "real", um dato bruto, se, no processo, ela é encontrada/atingida pelo "livre convencimento" de um sujeito cognoscente? Diante disto, ou (i) há uma verdade real nos fatos (buscar a verdade nas essências das "coisas"/fatos e que são verdades irrefutáveis, indiscutíveis e, portanto, não há convencimento, uma vez que sequer há sujeito – metafísica clássica); ou, (ii) há, sim, um livre convencimento, no qual é possível se deduzir, autônoma e racionalmente, através do método construído pela subjetividade, o que é verdadeiro ou não (metafísica moderna).[295]

Como o sujeito se colocará diante do objeto para apreender a realidade, os métodos se fazem necessários para esta apreensão e condicionarão a atividade do sujeito perante o texto. A hermenêutica jurídica clássica concebia a interpretação como uma relação sujeito-objeto, na qual a linguagem é o meio pelo qual o sujeito conhece o sentido dos textos, pois o intérprete só revela o sentido do texto numa interpretação como ato de conhecimento "e toda preocupação está voltada para que seja garantida a objetividade da interpretação ou um caráter de neutralidade do intérprete em relação à lei (ou à vontade do legislador)".[296]

No entanto, estas afirmações restam fragilizadas com o advento da hermenêutica filosófica. Mas, para este paradigma, o intérprete não pode operar o Direito como quem o faz com um objeto.

Dividindo em dois grupos a abordagem que é feita sobre a tarefa da Filosofia no processo de conhecimento, temos o analítico (ou semântico) e o continental (no qual se situa a hermenêutica, sua corrente de maior privilégio). O primeiro reconhece a polissemia dos significados produzidos pela linguagem (supera, portanto, a ideia da pura sintática), sustentando reduzi-la por meio de uma análise lógica dos enunciados linguísticos, mas tendo em conta seu uso denotativo. Já para a hermenêutica, há uma dimensão que vai além daquela

---

[294] STRECK, Lenio. *O que é isto:* a verdade real? Uma crítica ao sincretismo jusfilosófico de *terrae brasilis*. *Revista de Processo*, v. 921, p. 359-392, 2012.

[295] *Ibidem*, p. 359-392.

[296] ABBOUD, Georges et al. *Introdução à teoria e à filosofia do direito, op. cit.*, p. 395.

comportada pela linguagem humana, ou seja, esta não se esgota no que se diz, porque para a hermenêutica a linguagem está no seu aspecto teórico e prático: "o que é significado pela linguagem aparece a partir dos contextos histórico-concretos a partir do qual estão envolvidos o sujeito que conhece e o objeto que é conhecido".[297]

No caso de Luigi Ferrajoli, viu-se que sua doutrina é desenvolvida sob a perspectiva da filosofia analítica cuja proposta teórica assenta-se no positivismo normativista da tradição do neopositivismo lógico do Círculo de Viena, situando sua interpretação do Direito fora da viragem linguístico-ontológica, razão pela qual Ferrajoli aposta numa "linguagem rigorosa". Adolfo Alvarado Velloso também se preocupa demasiadamente com a rigidez das palavras legais. Já na teoria de Lenio Streck, o Direito é colocado no paradigma da fenomenologia hermenêutica e da hermenêutica filosófica, que possibilita o enfrentamento da questão da interpretação do direito e de sua aplicação. As pré-compreensões vistas em Gadamer (que Heidegger[298] assevera que a interpretação advém de uma posição prévia, visão prévia e concepção prévia), são sentidos assumidos inconscientemente pelo intérprete por transmissão da própria linguagem, considerando sentido como "a perspectiva na qual se estrutura o projeto de posição prévia, visão prévia e concepção prévia. É a partir dela que algo se torna compreensível como algo".[299]

É com a linguagem que se possibilita interpretar o compreendido:

> E aqui chegamos ao (já antes anunciado) caráter circular da compreensão, na exata medida em que a "interpretação já sempre se movimenta no já compreendido e dele se deve alimentar", o que não deve ser entendido como "um vício", mas, sim, como um reconhecimento das condições essenciais de realização de qualquer interpretação possível; é no contexto destas reflexões que Heidegger lança uma de suas máximas mais conhecidas: "o decisivo não é sair do círculo mas entrar no círculo de modo adequado", o que quer dizer que a possibilidade positiva do conhecimento mais original só pode ser apreendida de modo autêntico se a interpretação tiver compreendido que "sua primeira, única e última tarefa é de não se deixar guiar, na posição prévia, visão prévia e concepção prévia, por conceitos populares e inspirações", ou seja, na "elaboração da posição prévia, da visão prévia e concepção prévia, ela deve assegurar o tema científico a partir das coisas elas mesmas".[300]

---

[297] Ibidem, p. 406.
[298] HEIDEGGER, Martin. *Ser e tempo, op. cit.*, p. 211.
[299] Ibidem, p. 212-213.
[300] MOTTA, Francisco José Borges. *Levando o direito a sério:* uma crítica hermenêutica ao protagonismo judicial, *op. cit.*, p. 49.

Está-se a falar do "método" fenomenológico e do círculo hermenêutico. "Toda interpretação correta tem que proteger-se da arbitrariedade de intuições repentinas e da estreiteza dos hábitos de pensar imperceptíveis e voltar seu olhar para as coisas elas mesmas", pois "o que importa é manter a vista atenta à coisa através de todos os desvios a que se vê constantemente submetido o intérprete em virtude das ideias que lhe ocorrem".

Francisco José Borges Motta sintetiza a fenomenologia como "método", não como algo "exterior e puramente técnico, mas tanto mais ligado à discussão das coisas em si mesmas (...) que não visa a caracterizar os conteúdos dos objetos da pesquisa filosófica, mas que apenas caracteriza o como, a maneira de proceder da Filosofia".[301]

Se a linguagem é constituinte e instituidora do saber, e implica as condições de possibilidades que temos para compreender e agir – ou seja, já que é com ela que se pensa –, a linguagem possibilita interpretar o compreendido pela relação entre a palavra e a coisa em que esta consiste. Claro, contudo, está que a linguagem não cria o mundo, pois este existe independentemente daquela, mas a linguagem é analisada não num sistema fechado de referências e sim no plano da historicidade em que o texto é ligado a uma existência concreta.[302] Assim, revoluciona-se o conceito de verdade pela percepção de inexistência de separação entre o sujeito cognoscente e um objeto a ser conhecido, o que destrói a verdade como representação do real.

Para Heidegger, é necessário deixar cada ente ser o que ele é, entregando-se ao ente para que este se manifeste naquilo que é e como é, e esta liberdade de deixar-ser o ente é a essência da verdade, a verdade como "desvelamento", como "des-ocultação". E se o desvelamento do Ser é a verdade ontológica, pelo conceito já apresentado de diferença ontológica, o desvelamento do ser é desvelamento do ser do ente. E, então, o desvelamento do ente implica a verdade ôntica. Assim, percebe-se "a essência ôntico-ontológica da verdade em geral, desta maneira necessariamente bifurcada, somente é possível junto com a irrupção desta diferença ontológica".

Gadamer, a partir das lições de Heidegger, preocupado com a construção de uma hermenêutica prática filosófica que reconheça o caráter universal da linguagem e que o enfrente numa batalha para a superação de arbitrariedades interpretativas, passou a desenvolver

---

[301] *Ibidem*, p. 46.
[302] STRECK, Lenio Luiz. Hermenêutica (jurídica) e estado democrático de direito: uma análise crítica. In: *Anuário do programa de pós-graduação em direito: mestrado e doutorado*. São Leopoldo: Centro de Ciências Jurídicas Unisinos, 1999. p. 79-80.

uma Filosofia com uma série de categorias hermenêuticas (pré-conceito, *applicatio*, tradição, história efeitual, círculo hermenêutico, fusão de horizontes).

A hermenêutica filosófica gadameriana, que foca no que acontece além do querer e fazer (não no que se faz ou no que se deveria fazer), como já mencionado, não procura estabelecer um método, mas sim descobrir e conhecer o que está ignorado e encoberto pela disputa sobre os métodos, que percebe a ciência e a torna possível,[303] e, por isso, Lenio Streck alerta para a "Verdade contra o Método", pois o fenômeno hermenêutico não é um problema de método, e compreender e interpretar textos pertence ao todo da experiência do homem no mundo.

Deve-se ter em mente os ensinamentos de Gadamer para a compreensão nas ciências do espírito: deve-se considerar que o Direito é interpretativo, hermenêutico e filosófico. E, assim, afirma ser possível construir verdades que não sejam matemáticas, mas hermenêuticas, não menos verdadeiras do que aquelas. Afirma que nem sempre a via da demonstração será a via correta para fazer com que outra pessoa veja o verdadeiro.[304] É que a tese da demonstrabilidade advém de uma metafísica que adota a proposição verdadeira somente como decorrência de um fato verdadeiro.

Não obstante, Dworkin afirma que há alguma coisa no mundo, além de fatos concretos, afirmada pela hermenêutica gadameriana com os "fatos morais".[305] Dworkin dirá que uma proposição de Direito pode ser considerada verdadeira se for mais coerente do que a posição contrária, mas que há duas dimensões para sustentar que uma justificativa é melhor do que a outra: a dimensão da adequação e a dimensão da moralidade política.

A distinção entre argumentos de política e argumentos de princípio em Dworkin é providencial neste tocante: "os argumentos de política justificam uma decisão política, mostrando que a decisão

---

[303] MOTTA, Francisco José Borges. *Levando o direito a sério*: uma crítica hermenêutica ao protagonismo judicial, *op. cit.*, p. 53.
[304] GADAMER, Hans-Georg. *Verdade e método II*: complementos e índice, *op. cit.*, p. 61-63.
[305] Dworkin utiliza-se do exemplo da escravidão afirmando que ela é injusta em si, não porque se pensa que ela é injusta ou neste sentido convencionam. Não porque os valores morais estão à espera de captura ou prova, mas porque, para sustentar esta afirmação, utiliza-se da moralidade, não da metafísica aprisionadora do mundo em conceitos, na qual somem os casos concretos. Dirá que: *"não existe diferença importante de categoria ou posição filosófica entre a afirmação de que a escravidão é iníqua e a afirmação de que existe uma resposta certa à questão da escravidão, isto é, que ela é iníqua. Não posso, racionalmente, considerar a primeira destas opiniões como uma opinião moral sem fazer o mesmo com relação à segunda. Uma vez que o ceticismo exterior não oferece razões para repudiar ou modificar a primeira, também não oferece razões para repudiar ou modificar a segunda. As duas são afirmações internas à moral, e não sobre ela"*. DWORKIN, Ronald. *O império do direito*, *op. cit.*, p. 83.

fomenta ou protege algum objetivo coletivo da comunidade como um todo", já os "argumentos de princípio justificam uma decisão política, mostrando que a decisão respeita ou garante um direito de um indivíduo ou de um grupo",[306] ambos constituindo argumentos políticos num sentido mais amplo, mas um é argumento de princípio político e outro de procedimento político (que exige que alguma decisão particular promova alguma concepção do bem-estar geral ou do interesse público).[307]

Assim, enquanto o princípio favorece um direito, a política é um padrão que estabelece uma meta, sendo argumentos de política aqueles em favor de um objeto coletivo, relacionado ao bem comum.

No processo legislativo, ambas as modalidades de argumentação são admitidas, e a lei transforma os argumentos de política em uma questão de princípio, de maneira que as decisões judiciais devem ser geradas por princípio e não por políticas. Ou seja:

> O caso é que, a partir do momento em que aceitamos que o Judiciário deve tomar decisões política importantes, devemos refletir sobre quais motivos, em suas mãos, são bons motivos; e a visão de Dworkin –fixemos pela repetição – é a de que o tribunal deve tomar decisões de princípio, decisões sobre quais direitos as pessoas têm sob determinado sistema constitucional, e não decisões sobre como se promove o bem-estar geral; e mais: deve tomar essas decisões elaborando e aplicando a "teoria substantiva da representação", extraída do princípio básico de que o governo deve tratar as pessoas como iguais.[308]

E, portanto, Dworkin concebe seu juiz Hércules não como o juiz solipsista ou protagonista. Recusando a discricionariedade "forte" atribuída aos juízes por Hart, o autor sustenta a existência de "única resposta correta". Afinal, se não é provável que uma resposta seja mais correta que a de outro juiz, é inútil exigir a busca judicial por esta resposta, até porque, poder-se-ia argumentar, não há mesmo como saber que seja a resposta correta.

Igualmente, se não há respostas corretas e o juiz pratica decisionismo, então não há porque apostar numa resposta correta sobre os direitos dos cidadãos, de maneira que se deve aceitar que os juízes frequentemente errarão.

Como visto, para a hermenêutica gadameriana, não existe compreensão sem antecipação de sentido, ou seja, sem pré-compreensão. E,

---

[306] Idem. *Levando os direitos a sério, op. cit.*, p. 129.
[307] Idem. *Uma questão de princípio, op. cit.*, p. 6.
[308] MOTTA, Francisco José Borges. *Levando o direito a sério*: uma crítica hermenêutica ao protagonismo judicial, *op. cit.*, p. 133.

assim, *interpretar não pode ser apontar o verdadeiro significado dos conceitos jurídicos*. A hermenêutica jurídica não pode ser extrair da norma o que ela já contém – e, em consideração ao Estado Democrático de Direito e ao constitucionalismo democrático, a gestão da prova, que está ligada à questão da verdade, deve ser pensada no contexto de um processo democraticamente gerido, o que nos leva a questionar os limites do juiz. Deste modo, a gestão da prova recai numa teoria da decisão.

É neste contexto que este paradigma acredita ser possível falar em "verdade" no Direito, uma verdade hermeneuticamente construída (história institucional do Direito – método hermenêutico) ,e que não é nem uma essência do objeto, nem uma construção da consciência, mas, sim, o produto de uma compreensão situada do ser-aí (Dasein).

> A verdade não é o resultado da construção de um sujeito consciente, mas sim, aquilo que emerge de uma compreensão, linguística e historicamente situada. E é a linguisticidade da compreensão que permite à comunidade política articular uma censura controladora do sentido das decisões dos casos jurídicos.[309]

A verdade, no sentido hermenêutico, "não é uma questão de método, mas, isto sim, uma questão relativa à manifestação do ser, para um ser cuja existência consiste na compreensão do ser",[310] ou seja, "verdade, assim, é des-velamento, des-ocultação, é retirar o ente do velamento, permitindo que este se revele".[311]

Ou seja, na experiência hermenêutica a verdade nada tem a ver com a verdade como correspondência. A verdade hermenêutica se fundamenta na dialética, na fusão de horizonte entre o contexto do sujeito e o contexto da tradição, acontece no diálogo, isto é, na interação de perguntas e respostas em que os prejuízos ilegítimos têm a chance de se tornarem legítimos.

4.8 O processo civil no Estado Democrático de Direito: a materialidade da Constituição.

A noção de Estado Democrático de Direito pressupõe uma valorização do jurídico e consequentemente uma redefinição dos Poderes do

---

[309] STRECK, Lenio. *O que é isto: a verdade real?* Uma crítica ao sincretismo jusfilosófico de *terrae brasilis*. Revista de Processo, v. 921, p. 359-392, 2012.

[310] Idem. *Hermenêutica jurídica e(m) crise:* uma exploração hermenêutica da construção do direito. 11. ed. Porto Alegre: Livraria do Advogado, 2014. p. 199.

[311] *Ibidem*, p. 199.

Estado pela discussão sobre o papel destinado ao Poder Judiciário que leve em conta o constitucionalismo pós-segunda guerra e que trouxe a Constituição como ponto de encontro das dimensões democrática (formação da unidade política), liberal (coordenação e limitação do poder estatal) e social (configuração social das condições de vida).

Nos quadros de um Estado Democrático de Direito não se pode ignorar o Direito como transformador da sociedade e do modo de composição de suas relações: de um lado está o Texto Constitucional, que estipula e aponta a necessidade da realização dos direitos fundamentais-sociais, e de outro, a difícil vivência entre os Poderes do Estado eleitos por uma maioria que pode, aliás, discordar dos próprios mandamentos constitucionais.[312]

No caso específico do Brasil, o processo constituinte de 1986-1988 lutou não apenas pela reconstrução do Estado de Direito, mas também pelo forte papel do Direito, que pela jurisdição guardaria o conteúdo material da Constituição, passando o Judiciário a colocar-se no debate político. Disto se extrai a discussão acerca do papel do Poder Judiciário na realização/efetivação dos direitos sociais-fundamentais no modelo de Estado Democrático de Direito.

Primeiramente, o ativismo, interpretativo e instrutório, que atingiu o Judiciário brasileiro – com contornos muito distintos do ativismo americano vigente perante a Constituição dos EUA, muito curta em comparação com a nossa – é inconstitucional, e, portanto, não é democrático. Ao violar a imparcialidade, ao invés de se resguardar a Democracia e os direitos fundamentais, violamos-los.

Ocorre que o modelo de Estado Liberal tem como centro de decisão o Legislativo (o que não é proibido é permitido, direitos negativos). Mas passou-se pelo Estado Social, em que a primazia ficava com o Executivo, em face da necessidade de realizar políticas públicas e sustentar a intervenção do Estado na Economia. Alcançou-se, então, o Estado Democrático de Direito, em que o foco de tensão se volta para o Judiciário.[313]

No contexto nacional, a Carta Cidadã, de 1988, inaugurou o Estado Democrático de Direito, regulou a intervenção do Estado na Economia e estabeleceu a obrigação da realização de políticas públicas, além de prever um rol de direitos fundamentais-sociais. Referido texto reconhece, ainda, a sua própria força normativa para a concretização

---

[312] STRECK, Lenio Luiz. *Verdade e consenso*, op. cit., p. 90.
[313] STRECK, Lenio Luiz. *Hermenêutica jurídica e(m) crise:* uma exploração hermenêutica da construção do direito, op. cit., p. 55.

do que nela se regula quando prevê que as normas definidoras dos direitos e garantias fundamentais têm aplicação imediata (art. 5º, 1º).

Nos quadros de um Estado assim elaborado, o foco foi deslocado para o Poder Judiciário, observação já percebida por Mauro Cappelletti,[314] que apontou a ênfase na atividade da Magistratura em 1999 como protetora dos tradicionais direitos individuais e dos novos direitos difusos, coletivos e fragmentados.

No caso brasileiro, o Estado Social provedor, que decorre da crítica ao paradigma liberal, nunca foi efetivamente implantado, de modo que o Direito como transformador da sociedade é de extrema importância para que a Constituição não seja simples texto, mera simbologia ou utopia. Neste sentido, a Constituição brasileira efetivamente aponta para as transformações de um modelo de Estado Democrático em cujas bases econômicas está o Estado Social, como se extrai do seu artigo 3º:

> Art. 3º Constituem objetivos fundamentais da República Federativa do Brasil: I – construir uma sociedade livre, justa e solidária; II – garantir o desenvolvimento nacional; III – erradicar a pobreza e a marginalização e reduzir as desigualdades sociais e regionais; IV – promover o bem de todos, sem preconceitos de origem, raça, sexo, cor, idade e quaisquer outras formas de discriminação.

Este dispositivo constitucional, somado à história do Estado brasileiro, claramente aponta para a construção de um Estado Social Democrático intervencionista até porque o conceito-chave do Estado Social está no papel "de promover a integração da sociedade nacional (...) integração esta que, no caso brasileiro, deve-se dar tanto no nível social quanto no econômico".[315]

Dito de outro modo, o que acrescenta ao Estado no paradigma democrático é referida síntese nas fases anteriores, agregando mecanismos para suprir suas lacunas para a realização dos direitos fundamentais sociais, além de outras características.

Mas notemos que defender o efetivo cumprimento da Constituição não significa dar carta branca ao Judiciário para que, por meio do processo, chegue à desejada Justiça. Defender a ordem democrática é superar a concepção de Estado Social pela valorização do sistema jurídico que prevê diversos mecanismos de efetivação das promessas

---

[314] CAPPELLETTI, Mauro. *Juízes legisladores?* Porto Alegre: Sérgio Antônio Fabris, 1999. p. 59-60.
[315] STRECK, Lenio Luiz. Jurisdição constitucional e hermenêutica: perspectivas e possibilidades de concretização dos direitos fundamentais sociais no Brasil. *Novos Estudos Jurídicos*, v. 8, n. 2, p. 278, maio/ ago. 2003.

estabelecidas no próprio Texto Constitucional. É nisto que as concepções se distanciam: o Estado Social concentra suas forças no Executivo e seu caráter intervencionista advém das políticas públicas (políticas de bem-estar social), que mais refletem o interesse de grupos de poder do que das necessidades da sociedade, colocando em risco a realização dos direitos sociais e fundamentais.

De fato, reconheça-se que, a tese substancialista que sustenta uma postura intervencionista, longe da postura absenteísta do modelo liberal, clama pelo cumprimento dos direitos fundamentais e sociais da Constituição de 1988, defendendo que, onde o Legislativo e o Executivo falhe ou se omita no planejamento e execução das políticas públicas e dos objetivos sociais, caberá a atividade do Poder Judiciário na prestação destes serviços sociais faltantes.

Neste sentido, o processo não pode conduzir à ineficácia jurídica de um direito subjetivo público que se entende existir e ser devido pelo caráter dirigente e compromissário do Texto Constitucional. Por outro lado, em nome da Justiça não pode o juiz tudo fazer. O Judiciário não pode assumir todo e qualquer compromisso do Estado, da esfera pública.

As decisões judiciais devem estar respaldadas no sistema jurídico e não na vontade ou no mundo intrapsíquico do julgador, num sentimento íntimo seu, especialmente porque a jurisdição exige o julgamento de conflitos por um órgão imparcial. Aqui entra a importância de uma teoria da decisão, afinal, o ativismo não se concretiza exclusivamente pelo resultado de uma decisão, mas sim por sua fundamentação.

Reconheçamos: se sempre se interpreta, e para interpretar necessita-se compreender para o que é preciso das pré-compreensões constituídas em sentidos prévios, o processo hermenêutico será sempre produtivo pelo intérprete que compreende o sentido do texto consoante sua própria e específica existência e pré-compreensão. Ou seja, a norma que sai do texto será produto da interpretação, e por isso texto e norma não se confundem. E, assim, a interpretação sobre a conformidade com a Constituição exigirá a pré-compreensão sobre seu sentido.

Neste contexto, o intérprete dos sentidos possíveis da Constituição está obrigado a lidar com a história e a linguagem, partindo do que os autores disseram e do contexto em que foram ditas. A hermenêutica aqui não está como método de extração de sentidos do texto.

Nas palavras de Francisco José Borges Motta:

> (...) a leitura moral dworkiniana é uma boa tática para este propósito, na medida em que impede os juízes de afirmarem que a Constituição expresse suas próprias convicções, equilibrando esta necessidade com a correta afirmação de que somos governados pelo que nossos legisladores

disseram – pelos princípios que declararam – e não por quaisquer informações acerca de como eles mesmos teriam interpretado estes princípios ou os teriam aplicado em casos concretos. (...) A Constituição não é só um documento, mas também uma tradição; assim, o operador do Direito (intérprete) deve ter a disposição de entrar nesta tradição e ajudar a interpretá-la de maneira condizente com a ciência do Direito, e não de questioná-la e substituí-la por alguma (ou qualquer) visão política (ou jurídica) radical que não possa ser objeto de argumentos.[316]

A "leitura moral" da Constituição do substancialismo Dworkiniano é uma postura interpretativa por meio da qual todos – não apenas os juízes, mas todos – interpretam e aplicam dispositivos da Constituição como referências a princípios morais abstratos, como limites aos poderes do Estado.[317] Estes princípios abstratos previstos na Constituição devem ser interpretados pelos juízes junto à história política, a partir da assimilação de outros trabalhos, da doutrina e de casos julgados anteriores, com os argumentos trazidos pelos participantes do processo.

A leitura moral trata de estratégia hermenêutica que afasta o protagonismo individual do julgador e se volta à compreensão do sentido do princípio constitucional que esteja em questão no caso concreto, como uma norma com dimensão moral a ser compreendida como dever-ser, e por isso a importância e o peso se verificam no caso particular.

Nesta toada, o princípio político fundamental que deve nortear todo processo democrático é o de que todo cidadão tem o direito de ser julgado por um juiz que não se envolva com a acusação, o que é a síntese do sistema acusatório. A inquisição ficou para trás, como enfatiza Adolfo Alvarado Velloso em todas as suas passagens.

O juiz, como necessidade democrática, tem que notar que não é mais aquela figura que acusa, produz prova, julga e executa – porque juiz democrático é juiz que decide. Por isso o necessário cuidado com o "princípio do livre convencimento motivado", pois, aceitando que princípios são deontológicos, o livre convencimento não pode ser concebido como princípio, já que princípios não são construções dogmáticas como coisas que se colocam no texto da lei para encaixar práticas judiciais, tendo em vista a abertura de sentido causada pela

---

[316] MOTTA, Francisco José Borges. *Levando o direito a sério*: uma crítica hermenêutica ao protagonismo judicial, *op. cit.*, p. 37.
[317] DWORKIN, Ronald. *O direito da liberdade*: a leitura moral da constituição norte-americana. São Paulo: Martins Fontes, 2006. p. 24-26.

principiologia. Os princípios advêm das práticas sociais, e no caso, da tradição democrática.

É por meio do processo formado pela participação dos demais interessados que se podem concretizar os direitos fundamentais, jamais fugindo para a consciência isolada de um bom e justo julgador. Não se está diante de um Estado Liberal ou Social, mas de um Estado Constitucional e Democrático de Direito.

CONCLUSÃO

É impossível negar que a expectativa criada em torno do advento do novo Código de Processo Civil evidencia temas momentâneos e permanentes.

São diversas as preocupações quando a doutrina se dedica ao estudo dos poderes do magistrado, especialmente em momentos de alteração legislativa, pois são nestas circunstâncias que os descontentes com a ordem vigente se preparam para debater e propor soluções, o que sempre gira em torno da conduta dos sujeitos processuais.

Foi neste contexto de mudanças que se optou por estudar o ativismo ao modo *brasileiro* (*que muito se distingue daquele norte-americano da tradição common law*) e as doutrinas que o combatem.

1. Viu-se que a palavra "garantismo", hoje de uso corrente nas principais línguas neolatinas, é um neologismo do século XIX, tempo em que muito se utilizava os "ismos" políticos, como liberalismo, constitucionalismo, comunismo.
2. Charles Fourier utilizou o termo "garantismo" para designar um estado da evolução civil que sinalizava a realização do ideal supremo de uma perfeita e harmônica sociedade comunitária – e que é também um objetivo intermediário e transitório do seu projeto político.
3. Posteriormente, em 1925, Guido De Ruggiero (*Storia Del liberalismo in Europa*) falou do assim chamado garantismo concebido como liberdade política, como liberdade do indivíduo do Estado e em frente ao Estado, ou seja, partindo do ponto de vista das garantias da liberdade que começa a tomar forma com Montesquieu em torno da análise da Constituição inglesa e da correlativa teorização sobre as técnicas de limitação dos poderes públicos em face da tutela dos indivíduos.

4. No segundo pós-guerra, a expressão radicou-se na linguagem filosófico-jurídica italiana como centralização das garantias constitucionais das liberdades fundamentais. E, obviamente, uma vez que seu uso se tornou habitual, apareceu nos principais dicionários.
5. De acordo com o *"Grande Dizionario della língua italiana"*, de Salvatore Battaglia, há dois significados. Numa dimensão específica do constitucionalismo rígido, o garantismo é o (i) caráter próprio das constituições democrático-liberais mais evoluídas, consistente no fato de que estas estabelecem instrumentos jurídicos sempre mais seguros e eficientes (como o controle de constitucionalidade das leis ordinárias), com a finalidade de assegurar a observância das normas e dos ordenamentos por parte do poder político (governo e Parlamento) ou, como teoria normativa do constitucionalismo rígido, (ii) doutrina político-constitucional que propõe uma sempre mais ampla elaboração e introdução de tais instrumentos.
6. Então, garantismo se tornou o nome do paradigma normativo de matriz iluminista do Direito Penal mínimo. Em "Direito e Razão – Teoria de um garantismo penal", Ferrajoli o apresenta como um instrumento de proteção dos direitos fundamentais tanto dos delitos quanto das penas arbitrárias, ou seja, um sistema de garantias idôneo a minimizar a violência na sociedade, fruto de uma reflexão iluminista sobre o fundamento, os escopos e os limites da "justiça punitiva".
7. O autor concebeu um modelo processual antitético por natureza e estruturado sob a presunção de inocência e a liberdade pessoal do imputado, a publicidade e a oralidade do rito, a paridade e o contraditório entre as partes, a imparcialidade do juiz e sua atuação como terceiro não interessado. Do que se vê, o (por alguns chamados) "neo-iluminismo" penal de Ferrajoli insere este conjunto de garantias processuais em um complexo paradigma normativo, voltado à proteção dos indivíduos à mercê da regulação do poder punitivo do Estado. Tal poder enfrenta limites e vínculos impostos tanto à legislação quanto à jurisdição penais, com o objetivo de restringir a primeira à tutela dos direitos e a segunda a uma atividade tendencialmente cognitiva.
8. Nesse sentido, a Teoria do Garantismo foi a princípio considerada, de maneira geral, como aquela que premia os anseios de todos os juristas democratas e libertários.

9. Situado no paradigma juspositivista, Ferrajoli defendeu a cisão entre Direito e Moral, mas, assumindo o que designa como juspositivismo crítico, sustentou o controle material de constitucionalidade. Afirma que o que a Constituição positivou não foi a moralidade, mas alguns princípios morais fundamentais, de caráter liberal e democrático, que nós compartilhamos. O autor tenta afastar-se inclusive da tendência de relativização de uma relação necessária ou conceitual entre Direito e Moral.
10. No tocante à discricionariedade judicial, entendendo-a como um espaço a partir do qual o julgador estaria legitimado a criar a solução adequada para o caso que lhe foi apresentado a julgamento, Ferrajoli pressupõe a existência de espaços discricionários inevitáveis, porque coexistem ainda que sob um grau de irredutibilidade alcançável por meio da efetivação das garantias processuais e materiais.
11. Neste ponto, a crença na discricionariedade é um dos pontos que a teoria do garantismo, como opção para a democracia, não satisfaz. A presença do ativismo judicial fortaleceu-se como solução para a concretização dos direitos fundamentais diante da própria ideia de um espaço discricionário à "vontade" do intérprete/julgador. Ocorre que a vontade destes não configura permissão para uma atribuição arbitrária de sentidos, tampouco uma atribuição de sentidos arbitrária, consequência inafastável da discricionariedade.
12. Como forma de reduzir o poder judicial e, consequentemente, a discricionariedade, a solução fornecida foi a precisão semântica a partir da Filosofia analítica, propondo uma manipulação formal da linguagem. Aqui mostra sua percepção de que existe um mundo a ser apreendido e conhecido em sua essência, pela razão, e depois comunicado aos outros pela linguagem, via sentença judicial. Por isso, sua conclusão de que, por mais precisa que seja a linguagem, há espaços de indeterminação que dependerão da discricionariedade, o que a torna inafastável em absoluto.
13. Consequentemente, por ter por inafastáveis as margens de discricionariedade judicial, Ferrajoli declara ambas as posições, do mito iluminista da certeza jurídica objetiva e do decisionismo subjetivista, como inaceitáveis. Utilizando-se da teoria tarskiana da verdade como correspondência, seu ceticismo absoluto proclama a verdade como utopia. Para ele, a verdade decorre do efetivo alcance da realidade dos fatos.

14. Entretanto, tanto em Direito e Razão quanto em Principia Iuris, Ferrajoli trata da teoria geral do garantismo: *el paradigma garantista es uno y el mismo que el del actual Estado constitucional de Derecho* representando a outra face do constitucionalismo, *aquella que se encarga de formular las técnicas de garantía idóneas para asegurar el máximo grado de efectividad de los derechos reconocidos constitucionalmente*. Tangente a isso, viu-se que a doutrina internacional tratou de aplicar as bases do garantismo de Luigi Ferrajoli, reconhecendo desde sempre a originalidade da obra do autor, ao processo civil, distanciando-se de sua teoria em alguns pontos.

15. Neste sentido, tal movimento jusfilosófico pretende o irrestrito respeito à Constituição e aos Pactos internacionais hierarquicamente igualados, asseverando que o juiz empenhe-se em favor das garantias constitucionais, jamais de pessoa ou coisa que não a Constituição, como diz Adolfo Alvarado Velloso.

16. O garantismo processual civil sustenta um processo idealizado como método de debate e dialogal entre as partes, condicionado às diligências destas na atividade processual, no qual se intenta assegurar, por meio do devido processo legal, uma ampla participação que valoriza a ampla defesa, o contraditório e a imparcialidade judicial com a máxima restrição dos poderes dos juízes.

17. Mas, para compreender corretamente o conteúdo deontológico do devido processo legal, é necessário que ele seja visto desde a ótica do cidadão, do jurisdicionado, como uma garantia que impõe limites ao poder! O devido processo legal, que corresponde ao complexo de garantias que compõem a dignidade da pessoa no ambiente processual, serve de base para a participação da sociedade na concretização de seus direitos fundamentais, jamais fugindo para a consciência isolada de um bom e justo julgador ou para poderes instrutórios oficiosos.

18. Igualmente, quando a doutrina usa o devido processo legal para fundamentar juridicamente a iniciativa instrutória do juiz, perde de vista que o processo é, em sua essência, uma garantia constitucional do cidadão servível para este legitimar a formação do provimento jurisdicional com sua participação. Do contrário, estar-se-á olhando o processo pela lente do "processo social" e do "autoritarismo".

19. Vincular o devido processo legal com a ampliação dos poderes instrutórios oficiosos do juiz sob um olhar estatal e publicista extrapola a função pública do processo. Com efeito o processo tem duas funções: uma função privada e uma função pública. Pela primeira, ele é um instrumento que tem todo indivíduo em conflito para alcançar uma solução pelo Estado, se não tiver alcançado sua dissolução mediante uma das possíveis formas de autocomposição. Mas, pela função pública, constitui uma garantia do Estado a todos os jurisdicionados em razão da proibição da força privada. Não é uma garantia para o Estado-juiz voltar-se contra uma das partes, ainda que seja na melhor de suas intenções.
20. Lembramos que a semente do devido processo legal, plantada pela Magna Carta de 1215, representa uma conquista dos barões ingleses contra decisões reais (em vista da onerosa carga tributária cobrada em seu reinado), ou seja, contra o abuso do poder. A defesa da discricionariedade judicial existente na alegada necessidade de instrução adicional a justificar a iniciativa probatória judiciosa contradiz o conteúdo jurídico do devido processo legal (ou como também é designado, *la defensa en juicio*).
21. É neste sentido que Glauco Gumerato Ramos se refere ao processo. Deve ele ser entendido como um método de discussão, um meio de debate dialogal e argumentativo que se realiza entre dois sujeitos naturalmente desiguais situados em posições antagônicas a respeito de um mesmo bem da vida.
22. Para outros grandes disseminadores do garantismo, como Don Juan Montero Aroca e Franco Cipriani, o papel ativo do juiz é prontamente autoritário e tal estado fica refletido no processo civil. É que, como se pode aduzir das lições expostas, o garantismo processual entende o processo como instrumento do indivíduo contra o abuso do poder do Estado. Em síntese, a função do processo civil é exclusivamente aquela de resolver controvérsias, pondo fim aos conflitos entre os indivíduos privados, o que justifica a defesa do sistema acusatório e as afirmações do Maestro Adolfo Alvarado Velloso sobre a irrelevância da verdade no processo. Se quisermos falar da verdade no processo, temos que falar da conclusão tida como verdadeira para o contexto instrutório de cada processo após a devida instrução probatória pelas partes aportando elementos de confirmação de suas alegações

consoante o ônus legalmente imposto e a necessidade de demonstração dos fatos necessários.
23. Por estas linhas, o garantismo processual sustenta o modelo acusatório como o adequado para um Estado Democrático de Direito. No sistema acusatório, as funções de acusar, defender e julgar são atribuídas a órgãos distintos, enquanto no modelo inquisitório as funções estão reunidas e o inquisidor deve proceder espontaneamente. É por isso que no processo inquisitório a investigação unilateral a tudo se antepõe, tanto que ele, afirma a doutrina garantista, não se trata de processo genuíno, mas de forma autodefensiva de administração da justiça.
24. Enquanto o método inquisitório pressupõe uma confiança ilimitada na bondade do poder e na sua capacidade de alcançar o verdadeiro, o método acusatório se caracteriza por uma confiança ilimitada no poder como autônoma fonte de verdade. Quando o primeiro confia a verdade e a tutela do inocente às presumidas virtudes do poder do julgador, o modelo acusatório concebe a verdade como o resultado de uma controvérsia entre partes contrapostas por serem portadoras, respectivamente, do interesse na punição dos culpados e do interesse na tutela do acusado presumido inocente até prova em contrário. Dito de outro modo, no acusatório, há a verdade controlada pela participação das partes.
25. Tanto Luigi Ferrajoli quanto Adolfo Alvarado Velloso trabalham com uma espécie de lista de princípios: o primeiro com 10 axiomas e o segundo com 5 princípios processuais, formulados a priori, "em abstrato", o que a Crítica Hermenêutica do Direito de Lenio Streck critica.
26. Trabalhou-se com maior profundidade o princípio da igualdade e o da imparcialidade, abordando o ativismo judicial que os permeia. Aliás, em sendo o ativismo o exercício da função jurisdicional para além dos limites impostos constitucionalmente, ou ainda, como resultado de decisões judiciais fundamentadas nas convicções pessoais do julgador, isto é, pronunciamentos judiciais nos quais as fontes normativas são substituídas pelo senso de quem as prolatou, concluiu-se pelo caráter sempre patológico do ativismo no Estado Democrático de Direito, para o que é descabido adjetivá-lo como bom já que sempre será ruim, não importando o resultado prático de uma decisão ativista, pois ela

sempre violará a Constituição, a Democracia e a Separação de Poderes.
27. Neste contexto, a inflexibilidade da imparcialidade corrói qualquer argumentação que admite a *parcialidade positiva* ou *juiz mais ou menos parcial*. Afinal, a imparcialidade é intrínseca à jurisdição num Estado Democrático de Direito em que é garantia fundamental o julgamento por um órgão competente e sem interesse mediato ou imediato no resultado da demanda.
28. E aqui reside o problema da iniciativa instrutória. Neste ponto, oportunas são as lições de Eduardo José da Fonseca Costa, quando conclui que o juiz que se utiliza do expediente da prova de ofício assim o faz porque acometido por uma dúvida, pois, caso contrário, já sentenciaria.
29. A prova de ofício só pode beneficiar aquele que tem o ônus da prova e dele não se desincumbiu. No caso da defesa direta e quando o ônus probatório permanecer ao autor (observe o leitor que estamos exemplificando limitadamente), por exemplo, optando o juiz por determinar a produção da prova ao invés de julgar improcedente, só há três possíveis resultados: (ii.1) a prova beneficia o autor, (ii.2) a prova beneficia o réu ou (ii.3) a prova é inconclusiva. Diante disto, quando beneficiar o réu ou for inconclusiva, o julgamento terá que ser pela improcedência, o que já era pronunciável antes da determinação instrutória oficiosa. Apenas quando beneficiar o autor (no caso da defesa direta e ônus probatório para o autor) é que o juiz poderá proferir sentença em sentido diverso daquele já pronunciável antes da prova de ofício.
30. Ou, dito de modo mais amplo por Lúcio Delfino e Ziel Ferreira Lopes, quando o juiz ordena uma prova à míngua de requerimento da parte, somente cinco resultados se apresentam possíveis: 1) prova de fato constitutivo do direito do autor; 2) prova de fato impeditivo do direito do autor; 3) prova de fato extintivo do direito do autor; 4) prova de fato modificativo do direito do autor; e 5) prova *de nada*.
31. A questão é extremamente relevante para o tema deste livro tendo em vista que a doutrina ativista abusa da crença de que a iniciativa probatória judiciosa é legítima porque o juiz não é capaz de prever o resultado da prova, tampouco de antever quem dela se beneficiará, no que se apoia Michele Taruffo.

32. Daí o acerto de Eduardo José da Fonseca Costa: é indiferente se o juiz sabia ou não qual seria o resultado da prova.
33. Sobre o tema, ensina Fermín Cantero que, como o intérprete já antevê o resultado possível de sua pesquisa, não poderá determinar provas, ainda que adicionais, tendo em vista a impossibilidade psicológica de não possuir hipóteses acerca do resultado da prova. Pode-se com isto afirmar também que o juiz determina a prova de ofício numa busca mental de confirmação de uma hipótese por ele formulada. Defender que esta atividade oficiosa pelo desconhecimento do resultado da prova não viola a imparcialidade do juiz é insustentável porque o juiz, mesmo não sabendo quem o resultado da prova beneficiará, possuirá sempre uma ideia sobre a potencialidade de seu resultado útil. Por isso o autor afirma que o juiz pode até não saber quem a produção probatória irá beneficiar, mas sabe quem ele quer beneficiar.[318]
34. Neste contexto, o estudo empírico voltado à influência das ilusões cognitivas em decisões judiciais conduzido por Chris Guthrie, Jeffrey J. Rachlinski e Andrew J. Wistrich fortalece a conclusão de que, sendo previsíveis os resultados, resta violada a imparcialidade do juiz. Em se tratando das propensões egocêntricas, *demonstra que as pessoas se engajam em buscas mentais confirmatórias por uma teoria em que elas querem acreditar* e *que as pessoas lembram suas próprias ações mais do que das ações dos outros, revelando uma mente egocêntrica*. Resta demonstrada que a naturalidade humana e a inconsciência com a qual poderá o juiz valorizar muito mais o resultado de uma prova por ele determinada do que aquele advindo de uma prova requerida pela parte. Esta tendência egocêntrica, por exemplo, pode ser vista em casos nos quais o juiz indefere requerimento instrutório da parte "porque inútil", mas determina oficiosamente a produção de uma outra prova que entende útil. A conduta instrutória de um magistrado que assim age condiz com a autovalorização de suas próprias habilidades.
35. Ainda que se justifique a conduta judicial pelo comprometimento do juiz com o "esclarecimento dos fatos" ou "com o escopo objetivo de obter conhecimentos relevantes e úteis para a apuração da verdade", como se saberá qual foi o

---

[318] CANTERO, Fermín. *Estructura básica de los discursos garantista y activista del derecho procesal*. Santa fe: Juris, 2012. p. 114.

móvel deste comportamento judicial? Ou seja, ao determinar a oitiva do Autor oficiosamente, por exemplo, alegando a necessidade de esclarecimentos dos fatos, como se confirmará que não foi a preferência intrapsíquica do juiz com relação ao Réu o que o motivou a assim agir?

36. O juiz determina a prova de ofício numa busca mental de confirmação de uma hipótese por ele isoladamente acreditada. Recuperar a partialidade do juiz, sua condição de terceiro, como propõe o garantismo, é essencial neste momento. Falar em justiça ou em verdade, explicando que só há justiça quando se conhece a verdade dos fatos, ignora o primordial: justiça e verdade não são elementos essenciais da jurisdição, mas a imparcialidade o é. Por outro lado, afirmar sobre o justo ou verdadeiro é avaliar opinativamente a este respeito.

37. Além de concluir pela conformidade com a tese da contaminação judicial pela prova que mandou produzir oficiosamente ("*confirmation bias*"), espero ter demonstrado que esta iniciativa judicial viola o princípio dispositivo.

38. Sou questionadora desse binômio "verdade-justiça" como finalidades atribuídas à função judicial. É a atividade do juiz voltada para a "*busca da verdade*"? Só há "*justiça*" com a "*verdade alcançada pelo juiz*"? Existem tantas "justiças" e "verdades" quanto pessoas definindo-as. "Justiça" é um valor, não um princípio, e há uma diferença ontológica entre axiologia e deontologia. "Justiça" deve direcionar os legisladores, mas juiz julga com base em conteúdos deontológicos. Do contrário, estaremos estimulando "solidarismos" e "decisionismos".

39. Um ponto forte do garantismo no combate ao ativismo são as suas conclusões práticas acerca da igualdade jurídica, basilar de um Estado Democrático de Direito. Ela possibilita que o debate no processo ocorra sem preferências nem privilégios que beneficiem uma das partes em detrimento de seu oponente, pois o objeto do processo é o debate, imprescindível para um processo acusatório e dispositivo. Com estas premissas, condenam a retirada do princípio da igualdade do contexto jurídico que leva ao entendimento deste princípio, confundindo-o com a igualdade real, implicando a degeneração do processo como garantia, como ocorreu no direito processual social.

40. Afinal, se cada juiz obedecesse a suas próprias paixões, tudo dependeria daquilo que esse "senhor dos sentidos" decidisse, e cada processo teria a sua própria verdade que é a daquela que o julga.
41. É exatamente por estas considerações que a hermenêutica filosófica pode agregar-se a este estudo. Afinal, como diz Lenio Streck, a tarefa primordial da hermenêutica é provocar os pré-juízos.
42. A hermenêutica filosófica vem dizer que não há como assumir a "neutralidade" do intérprete, pois é de sua concepção de justiça, entendida por Dworkin como uma questão que remete à melhor (ou mais correta) teoria do que é justo, moral ou politicamente, que provém sua interpretação.
43. Quando se pede por um juiz neutro, pede-se por um julgador que no exercício de sua função não auxilie nem atrapalhe. O que se está a levantar é que o posicionamento individual do julgador, sobre a política, a religião, não importa ao seu julgamento no processo, tampouco a sua boa vontade em beneficiar o vulnerável ou buscar a verdade substancial.
44. A hermenêutica filosófica reconhece que o intérprete não pode estar fora da tradição e a autoridade desta é que permitirá verificar a legitimidade dos preconceitos. "Escutar a tradição e situar-se nela é o caminho para a verdade que se deve encontrar nas ciências do espírito"[319] como ensina Gadamer. Até porque, de acordo com Dworkin, a tradição é incontrolável, "os intérpretes pensam no âmbito de uma tradição interpretativa à qual não podem escapar totalmente".[320]
45. A decisão correta ou boa seria, então, aquela construída pelas partes que compartilham suas razões e provas por meio do processo em contraditório e que deve ser exigida dos juízes, mesmo que não esteja garantido que chegarão a uma mesma resposta boa ou correta, pois, do contrário, estar-se-ia a admitir qualquer concepção individual.
46. Em síntese, como se afirmou ao abordar a tese da separação entre Direito e Moral: para pré-compreender, o intérprete já está na moralidade, pois está na história, na tradição, nos costumes e nas orientações sociais, políticas, filosóficas

---

[319] GADAMER, Hans-Georg. *Verdade e método II:* complementos e índice. 2. ed. Bragança Paulista: Universitária São Francisco, 2002. p. 53.
[320] DWORKIN, Ronald. *O império do direito.* 2. ed.. São Paulo: Martins Fontes, 2003. p. 36.

e jurídicas, de maneira que a Moral, assim, é condição de possibilidade da compreensão, havendo a pertença – e não a cisão. A tese da separação defendida por Ferrajoli estaria defasada. Mas note-se que a hermenêutica não significa o aprisionamento ao passado, e sim a reflexão sobre este. Os pré-conceitos serão colocados em teste, podendo confirmar-se ou não.

47. A preocupação da hermenêutica, de Luigi Ferrajoli e de Adolfo Alvarado Velloso, convenha-se, é com os decisionismos, e se distanciam nos caminhos para combatê-lo.

48. O que se notou é que a comunidade jurídica brasileira tende a apostar na discricionariedade. Muitas vezes não se dão conta que foi esta tendência que nos trouxe ao mar de insegurança e imprevisibildiade judiciária, a um jardim em que se colhem consequências decisórias e utilidades sociais, e não decisões privilegiadoras da Constituição.

49. Nesta direção, o modelo cooperativo proposto pela doutrina pátria diante do Novo Código de Processo Civil segue a esteira da colheita de ativismos, já que segue o entendimento de um discurso que compromete limites legais contidos.

50. No pós-Constituição de 1988, o magistrado pareceu declarar sua independência ao Direito e aos fatos do caso em prol do que lhe parecesse mais conveniente, e também do mais útil à sociedade. Respaldada em valores como critérios para fundamentar as decisões, acabou-se recaindo numa postura ativista que ultrapassa limites estabelecidos na própria Constituição para sua atuação. Veja-se que há, no Brasil, notórios juristas que atrelam à ideia de ativismo apenas uma participação mais ampla e intensa do Judiciário na concretização dos valores e fins constitucionais, como a maior interferência nos outros Poderes, mas sem recair em criação do direito.

51. Mas deve-se entender ativismo judicial como uma indevida invasão. Em nosso País, a doutrina da instrumentalidade do processo enxergou como natural e positivo o ativismo judicial. Esta doutrina defende um tratamento publicista do processo com foco na jurisdição enquanto instrumento do Estado para perseguir seus objetivos.

52. O problema é que, sob esta concepção, o juiz, sob o pretexto de concretizar os direitos fundamentais, utiliza-se de suas convicções pessoais, o que configura alto grau de voluntarismo e insegurança jurídica, relegando à interpretação da

dogmática verdadeira escolha casuística pela consciência do julgador. Um juiz ou tribunal pratica ativismo ao substituir o Direito por suas convicções pessoais.
53. Veja-se: o juiz substitui argumentos de princípio por argumentos de política, o que traz inúmeros prejuízos para a Democracia. Neste tocante, a distinção entre argumentos de política e argumentos de princípio em Dworkin é providencial.
54. Para o jusfilósofo norte-americano, "os argumentos de política justificam uma decisão política, mostrando que a decisão fomenta ou protege algum objetivo coletivo da comunidade como um todo", já os "argumentos de princípio justificam uma decisão política, mostrando que a decisão respeita ou garante um direito de um indivíduo ou de um grupo",[321] ambos constituindo argumentos políticos num sentido mais amplo, mas um é argumento de princípio político, e outro, de procedimento político (que exige que alguma decisão particular promova alguma concepção do bem-estar geral ou do interesse público).
55. Por fim, A Constituição Democrática de 1988 adotou o princípio político fundamental de que todo cidadão tem o direito de ser julgado por um juiz que não se envolva com a acusação, o que é a síntese do sistema acusatório e do garantismo (oposto ao decisionismo). Juiz democrático não é aquela figura que acusa, produz prova, julga e executa – porque juiz democrático é juiz que decide.

---

[321] Idem. Levando os direitos a sério, op. cit., p. 129.

À GUISA DE POSFÁCIO

Fruto da dissertação vitoriosa que lhe outorgou o título de Mestre em direito processual civil por nossa estimada Pontifícia Universidade Católica de São Paulo (PUC/SP), este trabalho de AMANDA LOBÃO TORRES revela uma ruptura discursiva com a "cartilha" do senso comum que orienta a dogmática *processual-civilística* ainda reinante no Brasil. Garimpar nos livros produzidos pelos estudiosos do processo civil comumente sugere uma investigação demasiadamente – ou ingenuamente – refém de "argumentos de autoridade", repisados na concepção *publicista-autoritária-utilitarista* do fenômeno processual, tão ao gosto dos estatólatras que seguem perorando um processo jurisdicional e um Poder Judiciário *leviantanicamente* funcionalizados em torno de propósitos finalísticos *ex parte principis*, com notável fomento ao *Poder* (=*jurisdição*) e inexplicável apequenamento da *Garantia* (=*processo*). Aí então o fenômeno mostra-se ensimesmado numa excêntrica dinâmica que, *a la postre*, enfraquece o postulado *liberal-social* que seria para nos assegurar, em perspectiva *ex parte populi*, a evolução gradual do indivíduo e da sociedade civil na qual está inserido.

Mas o fato é que o trabalho de AMANDA, até mesmo por derivar de sua dissertação de mestrado, mostrou-se uma abordagem de fôlego que lança, definitivamente, o livro e sua autora na trilha que vem sendo percorrida neste território *luso-parlante* da América Latina há mais de um lustro por processualistas civis notáveis, como o são Eduardo Costa e Lúcio Delfino – apenas para ficar em dois nomes –, que de maneira *autônoma* e *genuína* vêm refletindo, teorizando e propagando a temática do *garantismo processual* Brasil a fora, em verdadeira *força-tarefa* da qual este posfaciador põe-se presente e à ordem. Nossos "*Garantismos*", ainda que vez ou outra apresentam-se radicados em marcos teóricos *acidentalmente* diversos, são *essencialmente* regrados em torno da *Liberdade* – não do privatismo! – e do *devido processo* garantidos desde a ordem constitucional. Que não se perca de vista que divulgar o *garantismo processual* implica *denunciar* o ativismo judicial da doutrina e da jurisprudência, e a sua perniciosa vocação subversiva de irracionalizar a *arte do proceder* e a *arte de julgar*, deslegitimando a *jurisdição* que, não raro, se desrepublicaniza e se desdemocratiza pelas mãos da pessoa física exercente do Poder Judiciário. Mas para o bem das gerações vindouras de estudiosos e operadores do Direito, aqui no Brasil esta *denúncia* contra o ativismo judicial também parte das reflexões dos que habitam outros quadrantes para além dos domínios do processo civil, verdadeiros *bárbaros* – na melhor dimensão semântica do vocábulo – dispostos a adentrar nas possessões ainda hoje colonizadas pelos senhores do discurso processual de recorte *autoritário-escopológico-efetivante*, já que para estes não se atingem os *escopos* que tornam *efetiva* a jurisdição sem uma dose dupla, senão tripla, do amargo ingrediente *autoritário*. Esses *bárbaros* denunciadores do ativismo vêm do processo penal (=ex.: Alexandre Moraes Rosa, Aury Lopes Jr. Fauzi Hassan Choukr, Salah H. Khaled Jr), vêm da hermenêutica (=ex.: Lênio Streck, André Karam Trindade), vêm dos constitucionalistas (=ex.: Elival da Silva Ramos, Georges Abboud). Aliás, ainda que não sob a denominação específica de *garatismo processual*, esta também era a denúncia que fazia Calmon de Passos. O livro de AMANDA também faz a sua *denúncia* contra o ativismo judicial e daqui a pouco voltaremos a ela.

O conteúdo do livro merece *quatro* advertências, à guisa de posfácio, que assim podem ser destacadas: (i) tratou a temática do *garantismo processual* como ela merece ser tratada, é dizer, com razoável embasamento filosófico [*=abordagem filosófica do tema*]; (ii) chama a atenção para a temática do *garantismo processual* na perspectiva que lhe dá Adolfo Alvarado Velloso [*=o garantismo processual alvaradiano*]; (iii) correlaciona o *garantismo processual* com o direito probatório, notadamente em sua crítica ao poderes instrutórios do juiz [*=garantismo processual e poderes instrutórios*]; (iv) denuncia – acusa! – o ativismo processual pelas lentes do *garantismo processual* [*=denúncia do ativismo*].

Abaixo vai alguma menção a cada uma destas quatro advertências.

[i] **Quanto à abordagem filosófica do tema.** Deliberadamente AMANDA faz o seu desenvolvimento epistemológico partindo da *teoria geral do garantismo* nos moldes idealizados por Luigi Ferrajoli para o seu "garantismo penal". Não há dúvida de que a teoria geral do garantismo de Ferrajoli pode ser, e é, um manancial epistemológico no qual o *garantismo processual* abebera-se. Mas evidentemente não está aí a sua "costela de Adão".

O *garantismo* voltado ao processo em geral, e ao processo civil, em especial, é justificado e pensado partindo das mais diversas perspectivas da análise. Podem ser vários e variados os seus pontos de partida e até mesmo os caminhos os quais percorrerá. Mas as rotas por onde passa o *garantismo processual* fundamentalmente interseccionar-se-ão em diversos pontos e, ao fim e ao cabo, conduzirão suas conclusões e respectivos propósitos a uma espécie de apoteose substanciada: [a] nos dois conceitos de liberdade (Isaiah Berlin), a *positiva* (=agir dentro das regras postas, utilizando o processo dispositivamente) e a *negativa* (=não ser oprimido por condutas judiciais solipsistas); [b] na limitação ao poder estatal-jurisdicional; [c] no respeito à regra da *Separação dos Poderes* (=*checks and balances*); [d] na irrestrita observância da imparcialidade e da impartialidade judicial; [e] na fundamentação racional das decisões judiciais; [f] na observância e respeito às regras do devido processo, da ampla defesa e do contraditório; [g] no desenvolvimento do processo de corte *acusatório*, e não inquisitivo, sendo que este, aliás, sequer de efetivo processo se trata; [h] no combate ao hiperpublicismo conceitual e pragmático que deposita na *jurisdição* a crença de que ela deve ser operada como numa espécie de moral utilitarista redentora dos males que afetam o tecido social.

Portanto, a advertência que se faz é no sentido de que o *garantismo processual* não se funda em um ou apenas alguns marcos filosóficos, mas em várias perspectivas teórico-discursivas que lhe dão legitimidade democrática. A coluna vertebral da prédica *garantista* é a *liberdade* que nos é brindada desde o topo da matriz constitucional e que dá o suporte discursivo *ex parte populi* legitimador de um processo substantivado por atributos republicanos.

[ii] **Quanto a chamar a atenção para a temática do Garantismo processual na perspectiva que lhe dá Adolfo Alvarado Velloso [=o Garantismo processual alvaradiano].** AMANDA teve o seu lampejo *garantista* voltado ao processo civil a partir, fundamentalmente, da doutrina de meu venerável Mestre da Universidade Nacional de Rosario (UNR), Adolfo Alvarado Velloso, um notável expoente da processualística na vizinha Argentina e, até mesmo por isso, na própria América espanhola. Quanto ao ponto, e não sem uma porção de justificável vaidade, creio tenha sido eu o

responsável por ter conduzido AMANDA até as mãos de nosso Mestre, onde, desde então, ela passou a apreender e a compreender as bases do *garantismo processual* dito *alvaradiano*. Como eu, AMANDA frequentou o curso de mestrado em direito processual da UNR coordenado por Alvarado Velloso, e lá pôde dialogar com alunos-processualistas de distintos países da Latino-América e descobrir (=ou confirmar) quanto que os nossos problemas práticos do dia-a-dia do Poder Judiciário são similares, quanto de autoritário há em nossos códigos de processo e quanto que o *garantismo processual*, a partir de qualquer de suas matrizes teóricas, pode contribuir para arrefecer este estado de coisas.

Na perspectiva que lhe dá Adolfo Alvarado Velloso, o *Garantismo processual* é um conjunto racional de práticas interpretativas que buscam pontencializar ao máximo a *garantia* do devido processo estabelecido na ordem constitucional e nos pactos internacionais, pois é por meio dele que *os desiguais (=partes) se põem em pé de igualdade em um ambiente dialogal de regras previamente estabelecidas onde, ao final, os motivos de suas respectivas pretensões e/ou resistências serão apreciados e julgados por um terceiro imparcial, impartial e independente (=juiz)*.

Em suma, na perspectiva que lhe dá Adolfo Alvarado Velloso, é possível concluir que *garantismo processual* se funda na ideia de que *o processo* é *um método de debate civilizado, republicano e democrático*, jamais "instrumento" da jurisdição, e isso está claro no livro de AMANDA.

[iii] **Quanto à correlação do garantismo processual com o direito probatório, notadamente em sua crítica aos poderes instrutórios do juiz [=garantismo processual e poderes instrutórios].** Não é incomum observar no discurso dos críticos ao *Garantismo processual* que a sua maior preocupação estaria centrada no amplo poder instrutório que a doutrina, de modo geral, notadamente a do processo civil, diz fazer parte da atividade judicial. Inegavelmente esta é uma crítica intransigente que integra a dogmática do garantismo processual, que segue tendo que chamar a atenção para o fato de que não cabe ao juiz desempenhar atividade probatória *positiva*, leia-se, atividade probatória voltada a aportar (a) fatos, (b) alegação de fatos e (c) respectivos meios confirmatórios no curso do processo, já que a atividade processual desta natureza é atitude funcionalmente a

cargo da *parte*. Não é por outro motivo que a Constituição da República prescreve que *"aos litigantes"*, e não ao juiz, *"são assegurados o contraditório e a ampla defesa, com os meios e recursos a ela inerentes"* (CR, art. 5º, LV). Ora, se alegar fatos e produzir os meios de prova condizentes a confirmá-los é uma decorrência do contraditório e da ampla defesa, não há equívoco maior do que a afirmação que o juiz é dotado de amplos poderes instrutórios. De resto, o juiz buscador de fatos e provas converte-se em agente público *inquisidor* que usurpa as funções da polícia judiciária, que por determinação (=garantia) constitucional pertencem, exclusivamente, às polícias federal e civil (CR, art. 144, §1º, IV, e §4º).

No âmbito do processo, selecionar fatos e alegá-los em favor das respectivas pretensões e/ou resistências, bem como produzir, em procedimento probatório, os meios necessários a confirmá-los, é atividade que compete exclusivamente às *partes*. Não sendo *parte*, quando se põe a fazê-lo, o juiz rompe com a *imparcialidade* que dele se espera e lança a própria imparcialidade ao *habitat* legalmente vedado da suspeição. Isto gera um desequilíbrio sistêmico na igualdade jurídica entre as partes cujo processo, eis que método de debate, existe para assegurar. Na prática, toda vez que esta distorção é observada, a *parte* que teve contra si o efeito da atividade judicial probatória *positiva* não saberá ao certo se litiga contra a parte contrária ou contra esta e o juiz, num excêntrico e irracional "litisconsórcio" de ocasião formado pelo ímpeto *voluntário-utilitarista* da autoridade judicante que – ingênua e utopicamente – foi seduzida pela cantilena da busca da verdade "real", capaz, só ela, de conduzir o processo civil a uma decisão "justa".

Não há dúvida de que a desconstrução teórica e prática do senso comum que afirma ser o juiz dotado de poderes instrutórios é uma das funções do *garantismo processual*, mas está longe de ser o único ou o mais importante de seus postulados. Atente-se ao ponto! As bases da epistemologia *garantista* estão estruturadas a partir dos limites impostos pela Constituição a todo e qualquer uso do poder jurisdicional que se apresente em dessintonia com o republicanismo jurídico-político que nos rege.

É chegada a hora do epílogo e de uma última palavra em relação à quarta das advertências a que me prontifiquei destacar: a *denúncia* contra o ativismo judicial trazida no livro de AMANDA.

[iv] **Quanto à denúncia do ativismo processual pelas lentes do garantismo processual [=denúncia do ativismo].** Em suas conclusões, o livro denuncia – acusa! – o ativismo judicial, reconhecendo-o como um golpe que *"fragiliza a autonomia do Direito e a Democracia"*, sendo *"sempre patológico"*, razão pela qual foi preciso *"enfrentar o tema por meio das diversas doutrinas que o combatem"* (cf. item 55 da conclusão).

Mas a denúncia também foi contra a doutrina nacional, que há décadas se rendeu ao discurso sedutor que aposta no gigantismo da jurisdição e que transforma o processo em seu instrumento, fomentando o protagonismo judicial que sustenta o hiperpublicismo reinante na pragmática do foro, em todas as suas instâncias. Coerente com sua hipótese de trabalho, AMANDA reforça sua *denúncia* com inegável destemor intelectual:

> O que se notou é que a comunidade jurídica brasileira tende a apostar na discricionariedade. Muitas vezes não se dão conta que é esta tendência que nos trouxe ao mar de insegurança e imprevisibilidade judiciária, a um jardim em que se colhem consequência decisória e utilidades sociais, e não decisões privilegiadoras da Constituição.
>
> Nesta direção, o modelo cooperativo proposto pela doutrina pátria diante do Novo Código de Processo Civil segue a esteira da colheita de ativismos, já que segue o entendimento de um discurso que compromete limites legais.
>
> Mas deve-se entender ativismo judicial como uma indevida invasão. Em nosso País, a doutrina da instrumentalidade do processo enxergou como natural e positivo o ativismo judicial. Esta doutrina defende um tratamento publicista do processo com foco na jurisdição enquanto instrumento do Estado para perseguir seus objetivos.
>
> (*sic*; cf. itens 45, 46 e 48 das *Conclusões*)

Denúncias como as contidas no decorrer do livro de AMANDA costumam ter certo impacto sobre as reflexões daqueles que as leem.

Mutatis mutandis foi a partir da denúncia (=acusação) de Émille Zola na imprensa parisiense de 13 de janeiro de 1898, que por meio do seu texto *J'accuse!* foi reparado o mal gerado por uma forma de proceder onde a *jurisdição* (=poder) valeu mais do que o *processo* (=garantia).

Pouco tempo antes, em um "abominável processo" – a expressão é de Zola –, o Conselho de Guerra na França condenou o capitão Alfred

Dreyfus por meio de um processo notoriamente kafkiano, sem provas e secreto. Uma "farsa", como se denunciou à época. Oficial do exército francês, por ser judeu de origem, Dreyfus acabou sendo "acusado", processado e condenado por espionagem sob as circunstâncias da política antissemita daquele momento. Foi quando então Émille Zola, em seu clássico manifesto, *acusou* os militares e os peritos que integraram o tribunal de guerra que casuisticamente condenou o capitão sefardita. Alguns anos depois, a *acusação* de Zola, que de tão intensa mobilizou a opinião pública em torno da inocência de Dreyfus, gerou a revisão do "abominável processo", o que viabilizou a reabilitação do outrora condenado em 1906. Por ter desafiado as forças políticas de antanho, Émille Zola foi condenado e cumpriu pena, concretizando o vaticínio que fizera ao final de seu escrito *J'accuse*!

AMANDA não será "condenada" por sua *denúncia* contra o ativismo judicial. Há outros *garantistas* ao seu lado.

Jundiaí, novembro de 2016.

Glauco Gumerato Ramos
Membro dos Institutos Brasileiro (IBDP), Íbero-americano (IIDP) e Pan-americano (IPDP) de Direito Processual. Membro-fundador e Diretor de Relações Internacionais da Associação Brasileira de Direito Processual (ABDPro). Vice-Presidente para o Brasil do Instituto Pan-americano de Direito Processual (IPDP). Professor de direito processual civil, graduação e pós-graduação. Advogado em Jundiaí-SP.

REFERÊNCIAS

ABBOUD, Georges. *Discricionariedade administrativa e judicial*: o ato administrativo e a decisão judicial. São Paulo: Revista dos Tribunais, 2014.

ABBOUD, Georges. *Jurisdição constitucional e direitos fundamentais*. São Paulo: Revista dos Tribunais, 2011.

ABBOUD, Georges; CARNIO, Henrique Garbellini; OLIVEIRA, Rafael Tomaz de. *Introdução à teoria e à filosofia do direito*. São Paulo: Revista dos Tribunais, 2014.

ALEXY, Robert. *Teoria de los derechos fundamentales*. Madrid: Centro de Estudios Constitucionales, 1997.

ARAÚJO DE OLIVEIRA, Manfredo. *Reviravolta linguístico-pragmática na filosofia contemporânea*. 2. ed. São Paulo: Loyola, 2001.

BAPTISTA DA SILVA, Ovídio. *Processo e ideologia*: o paradigma racionalista. 2. ed. Rio de Janeiro: Forense, 2006.

BARBOSA MOREIRA, José Carlos. *Temas de direito processual*. São Paulo: Saraiva, 1984. p. 52.

BARROSO, Luis Roberto. Judicialização, ativismo judicial e legitimidade democrática. *In*: COUTINHO, Jacinto N. de Miranda; FRAGALE FILHO, Roberto; LOBÃO, Ronaldo (Orgs.) *Constituição e ativismo judicial*. Rio de Janeiro: Lumen Juris, 2011.

BATISTA LOPES, João. Iniciativa instrutória do juiz e os arts. 130 e 333 do CPC. *Revista de Processo*, v. 716, jun. 1995.

BATISTA LOPES, João. Os poderes do juiz e o aprimoramento da prestação jurisdicional. São Paulo: *Revista de Processo*, v. 35, jul./ set. 1984.

BEDAQUE, José Roberto dos Santos. *Efetividade do processo e técnica processual*. São Paulo: Malheiros, 2006.

BINDER, Alberto M. *La implementación de la nueva justicia penal adversarial*. Buenos Aires, 2012.

BOBBIO, Norberto. *O futuro da democracia*. 10. ed. São Paulo: Paz e Terra, 2006.

CALVINHO, Gustavo Adrián. *El sistema procesal de la democracia*. 2. ed. Buenos Aires: Editorial San Marcos, 2012,

CALVINHO, Gustavo Adrián. Teoria del acto procedimental. Colombia: *Revista de Derecho Procesal Colombiano*, 2014.

CANOTILHO, José Joaquim Gomes. *Direito constitucional e teoria da Constituição*. 7. ed. Coimbra: Almedina, 2004. Parte 1, Cap. 3.

CAPPELLETTI, Mauro. *El proceso civil en el derecho comparado*. Tradução Santiago Sentís Melendo. Buenos Aires: EJEA, 1973.

CAPPELLETTI, Mauro. *Juízes legisladores?* Porto Alegre: Sergio Antonio Fabris, 1999.

CARBONELL, Miguel. *Neoconstitucionalismo(s)*. Madrid: Trotta, 2003. p. 09-10

CATTONI DE OLIVEIRA, Marcelo Andrade. *Direito constitucional*. Belo Horizonte: Mandamentos, 2002.

DA SILVA, Rosemary Cipriano. *Direito e processo*: a legitimidade do estado democrático de direito através do processo. Belo Horizonte: Arraes, 2012.

DALLARI, Dalmo de Abreu. *O poder dos juízes*. São Paulo: Saraiva, 1996 apud STRECK, Lenio Luiz. *Hermenêutica jurídica e(m) crise*: uma exploração hermenêutica da construção do Direito, op. cit., 2014.

DAMASKA, Mirjan. The common law: civil law divide – residual truth of a misleading distinction. *Supreme Court Law Review*, v. 49, n. 13, 2010.

DELFINO, Lúcio et al. A cooperação processual do novo CPC é incompatível com a Constituição. Disponível em: http://www.conjur.com.br/2014-dez-23/cooperacao-processual-cpc-incompativel-constituicao. Acesso em: 13 mar. 2015.

DIDIER JR, Fredie. *Curso de direito processual civil*. Salvador: Jus Podivm, 2015. v. 1.

DIDIER JR, Fredie. *Os três modelos de direito processual*: inquisitivo, dispositivo e cooperativo. Disponível em: https://d24kgseos9bn1o.cloudfront.net/editorajuspodivm/arquivos/ativismo%20soltas%20fredie.pdf. Acesso em: 13 jun. 2015.

DIDIER JR, Fredie. A teoria dos princípios e o projeto de novo CPC. *In*: ROSSI, Fernando. et al. (Coord.) *O futuro do processo civil no Brasil*: uma análise crítica do novo CPC. Belo Horizonte: Fórum, 2011.

DIDIER JR, Fredie. *Fundamentos do princípio da cooperação no direito processual civil português*. Coimbra: Coimbra Editora, 2010.

DINAMARCO, Cândido Rangel. *A instrumentalidade do processo*. 12. ed. São Paulo: Malheiros, 2005.

DWORKIN, Ronald. *Levando os direitos a sério*. Tradução Nelson Boeira. São Paulo: Martins Fontes, 2002.

DWORKIN, Ronald. *O direito da liberdade*: a leitura moral da constituição norte-americana. São Paulo: Martins Fontes, 2006.

DWORKIN, Ronald. *O império do direito*. 2. ed. São Paulo: Martins Fontes, 2003.

DWORKIN, Ronald. *Uma questão de princípio*. Tradução Luís Carlos Borges. 2. ed. São Paulo: Martins Fontes, 2001.

FAGUNDES, Miguel Seabra. *O controle dos atos administrativos pelo Poder Judiciário*. 8. ed. atual. por Gustavo Binenbojm. Rio de Janeiro: Forense, 2010.

FAZZALARI, Elio. *Nulidades no processo*. 2. ed. Belo Horizonte: Del Rey, 2012.

FERRAJOLI, Luigi. Constitucionalismo principialista e constitucionalismo garantista. *In*: FERRAJOLI, Luigi; STRECK, Lenio. (Orgs.). *Garantismo, hermenêutica e (neo)constitucionalismo*: um debate com Luigi Ferrajoli. Porto Alegre: Livraria do Advogado, 2012.

FERRAJOLI, Luigi. *Direito e razão*: Teoria do garantismo penal. São Paulo: Revista dos Tribunais, 2002.

FERRAJOLI, Luigi. O constitucionalismo garantista e o estado de direito. *In*: FERRAJOLI, Luigi; STRECK, Lenio. (Orgs.). *Garantismo, hermenêutica e (neo)constitucionalismo*: um debate com Luigi Ferrajoli. Porto Alegre: Livraria do Advogado, 2012.

FERREIRA, William Santos. *Princípios fundamentais da prova cível*. São Paulo: Revista dos Tribunais, 2014.

FLEMING, Abel; LÓPEZ VIÑALS, Pablo. *Garantías del imputado*. Santa Fe: Rubinzal-Culzoni, 2007.

GADAMER, Hans-Georg. *Verdade e método I*: traços fundamentais de uma hermenêutica filosófica. 7. ed. Tradução Flávio Paulo Meurer. Nova revisão da tradução por Enio Paulo Giachini. Petrópolis/Bragança Paulista: Vozes/ Editora Universitária São Francisco, 2014.

GADAMER, Hans-Georg. *Verdade e método II*: complementos e índice. 2. ed. Bragança Paulista: Editora Universitária São Francisco, 2002.

GARCÍA FIGUEROA, Alfonso. Las tensiones de una teoria cuando se declara positivista, quiere ser crítica, pero parece neoconstitucionalista. *In*: SÁNCHEZ, Miguel Carbonell; UGARTE, Pedro Salazar (Coords.) *Garantismo*: estudios sobre el pensamiento jurídico de Luigi Ferrajoli. Madrid: Trotta, 2005.

GRASSI, Lucio. A função legitimadora do princípio da cooperação intersubjetiva no processo civil brasileiro. *Revista de Processo*, v. 172, jun. 2009.

GRINOVER, Ada Pellegrini. A iniciativa instrutória do juiz no processo penal acusatório. *Revista Forense*, v. 347, jul/ set. 1999.

GUMERATO RAMOS, Glauco; LEVY, Wilson. (Org.). *Ativismo judicial e garantismo processual*. Salvador: Juspodivm, 2013. v. 1.

GUMERATO RAMOS, Glauco. Ativismo *vs.* Garantismo no processo civil: apresentação do debate. *In*: SOARES, Carlos H. *et al.* (Coord.) *Proceso Democrático y Garantismo Procesal*. Belo Horizonte: Arraes, 2015.

GUZMÁN, Nicolás. *La verdad en el proceso penal*: una contribución a la epistemologia jurídica. Buenos Aires: Editores Del Puerto, 2011.

HABERMAS, Jürgen. *Direito e democracia*: entre faticidade e validade. Rio de Janeiro: Tempo Brasileiro, 1997. v. I.

HART, Herbert. *O Conceito de Direito*. Lisboa: Calouste Gulbenkian, 1988.

HEIDEGGER, Martin. *Ser e tempo*. 10. ed. Tradução Márcia Sá Cavalcante Schuback. Bragança Paulista/Petrópolis: Editora Universitária São Francisco/ Editora Vozes, 2015.

IPPOLITO, Dario. O garantismo de Luigi Ferrajoli. *Revista de Estudos Constitucionais, Hermenêutica e Teoria do Direito (RECHTD)*, jan./ jun. 2011.

JÚNIOR, Humberto Theodoro. *et al. Novo CPC*: fundamentos e sistematização. Rio de Janeiro: Forense, 2015.

LEAL, André Cordeiro. *Instrumentalidade do processo em crise*. Belo Horizonte: Mandamentos, 2008.

LEITE, Roberto Basilone. Hemenêutica constitucional como processo político comunicativo: a crítica de Jürgen Habermas às concepções liberal e comunitarista. *In*: LOIS, Cecilia Caballero (Org.) *Justiça e democracia*: entre o universalismo e o comunitarismo. São Paulo: Landy, 2005.

MACHADO, Marcelo Pacheco. *Princípio da cooperação e processo civil do arco-íris*. Disponível em: http://jota.info/novo-cpc-principio-da-cooperacao-e-processo-civil-do-arco-%C2%ADiris. Acesso em: 12 maio 2015.

MANILI, Pablo. L. El activismo en la jurisprudencia de la Corte Suprema. *In*: Quintana e Carlos S. Fayt. (orgs). *Revista Juridica Argentina La Ley*. Derecho Constitucional. Doctrinas Esenciales. Buenos Aires: La Ley, 2008, t. I, n. II.

MARINONI. Luiz Guilherme; LANES, Júlio Cesar Goulart. *Fato e direito no processo civil cooperativo*. São Paulo: Revista dos Tribunais, 2014.

MELLO, Celso Antônio Bandeira de. *Discricionariedade administrativa e controle jurisdicional*. 2. ed. São Paulo: Malheiros, 2010.

MIRAGEM, Bruno. A defesa administrativa do consumidor no Brasil: alguns aspectos. *Revista do Direito do Consumidor*, São Paulo, n. 46, abr. 2003.

MITIDIERO, Daniel Francisco. Colaboração no processo civil como prêt-à-porter: Um Convite ao Diálogo para Lenio Streck. *Revista de Processo*: RePro, v. 36, n. 194, p. 55-68, abr. 2011.

MITIDIERO, Daniel Francisco. O problema da invalidade dos atos processuais no direito processual civil brasileiro contemporâneo. *Revista Ajuris*, Porto Alegre, n. 96, dez. 2004.

MITIDIERO, Daniel Francisco. *Colaboração no processo civil*: pressupostos sociais, lógicos e éticos. São Paulo: Revista dos Tribunais, 2011.

MONTERO AROCA. *La prueba en el processo civil*. Madrid: Civitas, 2002.

MOTTA, Francisco José Borges. *Levando o direito a sério*: uma crítica hermenêutica ao protagonismo judicial. Porto Alegre: Livraria do Advogado, 2012.

MOTTA, Francisco José Borges; HOMMERDING, Adalberto Narciso. O que é um modelo democrático de processo? *Revista do Ministério Público do Rio Grande do Sul*, n. 73, p. 183-206, jan/ abr. 2013.

MÜLLER, Friedrich. *O novo paradigma do direito*: introdução à teoria metódica estruturante do direito. 3. ed. São Paulo: RT, 2013. n. 1.

NERY Jr., Nelson; NERY, Rosa Maria de Andrade. *Código Civil comentado*. 9. ed. São Paulo: RT, 2012.

NEVES, Antonio Castanheira. *Fontes do direito. Digesta*: escritos acerca do direito do pensamento jurídico da sua metodologia e outros. Coimbra: Coimbra Editora, 1995.

NEVES, Antonio Castanheira. *Questão de facto*: questão de direito: ou o problema metodológico da juridicidade – ensaio de uma reposição crítica. Coimbra: Almedina, 1967.

NUNES, Dierle José Coelho. *Processo jurisdicional democrático*. Belo Horizonte: Juruá, 2012.

NUNES, Dierle; BAHIA, Alexandre. *Processo e República*: uma relação necessária Disponível em: http://justificando.com/2014/10/09/processo-e-republica-uma-relacao-necessaria/. Acesso em: 09 ago. 2015.

OLIVEIRA, Carlos Alberto Álvaro de. *O formalismo-valorativo em confronto com o formalismo-excessivo*. Revista da Ajuris, Porto Alegre, 2006.

OLIVEIRA, Carlos Alberto Alvaro de; MITIDERO, Daniel. *Curso de processo civil*: teoria geral do processo civil e parte geral do direito processual civil. São Paulo: Atlas, 2010. v. 1.

OLIVEIRA, Rafael Tomaz de; FARIA, Bruno Costa de; CURTOLO, Cristiane Maria de Lima; TEODORO, Leandro; VELUDO, Michele Seixas; PEREIRA, Joaquim Eduardo. A Jurisdição constitucional entre a judicialização e o ativismo: percursos para uma necessária diferenciação. São Paulo: Anais do X simpósio nacional de direito constitucional, 2013. Pag. 284

PENTEADO DE CASTRO, Daniel. *Poderes instrutórios do juiz no processo civil*: fundamentos, interpretação e dinâmica. São Paulo: Saraiva, 2013.

PEYRANO, Jorge W. *Activismo y garantismo procesal*. Córdoba: Academia Nacional de Derecho y Ciencias Sociales de Córdoba, 2009.

PINHO, Ana Cláudia Bastos de. *Para além do garantismo*: uma proposta hermenêutica de controle da decisão penal. Porto Alegre: Livraria do Advogado, 2013.

RAGONE, Álvaro J. D. Pérez. Retrato del revisionismo garantista en el proceso civil através de Klein y Wach: algunas precisiones sobre eficiencia y derechos procesales. *Revista de Processo*, v. 233, 2014.

RAMOS, Elival da Silva. *Ativismo judicial*: parâmetros dogmáticos. São Paulo: Saraiva, 2010.

RIBEIRO, Sergio Luís Almeida. Porque a prova de ofício contraria o devido processo legal? Reflexões na perspectiva do garantismo processual. *In*: DIDIER JR, Fredie. *et al.* (Org.). *Ativismo judicial e garantismo processual*. Salvador: Juspodivm, 2013.

ROSA, Alexandre Morais da. A constituição no país do jeitinho: 20 anos à deriva do discurso neoliberal (Law and economics). *Revista do Instituto de Hermenêutica Jurídica: 20 anos de constitucionalismo democrático – e agora?* Porto Alegre, v. 1, n. 6, 2008.

SILVA, Paula Costa e. *Acto e processo*: o dogma da irrelevância da vontade na interpretação e nos vícios do acto postulativo. Coimbra: Coimbra Editora, 2003. p. 410-418.

SOUSA, Miguel Teixeira de. *Estudos sobre o novo processo civil*. 2. ed. Rio de Janeiro: Lumen Juris, 2006.

STRECK, Lenio Luiz. Hermenêutica (jurídica) e estado democrático de direito: uma análise crítica. *In*: *Anuário do programa de pós-graduação em direito*: mestrado e doutorado. São Leopoldo: Centro de Ciências Jurídicas Unisinos, 1999.

STRECK, Lenio Luiz. *Jurisdição constitucional e hermenêutica*: uma nova crítica do direito. Porto Alegre: Livraria do Advogado, 2002.

STRECK, Lenio Luiz. Jurisdição constitucional e hermenêutica: perspectivas e possibilidades de concretização dos direitos fundamentais sociais no brasil. *Novos Estudos Jurídicos*, v. 8, n. 2, maio/ago. 2003.

STRECK, Lenio Luiz. Um debate com (e sobre) o formalismo-valorativo de Daniel Mitidiero ou "colaboração no processo civil" é um princípio?. *Revista de Processo*, v. 213, nov. 2012.

STRECK, Lenio Luiz. Neoconstitucionalismo, positivismo e pós-positivismo. *In*: STRECK, Lenio. (Orgs.). *Garantismo, hermenêutica e (neo)constitucionalismo*: um debate com Luigi Ferrajoli. Porto Alegre: Livraria do Advogado, 2012.

STRECK, Lenio Luiz. *O que é isto*: a verdade real? uma crítica ao sincretismo jusfilosófico de *terrae brasilis*. *Revista de Processo*, São Paulo, v. 921, 2012.

STRECK, Lenio Luiz. *Por que agora apostar no projeto do novo CPC!*. Disponível em: http://www.conjur.com.br/2013-out-21/lenio-streck-agora-apostar-projeto-cpc. Acesso em: 21 set. 2013.

STRECK, Lenio Luiz. *Verdade e consenso*. 5. ed. São Paulo: Saraiva, 2014.

STRECK, Lenio Luiz. *Hermenêutica jurídica e(m) crise*: uma exploração hermenêutica da construção do Direito. 11. ed. Porto Alegre: Livraria do Advogado, 2014.

STRECK, Lenio. *et al*. A cooperação processual do novo CPC é incompatível com a Constituição. Disponível em http://www.conjur.com.br/2014-dez-23/cooperacao-processual-cpc-incompativel-constituicao Acesso em: 08 maio 2015.

TARUFFO, Michele. *A prova*. Tradução João Gabriel Couto. São Paulo: Marcial Pons, 2014.

TASSINARI, Clarissa. *Jurisdição e ativismo judicial*: limites da atuação do judiciário. Porto Alegre: Livraria do Advogado, 2013.

TRINDADE, André Karam. Garantismo versus neoconstitucionalismo: os desafios do protagonismo judicial em *terrae brasilis*. In: FERRAJOLI, Luigi; STRECK, Lenio. (Orgs.). *Garantismo, hermenêutica e (neo)constitucionalismo*: um debate com Luigi Ferrajoli. Porto Alegre: Livraria do Advogado, 2012.

TRINDADE, André Karam. *Raízes do garantismo e o pensamento de Luigi Ferrajoli*. Disponível em: http://www.conjur.com.br/2013-jun-08/diario-classe-raizes-garantismo-pensamento-luigi-ferrajoli. Acesso em: 20 abr. 2015.

VALLE, Vanice Regina Lírio do (Org.) *Ativismo jurisdicional e o Supremo Tribunal Federal*: laboratório de Análise Jurisprudencial do STF. Curitiba: Juruá, 2009.

VELLOSO, Adolfo Alvarado. *Sistema Procesal*: garantía de la libertad. Buenos Aires: Rubinzal - Culzoni, 2009. t. 1.

VELLOSO, Adolfo Alvarado. *Sistema Procesal*: garantía de la libertad. Buenos Aires: Rubinzal - Culzoni, 2009. t. 2.

VELLOSO, Adolfo Alvarado. *El debido proceso*. Lima: Egacal, 2014. (Colección Temas procesales conflictivos.).

VELLOSO, Adolfo Alvarado. *La prueba judicial*: notas críticas sobre la confirmación procesal. Paraguai: FEDYE, 2014.

VELLOSO, Adolfo Alvarado. *La terminación del proceso*, la sentencia judicia, las costas. Paraguai: Fedye, 2014.

VELLOSO, Adolfo Alvarado. *Teoria general del proceso*: lección 4. Disponível em: https://manuelriera.files.wordpress.com/2010/11/leccion-4-el-derecho-procesal.pdf.

VELLOSO, Adolfo Alvarado. *Accion procesal, pretensión y demanda, acumulación y eventualidad*: el derecho de defensa em juicio del actor. Paraguay: [S.n.], 2014.

VELLOSO, Adolfo Alvarado. *Contestación y excepción*: el derecho de defensa del demandado civil y del reo penal. Paraguay, [S.n.], 2014.

VELLOSO, Adolfo Alvarado. El garantismo procesal. *In*: SOARES, Carlos H. *et al*. (Coord.) *Proceso democrático y garantismo procesal*. Belo Horizonte: Arraes, 2015.

VIANNA, Werneck *et al*. *A judicialização da política e das relações sociais no Brasil*. Rio de Janeiro: Reavan, 1999.

WAMBIER, Teresa Arruda Alvim. Distinção entre questão de fato e questão de direito para fins de cabimento de recurso especial. *Revista de Processo*. v. 92, 1998.

WOLFE, Christopher. *Judicial activism*: bulwark of freedom or precarious security?. Lanham: Rowman & Littlefield, 1997.

Esta obra foi composta em fonte Palatino Linotype, corpo 10
e impressa em papel Offset 75g (miolo) e Supremo 250g (capa)
pela Gráfica Laser Plus.